판례분석

會社法

Corporation Law : Case Analysis

제2권

金 性 倬

인하대학교 출판부

국립중앙도서관 출판시도서목록(CIP)

(판례분석) 회사법 = Corporate law : case analysis. 제2권 / 저자: 김성탁. -- 인천 : 인하대학교 출판부, 2012
p. ; cm

ISBN 978-89-7407-271-1 94360 : ₩15000
ISBN 978-89-7407-272-8(세트) 94360

회사법(법률)[會社法]

366.2-KDC5
346.066-DDC21 CIP2012003482

Corporation Law: Case Analysis (II)

by

Seong-Tak Kim

Professor of Law
Inha University School of Law

2012
Inha University Press
Incheon, Republic of Korea

머리말

1. 이 책은 2011년 12월까지의 회사법 판례를 대상으로 하여, 제1권에서는 회사법사례 해결방법론, 적용법규, 회사의 법적 주체성, 출자의 주체(주주) 및 그 관리(주주명부), 출자의 수단(주식) 및 그 징표(주권), 회사의 설립·구조조정에 관한 판례를 분석하였고, 제2권에서는 회사의 기관 및 지배구조에 관한 판례와 종합사례를 다루고 있습니다. 집필의 의도와 체제 등은 제1권과 동일하며, 이에 의하여 회사법 전반에 걸친 판례분석은 일단 매듭짓게 되었습니다.

2. 책의 집필을 지원해준 인하대학교, 판례를 구체적 사건에 적용함에 있어서의 방법론과 유의할 점을 일러주신 인하대학교 박시환 교수님, 유익한 조언을 주신 인하대학교 법학전문대학원 임준호 교수님, 원고를 꼼꼼하게 읽어준 아내와 조교 조영근 군, 그리고 책 표지를 전문가 이상의 실력으로 멋지게 꾸며준 인하대학교 법학전문대학원 3기생 조영관 군에게 다시 한 번 더 감사드립니다. 제1권과 제2권에서 미처 다루지 못한 것과 이후의 판례는 제3권에서 다룰 계획입니다.

2012년 여름
金 性 倬

차 례

제1장 주주총회 *13*

약어표

참고문헌 약어표

[강위두 외] 강위두·임재호, 「상법판례연습」, 법문사, 2009.
[강위두] 강위두, 「회사법」(제3전정), 형설출판사, 2002.
[권기범] 권기범, 「현대회사법론」(제3판), 삼영사, 2010.
[권기범(기업)] 권기범, 「기업구조조정법」(제4판), 삼영사, 2011.
[권재열] 권재열, 「상법사례연습」, 법문사, 2007.
[김건식 외] 김건식·노혁준·박준·송옥렬·안수현·윤영신·최문희, 「회사법」(제3판), 박영사, 2012.
[김건식(Ⅰ)] 김건식, 「회사법연구Ⅰ」, 소화, 2010.
[김건식(Ⅱ)] 김건식, 「회사법연구Ⅱ」, 소화, 2010.
[김병연 외] 김병연·권재열·양기진, 「자본시장법」, 박영사, 2012.
[김정호] 김정호, 「회사법」(제2판), 법문사, 2012.
[김정호(연)] 김정호, 「상법연습」(제3판), 법문사, 2012.
[김준호] 김준호, 「민법강의」(제18판), 법문사, 2012.
[남기윤] 남기윤, 「유형론적 방법론과 회사법의 신이론」, 학우출판사, 1999.
[법전교수] 법학전문대학원 상법교수 13인 공저, 「상법판례백선」, 법문사, 2011.
[서돈각 외] 서돈각·정완용, 「상법강의(상권)」(제4전정), 법문사, 1999.
[서헌제] 서헌제, 「(사례중심체계)상법강의(상)」(제2판), 법문사, 2007.
[손주찬] 손주찬, 「상법(상)」(제15보정판), 박영사, 2004.
[손진화] 손진화, 「상법강의」(제3판), 신조사, 2011.
[송옥렬] 송옥렬, 「상법강의」, 홍문사, 2011.
[안택식] 안택식, 「회사법강의」, 형설출판사, 2012.
[양명조] 양명조, 「회사법(판례와 사례)」, 법문사, 2011.
[유시창] 유시창, 「주식회사법」, 법문사, 2011.
[이기수 외] 이기수·최병규, 「회사법」(제9판), 박영사, 2011.
[이시윤] 이시윤, 「민사소송법」(제5판), 박영사, 2009.
[이철송] 이철송, 「회사법강의」(제20판), 박영사, 2012.

[임재연(자)]　임재연, 「자본시장법」(2012년판), 박영사, 2012.
[임재연(회)]　임재연, 「회사소송」, 박영사, 2010.
[임홍근]　임홍근, 「회사법」, 법문사, 2000.
[정경영]　정경영, 「상법학강의」, 박영사, 2007.
[정동윤]　정동윤, 「상법(상)」(제6판), 법문사, 2012.
[정동윤(감수)]　정동윤(감수), 「상법 회사편 해설」, 법무부, 2012.
[정진세]　정진세, 「(판례연습)회사법」(전정증보판), 삼우사, 2003.
[정찬형]　정찬형, 「상법강의(상)」(제15판), 박영사, 2012.
[지원림]　지원림, 「민법상의」(제7판), 홍문사, 2009.
[채이식]　채이식, 「상법강의(상)」, 박영사, 1997.
[최기원]　최기원, 「신회사법론」(제14대정판), 박영사, 2012.
[최준선]　최준선, 「회사법」(제7판), 삼영사, 2012.
[홍복기 외]　홍복기・김성탁・김병연・박세화・심영・권재열・이윤석・장근영, 「회사법(사례와 이론)」, 박영사, 2012.

법령 약어표

[(무표시)]	상법
[공증]	공증인법
[민]	민법
[민소]	민사소송법
[민집]	민사집행법
[부등]	부동산등기법
[비송]	비송사건법
[상등]	상업등기법
[상령]	상법 시행령
[외감]	주식회사의 외부감사에 관한 법률
[자금]	자본시장과 금융투자업에 관한 법률 (약칭: 자본시장법)
[자금령]	자본시장법 시행령
[특경가]	특정경제범죄 가중처벌 등에 관한 법률
[헌]	헌법
[형]	형법

제1장

주주총회

1. 주주총회의 목적사항 외 결의

[대법원 1979. 3. 27. 선고 79다19 판결]

Facts

(1) 1978. 2. 25자 개최한 X회사(피고)의 정기주주총회에서 A(원고; 당시 주주 겸 이사)를 이사에서 해임하는 결의를 하고 B, C을 이사로 선임하는 결의를 하였다.
(2) 위 주주총회 개최 당시 X회사의 주주는 15명이었고, 위 주주총회는 회의 목적사항을 영업보고서, 대차대조표, 재산목록 및 손익계산서 승인의 건, 감사 선임의 건, 임원보수 승인의 건으로 한정하여 소집되었다.
(3) 위 주주총회에는 주주들 중 D, E, F을 제외한 12명(발행주식총수 70,000주 중 44,970주)이 참석하였다.
(4) 위 주주총회 진행도중 주주인 G로부터 일부 이사들(A와 B)을 대상으로 책임을 물어야한다는 의사진행발언이 있었다. 이에 A가 주주총회에서는 부의된 안건 이외에는 논하지 아니하는 것이 타당하다는 의견을 말하여 참가한 주주들끼리 왈가왈부하던 끝에 B는 이사직을 사퇴하는 의사를 표시하고, A는 "본인들을 좌석에 놓아두고 논한다는 것은 개인에 관한 신상문제이므로 총회 결의사항에 따르겠다"고 말하며 A와 B는 퇴장하였다.
(5) 당시 의장인 X회사 대표이사 R은 X회사 정관 제17조 제2항

단서에 의거 주주 전원의 동의가 있으면 회의목적사항이 아닌 안건도 의안으로 부의할 수 있다고 임의 판단하고, 이사 2명의 사퇴와 해임, 보선 등의 의안 부의와 그 결의에 관하여 무기명투표에 부친 결과 출석주주 10명(3명은 원래 불참, 위 2명은 퇴장)의 전원 찬성으로 A와 B를 이사에서 해임하는 결의를 하였다.

(6) 이어서 A와 B를 입장시킨 다음 후임이사의 선임투표를 하여 B와 C를 이사로 선임하였다.

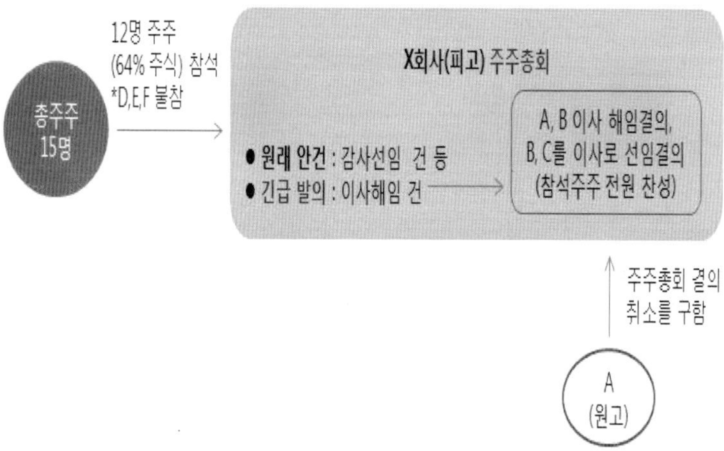

(Q1) 위 사안에서 이사해임의 건은 원래 주주총회에 안건으로 상정된 것이 아니었고 총회 현장에서 발의된 것이다. 이에 의한 주주총회에서의 이사해임은 유효한가? A가 이를 다투는 방법은?

(Q2) 주주 겸 이사를 해임하는 주주총회 결의에서 해당 이사인 주주는 의결권을 행사할 수 없는가?

(Q3) 위 주주총회에서 표결을 무기명으로 한 것은 적법한가?

Issue & Rule

(1) 위 사건에서 쟁점이 되는 사항은 ① 주주총회에서 총회소집 당시 주주에게 통지한 회의의 목적사항 이외의 사항을 부의하여 결의할 수 있는지 여부, ② 동 결의에 가담한 주주가 동 결의의 취소를 구함이 신의성실의 원칙 및 금반언원칙에 반하는지 여부 등이다.
(2) 위 쟁점사항에 관한 적용법조는 상법 제363조 제1항 · 제2항 · 제3항, 제376조, 제433조 제2항, 제438조 제2항, 제522조 제2항 등이다.

Analysis & Conclusion

1. 목적사항 외의 사항을 결의한 주주총회의 효력

(1) 판례법리

상법 제363조 제1항 · 제2항의 규정에 의하면 주주총회를 소집함에 있어서는 회의의 목적사항을 기재하여 서면 또는 각 주주의 동의를 받아 전자문서로 그 통지를 발송하게 되어 있으므로 주주총회에 있어서는 원칙적으로 주주총회 소집을 함에 있어서 회의의 목적사항으로 한 것 이외에는 결의할 수 없다. 이에 위배하여 목적사항 이외의 안건을 부의하여 결의하였다면 특별한 사정이 없는 한 상법 제376조 소정의 총회의 소집절차 또는 결의방법이 법령에 위반하는 것(취소사유)으로 보아야 한다.

(2) 사건에의 적용

X회사의 위 주주총회에서 A와 B를 이사에서 해임하고, B와 C를 이사로 선임한 결의는 그 주주총회를 소집함에 있어서 서면으로 통지한 회의 목적사항이 아닌 의안에 관한 결의로서 주주총회 소집절차 또는 결의방법이 법령에 위반하는 것에 해당된다.

2. 미리 주주에게 통지한 목적사항 이외의 사항을 결의하기 위한 요건

X회사의 정관에서 "주주총회는 미리 주주에게 통지한 회의의 목적사항 이외에는 결의를 하지 못하나 '주주 전원'의 동의가 있으면 그러하지 아니하다"는 규정하고 있는데, 위 정관상의 주주 전원이란 출석주주 전원을 의미하는 것이 아니고 '재적주주 전원'을 의미하는 것으로 보아야 한다.

3. 주주총회의 투표에 참가한 자가 결의의 취소를 구함이 신의성실의 원칙과 금반언원칙에 위배되는지 여부

위 주주총회에서 이사 보선시 A(원고) 자신도 투표에 참가하였는바, 개표결과 A가 다시 이사로 선임되지 않고 A 대신에 C가 선임되자 자기에게 불리한 결의가 나왔다 하여 불만을 품고 이의 취소를 구함이 신의성실의 원칙과 금반언의 원칙에 위배되는 것인지의 여부에 대해서 판단한다. 위 사건에서 결의된 이사해임 및 보선의안의 결의는 재적주주 전원의 동의가 없어 부적법하므로 설사 A가 위 주주총회에 참석하여 결의에 가담했다 해도 그로써 곧 그 결의의 취소를 구함이 신의성실의 원칙에 위배되거나 금반언의 원칙에 반한다고 볼 수 없다.

4. 종합

위 주주총회의 결의는 총회소집절차가 상법과 X회사의 정관에 위배되기 때문에 취소사유가 된다.

Comments

(1) 주주총회에서 이사나 감사 등으로부터 보고를 받기도 하지만 주주총회는 의사결정기관이므로 총회를 소집하는 주된 이유는 회의체를 통하여 '회의의 목적사항'(의제)에[1] 대하여 총회의 집단적 의사를 결의하기 위함이다. 주주총회에 상정할 목적사항은 이사회가 결정함이 원칙이나(362조) 주주도 주주제안에 의하여 총회의 목적사항을 제안할 수 있다(363조의2).

(2) 주주총회의 목적사항은[2] 총회소집의 통지 또는 공고에 의하여 사전에 주주들에게 예고되며(363조 1항 · 2항), 이에 의하여 총회에서 결의할 대상과 범위를 특정하게 된다. 총회의 목적사항이 무엇인가는 주주들이 총회참석의 여부를 결정함에서 있어서 우선적으로 고려하는 사항이고, 이를 사전에 알려줌으로써 총회에 대비한 준비와 총회의 결의를 충실화하는 기하는 효과를 얻을 수 있다. 결의할 목적사항이 무엇인지를 주주가 알 수 있을 정도로 기재하면 족하고, 그 구체적인 내용을 모두 밝힐 필요는 없다. 다만 정관변경이나 자본금감소, 합병 등의 특별결의사항을 안건으로 하는 주주총회를 소집할 때에는 의안의 요령도 기재하도록 하고 있다(433조 2항, 438조 2항, 522조 2항).[3] 이러한 경우 의안의 요령

1) 의제, 의안, 의안의 요령은 원래 각각 구별되는 것이지만 구분 없이 사용하기도 하여 다소 혼란이 있다.
2) 회의의 일시와 장소에 대해서는 명문의 규정은 없지만 당연히 이를 통지 또는 공고의 대상에 포함하여야 한다.

은 의안과 일체를 이루고 의안의 내용을 특징짓는 의미가 있다.

(3) 상장회사가 이사·감사의 선임에 관한 사항을 목적으로 하는 주주총회를 소집통지 또는 공고하는 경우에는 이사·감사의 선임이라는 의제 외에 이사·감사 후보자의 성명, 약력, 추천인, 그 밖에 대통령령으로 정하는 후보자에 관한 사항을 통지하거나 공고하도록 하고(542조의4 2항·3항), 이에 의하여 통지하거나 공고한 후보자 중에서 이사·감사를 선임하여야 한다고 규정하고 있다(542조의5). 동조를 해석함에 있어서 그에 의한 구속력을 긍정하는 견해(구속설)와[4] 이를 부정하는 견해(불구속설)로[5] 나뉜다. 생각건대, 상법 제542조의5의 법문에 의하면 마치 상법 제542조의4 제2항에 의하여 이사 또는 감사의 선임에 관한 사항뿐만 아니라 이사후보자에 관한 사항에 관해서도 결의대상을 한정짓는 것으로 해석할 소지가 있지만, 그렇게 보아서는 안 된다. 이 때 이사 후보자에 관한 사항은 회의의 목적사항이라기 보다는 후보자의 신상에 관한 정보를 제공하기 위한 것에 그친다고 보아야 할 것이기 때문이다. 만일 이렇게 보지 않고 통지·공고에 올려진 이사후보자 중에서만 이사를 선임하도록 구속하는 효력이 있다고 해석하면, 이사 선임권을 주주총회의 전속적 권한사항으로 하는 법규정(382조 1항)의 취지가 심각하게 훼손된다. 더욱이 이사를 선임

3) 의안의 요령이란 주주들의 찬반 의사결정에 영향을 미칠 수 있는 의안의 주요내용을 말한다(권기범, 553면).

4) 이는 이사의 자격을 사전에 검증하여 적합한 인물을 선임하려는 것으로, 주주총회에서 다른 후보를 이사로 선임한 경우 선임결의 취소사유가 된다는 견해와 하급심 판결이 있다(서울중앙지법 2004. 3. 18. 선고 2003가합56996 판결; 최준선, 386면; 송옥렬, 880면).

5) 만일 상장회사의 이사를 오직 소집통지에 포함된 이사후보자 중에서만 선임하여야 한다면 이는 주주총회의 이사선임권을 제약하고 나아가 주주의 의결권을 침해하는 것이 되어 위헌법률로 되는 것이 명백하다고 하면서, 이를 합헌적으로 해석하려면 동조의 규정은 이사선임의 투명성을 높이기 위해 회사가 추천하는 후보의 추천절차를 정한 것이고 주주총회에서 주주가 후보를 추천하는 것이 금지되거나 선임할 이사의 범위를 제한하는 취지는 아닌 것으로 해석해야 한다는 견해가 있다(이철송, 631~632면; 권기범, 662면).

할 수 있는 권한은 소유와 경영의 분리를 기본원칙으로 하는 주식회사에 있어서 주주들이 경영진 구성에 관여할 수 있는 제도의 핵심에 해당하기 때문에 이에 대한 제한은 매우 엄격하게 해석되어야 마땅하다.

<도표 1> 사항별 총회 결의대상으로서의 구속성 유무

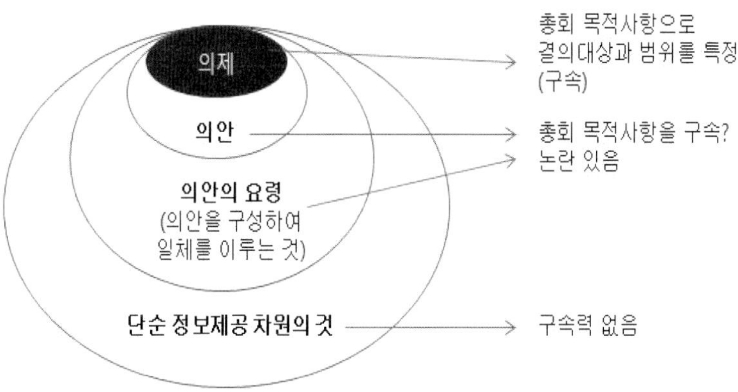

(4) 사전에 통지·공고된 목적사항 이외의 사항을 결의하거나 변경하는 것은 설령 출석주주 전원의 동의가 있다고 하더라도 허용되지 않는다.[6] 주주 중에는 목적사항으로 통지 또는 공고된 사항에 기하여 총회불참을 결정한 자도 있을 수 있는데, 그럼에도 불구하고 총회 현장에 출석한 주주들만으로 통지 또는 공고된 사항 이외의 사항을 결의하면 불참 주주들의 기대와 총회참석의 기회를 배제하는 결과가 되기 때문이다. 이와 같은 취지에서 재적주주 전원이 출석하여 그 전원이 동의한 경우에 한하여 당초 목

6) 의제를 변경하는 것은 실질적으로 소집절차 없이 새로운 주주총회를 개최한 것이라 할 수 있다. 이러한 하자는 총주주의 동의에 의해서만 치유될 수 있다. 그러나 의안의 경우에는 의제와는 달리 당해 주주총회에서 바로 의안을 변경하거나 새로 제안하는 것도 가능하다는 견해가 있다(송옥렬, 827면).

적사항으로 소집통지 또는 공고한 것 이외의 사항을 결의대상으로 삼을 수 있다는 것이 위 판례의 입장이다. 이러한 경우에는 그로 인하여 총회출석의 기회를 박탈당하는 주주가 없을 것이기 때문이다. 이에 반하는 총회결의는 소집절차에 하자가 있는 것이 되어 총회결의의 취소사유가 된다.

《관련문헌》

양승규, "회의의 목적사항 이외의 사항에 대한 주주총회 결의의 효력", 「중재」 제3권 제9호(1979).

2. 주주총회 소집의 철회

[대법원 2011. 6. 24. 선고 2009다35033 판결]

Facts

(1) X회사(원고)의 대표이사인 R은 2005. 7. 14. 이사회를 소집하여 X회사의 임시주주총회를 2005. 7. 29. 오전 11:00에 소집하기로 하는 내용의 이사회결의가 이루어진 후, 같은 날 주주들에게 그 임시주주총회 소집통지서를 발송하였다.

(2) 그러나 R은 2005. 7. 29.자로 예정된 임시주주총회의 소집을 철회하기로 계획한 후, 총회 바로 전날인 2005. 7. 28. 16:00에 이사회를 소집하여 2005. 7. 29.자 임시주주총회의 소집을 철회하기로 하는 내용의 이사회 결의를 하였다.

(3) R은 위 이사회 결의가 이루어지자마자 임시주주총회가 개최될 장소의 출입문에 2005. 7. 29.자 임시주주총회가 이사회 결의로 철회되었다는 취지의 공고문을 부착하고, 이사회에 참석하지 않은 이사인 주주들(A, B, C)에게는 퀵서비스를 이용하여 2005. 7. 29. 11:00 개최 예정이었던 임시주주총회가 이사회 결의로 그 소집이 철회되었다는 내용의 소집철회통지서를 보내는 한편 전보와 휴대전화(직접 통화 또는 메시지 녹음)를 이용하여 같은 취지의 통지를 하였다.

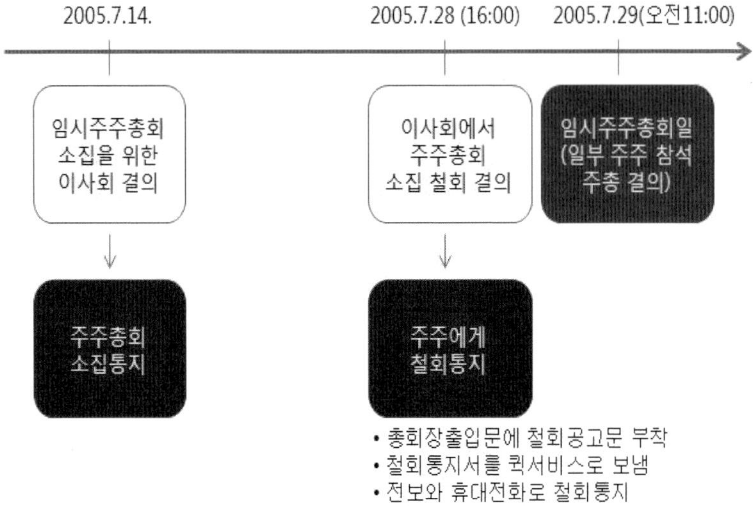

(Q1) 위에 의한 주주총회의 소집은 적법하게 철회되었는가?
(Q2) 원래 임시주주총회가 열리기로 소집 통지되었던 2005. 7. 29. 오전 11:00에 일부 주주들이 참석하여 원래 통지된 안건을 결의하였다면, 이는 유효한가?

Issue & Rule

(1) 위 사건에서 쟁점이 되는 사항은 ① 임시주주총회 소집이 적법하게 철회되었는지 여부, ② 소집이 철회된 주주총회에서의 결의의 유효 여부 등이다.
(2) 위 쟁점사항에 관한 적용법조는 상법 제362조, 제363조 제1항, 제365조 제3항 등이다.

Analysis & Conclusion

1. 주주총회의 소집을 철회하는 방법

일단 소집한 주주총회의 소집을 철회함에 있어서 요구되는 방법과 절차의 엄격성 정도에 관하여 판례의 입장에는 다소 차이가 있다.

(1) 엄격한 입장을 취한 판례 (대법원 2009. 3. 26. 선고 2007도8195 판결)

(가) 사실관계

① A는 2006. 5. 15. 우편으로 주주들에 대하여 주주총회 소집일은 2006. 5. 29. 10:00, 소집장소는 ○○컨트리클럽 대식당, 회의부의 안건은 이사 및 감사 선임의 건 등을 내용으로 한 주주총회 소집통지를 하였다.
② A는 2006. 5. 26. B 등에게 주권에 관한 명의개서를 해준 후 B 등으로부터 주주총회 연기 요청을 받고, 다른 이사와 협의하여 총회 3일 전에 이사회를 개최하여 위 주주총회를 연기하기로 결의하였다.
③ 이에 따라 같은 날 주주들에게 휴대폰으로 에스엠에스(SMS) 문자 메시지를 발송하는 방법으로 주주총회의 연기를 통보하는 한편, 주주총회 연기에 관한 공고문을 주주총회 장소인 대식당 등에 게시하였고, 2006. 5. 27. 인천일보, 동아일보, 경인일보, 경기일보 등에 주주총회 연기공고를 게재하였다.

(나) 판결요지

① 주주총회 소집의 통지·공고가 행하여진 후 소집을 철회하거

나 연기하기 위해서는 소집의 경우에 준하여 이사회의 결의를 거쳐 대표이사가 그 뜻을 그 소집에서와 같은 방법으로 통지·공고하여야 한다.
② 이미 서면에 의한 우편통지의 방법으로 소집통지가 행하여진 주주총회에 대하여 주주총회 소집일로부터 불과 3일 전에 이사회가 주주총회 연기를 결정한 후 소집통지와 같은 서면에 의한 우편통지 방법이 아니라 휴대폰 문자메시지를 발송하는 방법으로 각 주주들에게 통지하고 일간신문 및 주주총회 장소에 그 연기를 공고하였을 뿐이므로, 이러한 주주총회의 연기는 적법한 절차에 의한 것으로 볼 수 없어 위 주주총회가 적법하게 연기되었다고 할 수 없다.

(2) 완화된 입장을 취한 판례 (대법원 2011. 6. 24. 선고 2009다35033 판결)

(가) 사실관계

(위 Facts 참조)

(나) 판결요지

주식회사 대표이사가 이사회 결의를 거쳐 주주들에게 임시주주총회 소집통지서를 발송하였다가 다시 이를 철회하기로 하는 이사회 결의를 거친 후 총회 개최장소 출입문에 총회 소집이 철회되었다는 취지의 공고문을 부착하고, 이사회에 참석하지 않은 주주들에게는 퀵서비스를 이용하여 총회 소집이 철회되었다는 내용의 소집철회통지서를 보내는 한편, 전보와 휴대전화(직접 통화 또는 메시지 녹음)로도 같은 취지의 통지를 한 사안에서, 임시주주총회 소집을 철회하기로 하는 이사회 결의를 거친 후 주주들에게 소집통지와 같은 방법인 서면에 의한 소집철회통지를 한 이상 임시주주총회 소집이 적법하게 철회되었다.

Comments

(1) 주주총회 소집의 철회는 총회가 개최되기 전에 소집 그 자체를 無로 돌리거나(협의의 철회) 이미 통지·공고된 의제나 의안을 철회 또는 변경하는 것(광의의 철회)이다. 이는 총회의 연장이나 속행과는 다르다. 총회의 연장이나 속행은 일단 총회가 성립하여 의사에 들어갔으나 미처 의안을 다루지 못하거나 결의에 이르지 못하여 회일을 다시 후일로 정하여 연장 또는 속행하는 것이다. 연기회(연장회)와 계속회는 모두 동일한 주주총회의 연장선상에 있어 소집된 원래의 주주총회와 일체를 이루는 것이므로, 이에 대해서는 재차 소집절차를 밟을 필요가 없다.[7] 주주총회의 소집권자는 소집통지된 총회가 성립하기 전에 소집을 철회할 수 있다. 다만, 이에 관하여 다시 이사회 결의를 거쳐야 하고, 주주에게 적절한 방법으로 알려주는 조치를 취하여야 한다. 이 때 취하여야 할 방법의 적절성이 문제된다.

(2) 주주총회의 소집이 적법하게 철회되었다고 인정하기 위해서는 '소집절차에 준하는 방법'에 의하여 철회가 이루어져야 한다는 것이 종전 판례의 입장이었다.[8] 주주총회의 '소집'과 '철회'는 주주의 총회참석권이라는 점에서는 동질적인 것이라고 본 때문이다. 이에 의하면 주주총회의 소집이 통지·공고된 후 소집을 철회하기 위해서는 소집절차에 준하여 이사회의 결의를 거쳐 대표이사가 그 뜻을 소집에서와 동일한 방법으로 통지·공고하여야 적법한 철회로 인정된다.

---

7) 대법원 1989. 2. 14. 선고 87다카3200 판결.
8) 대법원 2009. 3. 26. 선고 2007도8195 판결.

(3) 그러나 총회소집시에 요구되는 절차와 동일한 수준의 엄격성을 총회소집의 철회에 대해서도 요구하는 것은 불합리하다고 본다. 총회소집을 철회하는 경우에는 총회참석에 관하여 오로지 'negative'한 측면만이 있음에도 불구하고 총회참석의 여부에 관하여 'positive'한 측면도 아울러 가지는 총회소집과 동일하게 보는 것은 균형이 맞지 않는다. 총회소집을 철회하는 경우는 총회를 소집하는 경우와는 달리 주주로 하여금 무익한 총회출석을 사전에 피하게 해주는 의미만이 있을 따름이기 때문이다. 따라서 위 대법원 2011. 6. 24. 선고 2009다35033 판결에서와 마찬가지로 총회 개최일 전에 총회의 소집이 철회되었음을 알리는 통지가 모든 주주들에게 확실하게 도달할 수 있는 방법을 취하면 그것만으로 충분하다고 본다.[9] 이러한 이유에서 위 판례가 중시한 것은 철회방법의 확실성에 있고, 사전 통지기간의 장단(위 사건의 경우 불과 하루 전에 철회를 통지하였음)은 중요하지 않다고 판단한 것으로 이해된다. 그러나 총회소집을 단순히 철회하는 것에 그치지 않고 소집일을 원래 소집통지된 기일보다 후일로 늦추어 변경(연기)하는 경우에는 이는 새로운 소집통지에 해당하는 것이므로 변경된 주주총회일 전의 법 소정의 소집통지기간을 준수하여야 한다(363조 1항·3항).[10]

(4) 총회소집이 적법하게 철회되었음에도 불구하고 일부 주주들이 총회장에 모여 결의를 한 경우 그 결의의 효력은 어떠한가? 총회소집이 철회되었다면 총회소집 그 자체가 소급하여 없었던 것으로 되므로 적법한 총회가 성립될 수 없다. 따라서 이에 일부 주주들이 참석하여 결의하더라도 결의 부존재사유가 된다.[11] 다

9) 손주찬, 710면; 이철송, 506면. 이러한 경우에는 철회를 통지하는 방법에 제한을 둘 필요가 없고 간단한 휴대폰 문자 등에 의한 통지만으로도 유효하게 철회할 수 있다고 한다(송옥렬, 824~825면).

10) 송옥렬, 825면; 이철송, 506면; 최기원, 462면.

11) 송옥렬, 825면; 이철송, 506면. 이러한 경우에도 주주 전원이 출석하면 전원출석주주총회가 성립할 수 있다.

른 한편, 총회소집의 철회를 통보하였으나 그것이 적법하게 철회되지 않음으로 해서 원래의 회일에 이루어진 총회결의의 효력은 어떠한가? 이에 대해서는 적법하게 소집이 철회된 것으로 믿은 일부 주주들이 총회에 참석하지 않았다면 이러한 주주들의 총회참석권을 침해한 것이 되므로 설령 나머지 주주들이 총회에 참석하여 결의를 하였더라도 주주총회 소집절차에 하자가 있는 것이 되어 주주총회 결의의 취소사유가 된다는 견해가 있다.[12)]

생각건대, 위와 같은 경우 총회가 적법하게 철회된 것이 아니므로 총회의 개최가 불가능한 것은 아니라고 할 수도 있겠다. 그러나 총회가 적법하게 철회된 것으로 오신한 주주의 총회참석을 방해한 것이 되고, 그에 의하여 일부 불참주주가 발생한 상태에서 나머지 주주들의 참석에 의하여 이루어진 총회결의는 총회소집절차에 하자가 있는 것이 된다. 따라서 위의 견해는 타당하다.

《관련문헌》

이상훈, "임시주주총회의 소집을 적법하게 철회하는 요건 : 레이크사이드 C.C. 사건(대법원 2011. 6. 24. 선고 2009다35033 판결)", 경제개혁연구소(전자문헌)(2011).

채동헌, "주주의 의결권행사를 저해하는 이사회 결의의 효력을 부정하기 위한 요건", 「상장」(2011).

윤영신, "주주총회 소집 철회·변경의 법률관계", 「상사판례연구」 제23집 제4권(2010).

12) 송옥렬, 825면.

3. 전자적 방법에 의한 주주총회 소집의 공고

[서울고법 2011. 6. 15. 선고 2010나120489 판결][13]

Facts

(1) 상장법인 X회사(피고)가 2009. 11. 27. 금융감독원 전자공시시스템을 통하여 주주총회의 소집공고를 하면서 "주주총회에서는 자본시장과 금융투자업에 관한 법률('자본시장법') 제314조 제5항에 의하여 한국예탁결제원(D1)이 주주들의 의결권을 행사할 수 없다"는 내용을 함께 공고하였다.

(2) X회사의 정관에는 "주주총회를 소집함에는 그 일시, 장소 및 회의의 목적사항을 총회일 2주 전에 주주에게 서면 또는 전자문서에 의하여 통지하여야 하고, 의결권 있는 발행주식총수의 1% 이하의 주식을 소유한 주주에 대한 소집통지는 2주 전에 주주총회를 소집한다는 뜻과 회의 목적사항을 서울에서 발행하는 헤럴드경제신문·한국경제신문에 2회 이상 공고함으로써 서면 또는 전자문서에 의한 소집통지에 갈음할 수 있다"고 규정하고 있을 뿐이고, 금융감독원 또는 한국거래소의 전자공시시스템을 통한 총회 소집공고에 관해서는 규정을 두고 있지 않다.

(3) X회사는 2009. 11. 30. 한국예탁결제원(D1)에 위탁하여 X회사의 전체 주주들에게 총회 소집통지서를 개별적으로 발송하면서, '증권회사에 주권을 예탁한 실질주주가 총회 5일 전까지 의

13) 대법원 2011. 9. 8. 2011다50981(심리불속행기각).

결권을 행사하겠다는 뜻을 밝히지 아니할 경우 예탁결제원이 의결권을 행사한다'는 내용을 명백히 밝혔다. X회사로부터 의결권 행사의 요청을 받은 예탁결제원(D1)이 2009. 12. 9. 그 명의로 명의개서된 주식 중 1,150,000주에 대하여 D2를 대리인으로 지정하여 X회사의 주주총회에 참석하여 실제 참석한 주주가 가지는 의결권의 찬성과 반대의 비율대로 의결권을 행사하였다.

(4) 위 총회에 참석한 주주는 2009. 12. 15. 만장일치로 총회에 상정된 안건에 관하여 찬성하는 결의를 하였다. D1이 의결권을 행사한 주식 합계 1,150,000주는 이를 의결정족수 산정에 포함시켰다.

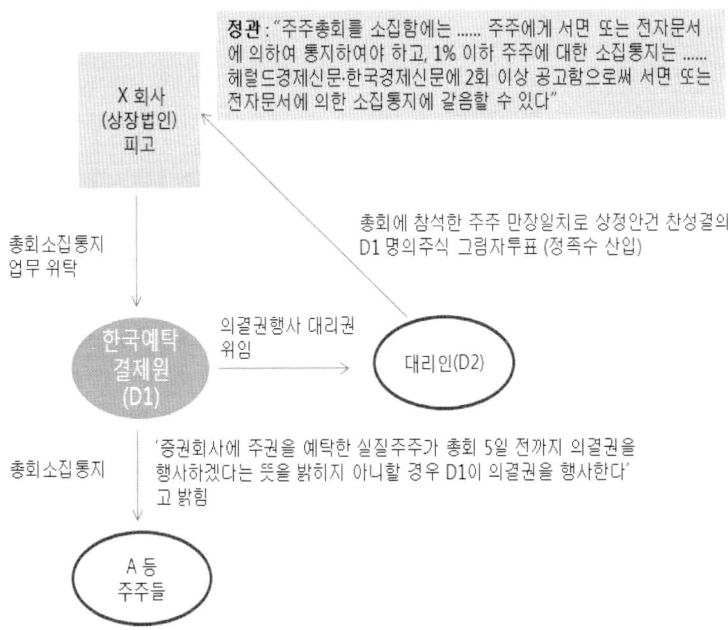

(Q1) 위 사안에서 D1(예탁결제원)이 1,150,000주에 대하여 자신이 명의주주로서 행사한 의결권 행사의 적부를 판단하시오.

(Q2) X회사의 주주인 A(394,606주 보유, 원고)는 아래와 같은 이유로 위 주주총회의 결의는 의결정족수를 충족하지 못하였기 때문에 무효이거나 취소되어야 한다고 주장한다. 그 당부를 판단하시오.

① 위 주주총회의 결의시 자본시장법 제314조 제5항 단서에 따라 D1은 D1의 명의로 명의개서된 X회사의 주식에 대하여 의결권 행사가 제한되므로 D1 명의의 주식 합계 1,150,000주는 정족수에서 제외되어야 한다.

② A가 실제 임시총회에 참석하지 않았음에도 A의 주식 394,606주가 정족수에 포함되었고, 아무런 근거자료도 없이 104,991주에 관하여 본인이 참석한 것으로 처리되었으며, 주주의 위임의사 확인이 불가능한 위임장에 의하여 48,371주에 관하여 의결권이 대리하여 행사되었으므로 모두 정족수에서 제외되어야 한다.

Issue & Rule

(1) 위 사건에서 쟁점이 되는 사항은 ① 상장회사의 정관에 '회사가 공고를 하는 방법'으로 전자적 방법에 의한 공고를 규정하고 있지 않은 경우, 주주총회 소집통지에 갈음하여 상법 제542조의4 제1항에서 정한 전자적 방법에 의하여 총회소집을 공고할 수 있는지 여부, ② 자본시장법 제314조 제4항·제5항에서 정한 '주주총회 소집의 통지 또는 공고를 하는 경우'의 의미 등이다.

(2) 위 쟁점사항에 관한 적용법조는 자본시장법 제314조 제4항·제5항; 상법 제289조 제1항 제7호, 제289조 제3항, 제363조 제1항·제3항, 제542조의4 제1항; 상법 시행령 제31조 제1항·제2항 등이다.

Analysis & Conclusion

1. 전자공시시스템에 의한 총회소집 공고가 적법하기 위한 요건

(1) 판례법리

① 주주총회의 소집통지를 하는 방법을 서면에 의한 통지, 전자문서에 의한 통지, 전자적 방법에 의한 공고 중 어느 것으로 할지의 여부는 회사가 자율적으로 정하여 정관에 규정할 수 있다. '회사가 공고하는 방법'은 주주, 회사채권자 기타 이해관계자에게 공시해야 할 것이 많으므로 이해관계인이 공시사항을 적시에 인지할 수 있도록 공시매체를 정관에서 확정해야 하는 정관의 절대적 기재사항이다. 회사는 그 공고를 서면의 매체를 이용하거나, 전자적 방법을 이용할 수 있지만(289조 3항 단서), 법률에서 정관에 기재되지 아니한 절대적 기재사항에 해당하는 공고방법을 허용하고 있다고 하더라도 정관에 이에 대한 규정이 마련되지 아니한 경우에까지 회사가 법률에 규정된 방법으로 공고하는 것을 허용한다면 주주의 의사에 반할 뿐만 아니라 이해관계자에게 불측의 피해를 줄 수 있다.
또한 상법 제542조의4 제1항의 전자공고제도는 상장회사의 업무편의와 공지의 신속성을 보장하기 위하여 1% 이하 주주에 대한 주주총회 소집공고의 매체를 기존의 일간신문 이외에 전자공고를 추가하려는 의도에서 도입된 것으로서 정관 정비를 통한 신규제도가 도입되는 것을 전제로 한 것이지 자치법규인 정관에서 이미 정하여 둔 공고방법을 배제하려는 의도에서 도입된 것이 아니다. 결국 정관변경을 통하여 이에 대한 규정이 신설된 경우에만 전자적 방법에 의한 총회소집 공고가 적법하게 되고 총회 소집통지에 갈음할 수 있게 된다.

② 예탁결제원의 의결권행사제도는 실질주주의 의결권 행사에 영향을 미치지 아니하면서 주주총회 성립만을 지원하기 위한 제도로서 실질주주제도 도입에 따른 문제점을 해결하기 위하여 정족수의 완화 또는 서면투표제도 도입 등에 의하여 주주총회 불성립의 문제가 해소될 때까지 과도기적으로 도입된 제도이다.
③ 이와 같은 관련 법령의 규정 내용을 근거로 회사가 정관변경 없이도 전자공시시스템에 의하여 주주총회 소집에 대한 전자공시만 하면 1/100 이하 주주들에게 개별적으로 서면 또는 전자문서에 의한 통지를 하지 않더라도 주주총회 소집통지를 한 것으로 된다면 주주들의 의결권을 보장하기 위한 상법 제363조를 위반하게 된다. 이러한 점 등을 종합적으로 고려하면, 자본시장법 제314조 제4항 및 제5항의 '주주총회 소집의 통지 또는 공고를 하는 경우'란 상법과 정관이 정하는 방법에 기초한 소집통지 또는 소집공고를 의미하는 것으로 해석함이 상당하다.

(2) 사건에의 적용

① X회사가 주주총회를 개최하기 위해서는 서면 또는 동의한 주주에 대하여 전자문서로서 개별적으로 소집통지를 하거나 의결권 있는 발행주식총수의 1% 이하의 주식을 소유한 주주에 대하여 위 2개의 일간신문에 총회 소집공고를 함으로써 소집통지에 갈음할 수 있을 뿐이고, 금융감독원 또는 한국거래소 전자공시시스템을 통하여 총회 소집공고를 하더라도 그러한 공고만으로 총회 소집통지에 갈음할 수 없다. 그러므로 결국 X회사가 발행주식총수의 1% 이하의 주식을 소유한 주주에 대하여 위 2개의 일간신문에 총회 소집공고를 하지 않고 전자공시시스템에 의하여 총회 소집공고만 한 다음 총회를 개최한다면 총회 소집절차가 정관에 위배된 것으로서 그 총회 결의에는 취소사유 등 하자가 존재하게 된다.

② X회사가 2009. 11. 30. 한국예탁결제원에 위탁하여 X회사의 전체 주주들에게 총회 소집통지서를 개별적으로 발송하면서, “증권회사에 주권을 예탁한 실질주주가 총회 5일 전까지 의결권을 행사하겠다는 뜻을 밝히지 아니할 경우 예탁결제원이 의결권을 행사한다”는 내용을 명백히 밝혔고, 이에 따라 예탁결제원은 그 대리인을 통하여 의결권을 그림자투표방식에 의해 행사한 것이므로, 위 총회에서 예탁결제원이 의결권을 행사한 주식 합계 1,150,000주는 자본시장법에서 정한 예탁결제원의 의결권 행사 요건을 갖추었으므로 이를 의결정족수 산정에 포함시킨 것은 적법하다.
③ 설령 위 총회의 결의에 A 주장과 같은 하자가 있다고 하더라도 예탁결제원의 주식 1,150,000주가 정족수에 포함된다. 따라서 참석주식 총수는 2,653,181주(= 3,201,149주 - 394,606주 - 104,991주 - 48,371주)로 위 총회 당시 발행주식총수의 1/3을 넘게 되어,[14] 결국 이 사건 총회 당시 발행주식총수의 1/3 이상의 주식을 가진 주주의 출석에 의하여 총회 결의가 이루어졌다고 할 것이어서 위 총회 결의는 적법하다.

Comments

(1) 주주총회의 소집에 관한 규정은 주주의 총회참석권을 보장하기 위한 절차와 방법을 규정한 것이므로 강행규정이다. 주주총회를 소집함에 있어서 비상장회사의 기명주주에 대해서는 개별적으로 서면(또는 주주의 동의가 있을 경우에는 전자문서[15])에 의한 통지를

14) 위 사항은 주주총회의 특별결의사항이다.
15) 이는 전자거래기본법 제2조 제1호에서 규정하고 있는 전자문서에 의하는 것을 뜻한다(최준선, 313면). 예컨대, 전자우편(e-mail)에 의한 통지방법이 이에 해당한다. 전자문서로 발송하려면 주주의 사전 동의를 요함으로써 주주권 침해의 소지를 막고 있다.

원칙으로 하나(363조 1항 본문), 상장회사의 주주, 특히 군소주주의 경우는 그 변동이 빈번하므로 개별적인 소집의 통지에 갈음하는 일괄적인 공고에 대하여 규정하고 있다(542조의4). 즉, 상장회사가 주주총회를 소집하는 경우 대통령령으로 정하는 수(의결권 있는 발행주식총수의 1%) 이하의 주식을 소유하는 주주(소액주주)에게는 정관으로 정하는 바에 따라 주주총회일의 2주 전에 주주총회를 소집하는 뜻과 회의의 목적사항을 둘 이상의 일간신문에 각각 2회 이상 공고하거나 대통령령으로 정하는 바에 따라 전자적 방법으로 공고함으로써 제363조 제1항의 소집통지를 갈음할 수 있도록 하고 있다(542조의4 1항). 여기서 '전자적 방법의 공고'란 금융감독원 또는 한국거래소가 운용한 전자공시시스템(DART)을 통한 공시를 말한다(상령 31조 2항).[16]

(2) 이 같은 전자공시시스템에 의한 공고에 의하여 총회소집의 통지를 갈음하기 위해서는 반드시 정관에 규정을 두어야 한다는 것이 위 판례의 입장이다.[17] 즉, 상장회사가 정관에 '회사가 공고를 하는 방법'으로 전자적 방법에 의한 공고를 정하고 있지 않으면, 상법 제542조의4 제1항에서 정한 전자적 방법에 의한 공고에 의하여 소집통지를 갈음할 수 없다고 한다. 이는 이사회나 대표이사가 이를 임의적으로 하지 못하도록 하기 위하여 정관에 규정하도록 한 것이다. 공고는 통지와는 달리 개개 주주에게 확실하게 전달될 것이라는 보장이 약하고, 통지를 원칙으로 하되 공고는 통지의 대체수단으로 인정되는 예외적인 방법으로서의 성격을 지니기 때문이다. 따라서 위 사건에서처럼 상장회사인 X회사가 정관에 근거규정이 없음에도 불구하고 금융감독원 등의 전자공시시스템을 통하여 총회소집의 공고를 하면서 "위 주주총회

16) 전자공시시스템에 의함으로써 개별적인 소집통지에 의할 때 발생하는 비용을 절감할 수 있고, 주주의 주소지 변경으로 생길 수 있는 무익한 통지를 피할 수 있다.

17) 동지: 이철송, 491면.

에서는 한국예탁결제원이 주주들의 의결권을 행사할 수 없다"는 내용을 함께 공고하고 이에 기하여 총회를 개최하였다면, 이는 총회소집절차에 하자가 있는 것이 되어 취소사유가 된다.

(3) 그러나 그 후 X회사가 전체 주주들에게 총회소집의 통지서를 다시 개별적으로 발송하면서 "증권회사에 주권을 예탁한 실질주주가 총회 5일 전까지 의결권을 행사하겠다는 뜻을 밝히지 아니할 경우 예탁결제원이 의결권을 행사한다"는 내용을 밝혔다면, 예탁결제원이 위 주주총회에서 행사한 주식을 의결정족수 산정에 포함한 것은 적법하다는 것이 위 판례의 입장이다. 위 사건의 경우 정관의 근거규정 없이 전자공시시스템에 의해 공시함으로써 생긴 하자가 주주총회 소집의 원칙적 방법인 주주에 대한 개별적인 소집통지를 함으로써 치유된 것으로 처리하였다.

《관련문헌》

곽관훈, "전자문서에 의한 주주총회 소집통지", 「기업법연구」 제11집(2002).

4. 전원출석주주총회

[대법원 2008. 6. 26. 선고 2008도1044 판결]

Facts

(1) X회사의 임시주주총회일인 2002. 1. 2. 당시 이 회사 발행주식총수는 20,000주, 주주는 8명이었다.

(2) A(형사사건의 피고인)는[18] 그 중 12,600주를 자신의 명의 혹은 그 부친인 B 명의로 소유한 대주주였다.

(3) A는 적법한 주주총회의 소집절차를 거치지 않았을 뿐만 아니라 실제로 주주총회를 개최하지도 않았다.

(4) A는 2002. 1. 2.자로 자신이 출석, 임시의장이 되어 기존의 이사와 감사를 모두 해임하고 C, D, E를 이사로, F를 감사로 각 선임한다고 결의한 내용의 임시주주총회 의사록을 작성하였다.

(5) 명목상의 주주인 B를 제외한 나머지 주주들은 2001. 12. 30. A에게 위와 같은 의안을 처리하기 위한 임시주주총회에 관하여 그 의결권을 위임하였거나 혹은 2002. 1. 2. 이전에 이미 자신들의 주주권행사를 포괄적으로 A에게 위임한 바 있다.

18) 이 사건은 원래 형사사건(자격모용사문서작성 · 자격모용작성사문서행사 · 공정증서원본부실기재 · 부실기재공정증서원본행사의 죄)으로 다루어졌다.

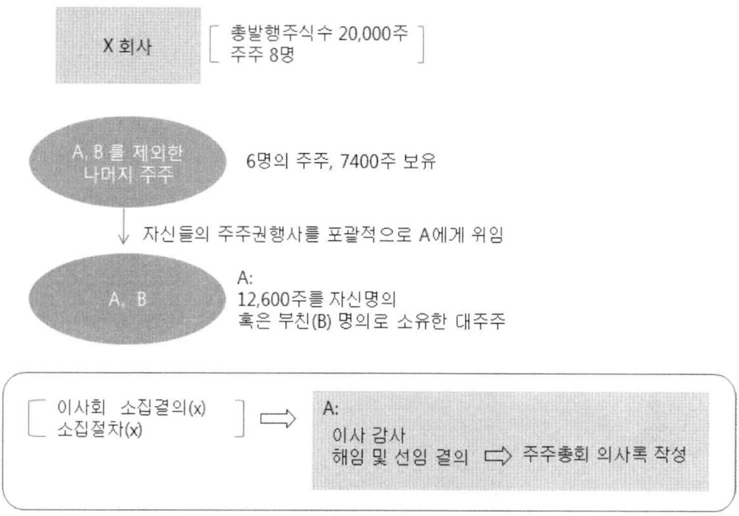

(Q1) A의 위와 같은 행위는 형법상 공정증서원본부실기재죄 및 동 행사죄를 구성하는가?

(Q2) 위 주주총회의 결의에 기한 기존 이사 및 감사의 해임과 새로운 이사 및 감사의 선임은 유효한가?

(Q3) 만일 위 사안에서 주주총회 의사록이 작성된 바가 없다면 어떠한가?

Issue & Rule

(1) 위 사건에서 쟁점이 되는 사항은 ① 이사회 결의 및 소집절차가 없었더라도 주주 전원이 주주총회에 참석하여 이의 없이 만장일치로 결의한 경우의 효력, ② 대주주가 적법한 소집절차나 주주총회의 개최 없이 나머지 주주들의 의결권을 위임받아 자신이 임시의장이 되어 임시주주총회 의사록을 작성하여 법인등기를

마친 사안에서, 공정증서원본부실기재죄가 성립하는지 여부, ③ 주주총회의사록이 작성되지 않은 경우에도 증거에 의하여 주주총회 결의가 있었던 것으로 볼 수 있는지 여부 등이다.
(2) 위 쟁점사항에 관한 적용법조는 상법 제363조, 제368조, 제373조, 제376조, 제380조; 형법 제228조 제1항 등이다.

Analysis & Conclusion

1. 전원출석총회의 효력

(1) 판례법리

주식회사의 임시주주총회가 법령 및 정관상 요구되는 이사회의 결의 및 소집절차 없이 이루어졌다 하더라도, 주주명부상의 주주 전원이 참석하여 총회를 개최하는 데 동의하고 아무런 이의 없이 만장일치로 결의가 이루어졌다면 그 결의는 특별한 사정이 없는 한 유효하다.[19)]

(2) 사건에의 적용

A가 주주 전원의 위임을 받아 기존 이사 및 감사를 해임하고 새로운 이사 및 감사를 선임한 내용의 결의가 있었던 것으로 임시주주총회 의사록을 작성한 이상, 비록 A가 적법한 주주총회의 소집절차를 거치지 않았을 뿐 아니라 실제로 주주총회를 개최하지도 않았지만 주주 전원의 의사에 따라 그 내용의 유효한 결의가 있었던 것으로 볼 것이다.

---

19) 대법원 2002. 12. 24. 선고 2000다69927 판결 참조.

2. 동지의 판결[20) : 1인 회사의 경우

① 주식회사에 있어서 회사가 설립된 이후 총 주식을 한 사람이 소유하게 된 이른바 1인회사의 경우에는 그 주주가 유일한 주주로서 주주총회에 출석하면 전원 총회로서 성립하고 그 주주의 의사대로 결의가 될 것임이 명백하므로 따로 총회소집절차가 필요 없고, 실제로 총회를 개최한 사실이 없었다 하더라도 그 1인 주주에 의하여 의결이 있었던 것으로 주주총회 의사록이 작성되었다면 특별한 사정이 없는 한 그 내용의 결의가 있었던 것으로 볼 수 있다.[21)]
② 이는 실질적으로 1인회사인 주식회사의 주주총회의 경우도 마찬가지이다.[22)]
③ 이러한 경우 그 주주총회의사록이 작성되지 아니한 경우라도 증거에 의하여 주주총회 결의가 있었던 것으로 볼 수 있다.

Comments

(1) 주주총회에서 적법하게 결의하려면 이에 선행하여 이사회가 총회소집을 결의하고 대표이사가 적법한 소집절차를 밟아야 한다. 이에 관한 규정은 강행규정이다. 이러한 소집절차를 밟지 않고 주주 전원이 출석하여 결의를 한 경우(전원출석주주총회) 총회의 결의로서 유효한가에 대해서 견해가 나뉜다.
(ⅰ) 유효설(다수설) - 주주 전원의 동의가 있으면 이에 의하여 이사회의 소집결정을 갈음할 수 있다고 한다.[23)]

---

20) 대법원 2004. 12. 10. 선고 2004다25123 판결.
21) 대법원 1976. 4. 13. 선고 74다1755 판결; 대법원 1993. 6. 11. 선고 93다8702 판결 등 참조.
22) 대법원 1992. 6. 23. 선고 91다19500 판결 등 참조.
23) 김정호, 268~269면; 송옥렬, 826면; 정찬형, 830~831면; 최준선, 316면; 홍복기 외, 228면.

(ii) 무효설(소수설) - 소유와 경영의 분리원칙에 입각한 기관분화의 취지에서 볼 때, 명문의 규정 없이 이사회 소집결정의 흠결을 주주 전원의 동의에 의해 치유된다고 볼 수 없다는 견해이다.[24)]
(iii) 판례 - 판례는 주주총회 소집절차에 흠결이 있더라도 주주 전원이 동의한 경우에는 결국 동일한 결론에 이르렀을 것이 명약관화하다고 하여 결과론적 측면을 중시한다. 이 때 주주 전원이 동의하였는가의 여부는 주식소유의 실질적 보유관계에 입각하여 판단한다.
(iv) 정리 및 사견 - 위의 문제는 결국 주주총회의 소집절차에 관한 규정이 누구를 위한 것인가에 귀착한다. 위의 다수설과 판례의 입장이 타당하다고 본다. 주주총회의 소집절차에 관한 상법 규정은 이를 통하여 개개 주주들에게 총회참석과 총회준비의 기회를 부여함으로써 주주의 이익을 보호하는 데에 그 취지가 있다. 그런데 주주 전원이 스스로 그 이익을 포기하고 동의하였다면 이에 의하여 총회소집절차에 관한 하자는 치유된다고 보아야 한다. 위의 무효설은 총회소집 절차상의 하자를 소집결의상의 하자와 통지절차상의 하자로 구분하여, 후자의 경우에는 다수설과 마찬가지로 주주의 동의에 의하여 하자의 치유가 가능하나, 전자의 경우에는 주주 전원의 동의에 의하더라도 치유될 수 없는 성질의 하자라고 하는데,[25)] 주주총회의 소집결정권은 이사회의 고유권한이라는 논리에 입각하고 있다. 위의 무효설은 총회소집의 결정권에 관한 규정(362조)은 강행규정으로 정관에 의해서도 달리 정할 수 없다고 보기 때문에,[26)] 그 논리의 연장선에서 이를 흠결한 경우는 무효라는 결론을 이끌어내고 있다. 그러나 주주총회의 구성원인 주주 스스로가 총회소집의 결정권자가 되는 주주 주도

---

24) 이철송, 505면.
25) 이철송, 503면・504면.
26) 이철송, 486면. 그러나 이에 대해서는 이사회가 가지는 소집결정권은 주주총회의 원활한 개최를 위하여 부여된 것에 불과하므로 이사회가 그 권한을 가지고 총회의 개최를 막는 결과가 되는 것은 상식에 반한다는 견해가 있다(송옥렬, 826면). 이 견해가 타당하다고 본다.

적 총회소집을 굳이 부정할 이유가 없다.[27] 따라서 총회소집에 관한 이사회의 결의가 없더라도 주주 전원의 동의가 있으면 그 하자가 치유된다고 보아야 한다. 또한 1인 또는 소수의 주주에 의하여 폐쇄적으로 구성되고 소유와 경영이 일치되는 경향이 강한 주식회사에 있어서까지 소유·경영 분리의 법리를 지나치게 엄격하게 적용하는 것은 비현실적이다. 더욱이 이러한 회사가 압도적으로 다수를 점하는 우리나라의 기업현실에서 주주 전원의 동의로도 이사회 소집결정의 흠결을 치유할 수 없다는 입장을 고수하면 필요 이상으로 법규를 엄격하게 집행함으로써 위법한 총회를 양산시키는 결과를 초래하게 된다.

(2) 전원출석총회에 대하여 위와 같이 특별한 취급을 하는 다수설과 판례가 정당성을 갖는 이유는 '주주 전원'의 의사가 존재하기 때문이다. 그리고 이러한 주주들의 의사가 존재하는 한 이들이 직접 주주총회에 '출석'할 것을 요할 필요는 없다. 위 판례에서도 그 의결권 전부를 위임받은 경우를 전원출석총회와 동일하게 취급하고 있다.[28] 여기서 말하는 주주 전원은 재적주주 100%를 뜻한다. 따라서 설령 지배주주가 대다수(예컨대, 99%)의 주식을 보유하고 있는 경우라 할지라도 나머지 소수(예컨대, 1%)의 주주에 대해 전원출석주주총회의 법리를 강요할 수는 없다.[29]

(3) 유한회사는 총사원의 동의가 있으면 사원총회의 소집절차를 생략할 수 있다고 명문으로 규정하고 있다(573조). 주식회사에는 이에 관한 명문의 규정이 없지만 상법 제573조를 유추적용하여 총주주가 소집절차를 생략하고 총회를 개최하는 데 동의한 경우

---

27) 졸고, "주주의 총회소집청구권에 관한 상법규정의 개편방안 - 주주 주도적 총회소집권과 그 남용방지의 균형 모색 -", 「비교사법」, 제14권 제3호, 2007, 807~852면.

28) 대법원 1993. 2. 26. 선고 92다48727 판결 등.

29) 대법원 2007. 2. 22. 선고 2005마73020 판결.

에는 결석자가 있더라도 유효한 총회로 인정하여야 한다는 견해가 지배적이다.30) 그 이유로, 이러한 경우 소집통지에 관한 주주의 이익을 해치는 바가 없고, 주주의 수가 소수인 폐쇄회사에서는 실제로 이를 인정할 필요가 있다는 점을 들고 있다.31) 다만 이러한 경우에도 그 이후 주주의 개별 사정에 변동이 있을 수 있으므로 1회의 동의만으로 영구히 소집절차를 생략하는 것은 허용되지 않는다.32) 자본금 10억원 미만의 소규모주식회사에 대해서는 이를 법제화하여 주주 전원의 동의가 있을 경우에는 소집절차 없이도 주주총회를 개최할 수 있음을 명시적으로 규정하고 있다(363조 5항). 그러나 이 조항이 주주 전원의 동의에 의하여 소집절차 없이 주주총회를 개최할 수 있는 대상을 자본금 10억원 미만의 주식회사로 한정하는 취지는 아니라고 본다.

《관련문헌》

김재범, "1인회사에서 주주총회와 이사회의 운영", 「상사법연구」 제17권 제3호(1999).

강덕미, "일인회사와 주주총회 소집절차상의 하자", 「상사판례연구」 제1권, 박영사(1996).

박은기, "전원출석주주총회", 「상사판례연구」 제1권, 박영사(1996).

30) 권기범, 556~558면; 이기수 외, 458면; 최준선, 317면.

31) 이기수 외, 458면.

32) 최준선, 317면.

5. 사실상 1인회사의 주주총회, 퇴직위로금, 대표이사의 해임과 손해배상

[대법원 2004. 12. 10. 선고 2004다25123 판결]

Facts

(1) X회사(피고)는 A의 자녀들인 B, C, D 및 A가 경영하는 E실업 주식회사(대표이사는 B) 명의로 그 총 발행주식 1,744,500주의 약 98%에 해당하는 1,715,705주를 소유하고 있는 가족회사이다. 그 이외의 주주는 나머지 약 2%의 주식을 소유한 미국의 법인주주 F(1인) 뿐이다.

(2) A가 X회사의 사실상의 지배주주이며 실질적인 사주이나, 이사로 등기하지 아니하고 그 자녀인 B, C와 처인 K 등을 이사로 등기하였다.

(3) P(원고)는 1993. 9. 6. 전문경영인으로 X회사의 대표이사에 취임한 이후 계속 연임하여 2001. 3. 28. 주주총회에서 대표이사로 중임되었다.

(4) X회사의 정관에 이사는 3인 이상으로 하고 그 임기는 3년으로 한다고 규정되어 있는데, 그 중 대표이사만 유급이고 나머지 이사는 무보수, 비상근으로 X회사의 업무집행에 관한 이사회의 결의에만 관여하여 왔다.

(5) 그런데 X회사의 이사회는 2002. 1. 15. P를 대표이사에서 해임하고 비상근이사로 하며 C를 X회사의 대표이사로 선임한다는 결의를 하였다.

(6) X회사의 정관에 의하면 이사의 보수는 주주총회의 결의에 의한다고 규정되어 있고, 또한 이사의 퇴직금은 별도로 정하는 '임원퇴직금지급규정'에 의한다고 규정되어 있었다.

(7) P는 1996. 2. 29.경에 상근 임원이 퇴직하는 경우에 재직기간 매 1년당, 대표이사 사장의 경우에는 월 급여액의 4개월분 이내, 부사장 및 전무의 경우에는 월 급여액의 3개월분 이내, 상무 및 이사의 경우에는 월 급여액의 2.5개월분 이내로 계산한 퇴직금을 지급하기로 하는 내용의 임원퇴직금지급규정('퇴직금규정')을 작성하였다. 그러나 A는 이를 결재·승인하지 아니하였고, 위 퇴직금규정 작성에 관하여 따로 주주총회의사록이 작성되거나 주주총회 결의가 이루어진 바는 없었다.

(8) X회사는 정관의 규정에 따른 주주총회의 소집 · 의결은 하지 아니하여 왔고, 다만 주주총회의 결의가 필요한 중요 업무사항에 대하여는 그 의안에 관한 품의서 등 서면을 작성하여 B(전무이사로서 주주이며, 다른 한편 법인주주인 위 E실업의 대표이사), C(상무이사로서 주주)의 서면결재를 거쳐 X회사의 회장직을 맡고 있는 A의 결재를 받는 방식으로 주주총회의 결의에 갈음하여 왔고, 대외적으로 필요한 경우에만 주주총회의사록을 작성하였다. P가 X회사의 대표이사로 재직하는 동안에도 실제로 정관의 규정에 따른 주주총회를 소집한 바는 없었다.

(9) 위 퇴직금규정이 작성된 후 X회사는 1999. 8.경 당시 B, C 및 박○진이 상근 임원에서 비상근 임원으로 변경되자 위 퇴직금규정에서 정한 것과 동일한 지급률을 적용하여 계산한 퇴직금 지급에 관한 품의서를 작성하여 A의 결재를 받아 각 퇴직금을 지급하고, 그 후 2000. 3.경 위 K를 비상근 임원으로 변경하면서 역시 위 임원퇴직금지급규정에서 정한 것과 동일한 지급률을 적용하여 계산한 퇴직금을 지급하는 것으로 품의서를 작성하여 A의 결재를 받은 후 K에게 이를 지급한 바 있다.

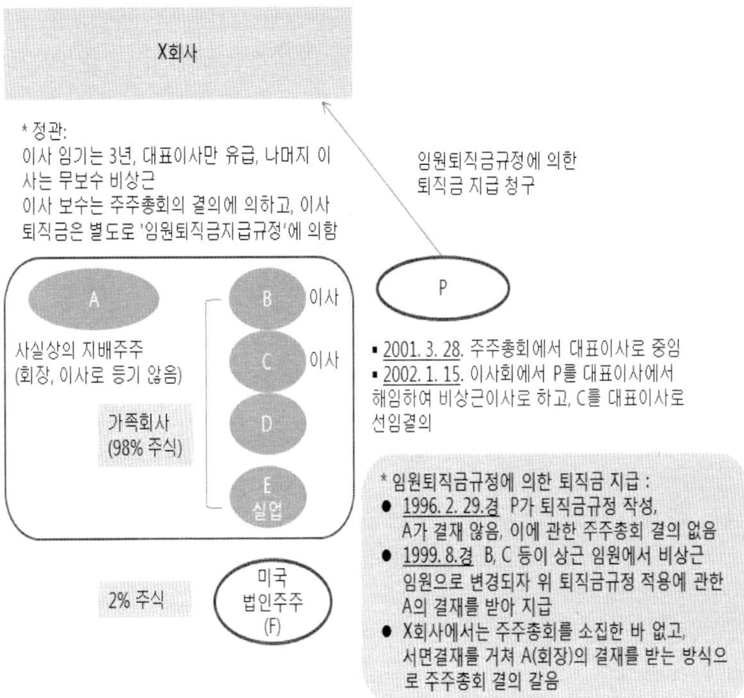

(Q1) P는 X회사에 대하여 위 퇴직금규정에 따른 퇴직금의 지급을 청구하고 있다. P의 위와 같은 청구는 정당한가?

(Q2) X회사의 위와 같은 서면결재에 의한 주주총회의 결의는 유효한가?

Issue & Rule

(1) 위 사건에서 쟁점이 되는 사항은 ① 이사에 대한 퇴직위로금의 법적 성질 및 정관 등에서 이사의 보수 또는 퇴직금에 관하여 주주총회의 결의로 정한다고 규정하고 있는 경우, 주주총회의 결

의 없이 이사의 보수나 퇴직금을 청구할 수 있는지 여부, ② 사실상 1인회사인 주식회사에서 주주총회의 개최사실이 없었음에도 의결이 있었던 것으로 주주총회의사록이 작성된 경우 결의 존재의 인정 여부 및 주주총회의사록이 작성되지 않은 경우에도 증거에 의하여 주주총회 결의가 있었던 것으로 볼 수 있는지 여부, ③ 상법 제385조 제1항의 취지 및 위 규정이 이사회의 결의에 의한 대표이사의 해임에도 유추적용될 수 있는지 여부 등이다.
(2) 위 쟁점사항에 관한 적용법조는 상법 제388조, 제363조, 제368조, 제373조, 제385조 제1항 등이다.

Analysis & Conclusion

1. 이사에 대한 퇴직위로금의 법적 성질 및 주주총회의 결의 없이 이사의 보수나 퇴직금을 청구할 수 있는지 여부

(1) 판례법리

① 상법 제388조에 의하면, 주식회사 이사의 보수는 정관에 그 액을 정하지 아니한 때에는 주주총회의 결의로 이를 정한다고 규정되어 있는바, 이사에 대한 퇴직위로금은 그 직에서 퇴임한 자에 대하여 그 재직 중 직무집행의 대가로 지급되는 보수의 일종으로서 상법 제388조에 규정된 보수에 포함된다.
② 정관 등에서 이사의 보수 또는 퇴직금에 관하여 주주총회의 결의로 정한다고 규정되어 있는 경우 그 금액·지급방법·지급시기 등에 관한 주주총회의 결의가 없는 한 이사의 보수나 퇴직금 청구권을 행사할 수 없다.[33]

33) 대법원 1979. 11. 27. 선고 79다1599 판결; 대법원 1992. 12. 22. 선고 92다28228 판결; 대법원 2000. 12. 26. 선고 99다72484 판결; 대법원 2003. 10. 24. 선고 2003다24123 판결 등 참조.

(2) 사건에의 적용

위 사안에서의 퇴직위로금은 상법 제388조의 보수에 해당하므로 이에 관하여 주주총회의 결의가 있었는가의 문제로 넘어간다.

2. 사실상 1인회사인 주식회사에서 주주총회의 개최사실이 없었음에도 의결이 있었던 것으로 주주총회의사록이 작성된 경우 결의의 존부

(1) 판례법리

① 주식회사에 있어서 회사가 설립된 이후 총 주식을 한 사람이 소유하게 된 이른바 1인회사의 경우에는 그 주주가 유일한 주주로서 주주총회에 출석하면 전원 총회로서 성립하고 그 주주의 의사대로 결의가 될 것임이 명백하므로 따로 총회소집절차가 필요 없고, 실제로 총회를 개최한 사실이 없었다 하더라도 그 1인 주주에 의하여 의결이 있었던 것으로 주주총회의사록이 작성되었다면 특별한 사정이 없는 한 그 내용의 결의가 있었던 것으로 볼 수 있다.[34)]
② 이는 실질적으로 1인회사인 주식회사의 주주총회의 경우도 마찬가지이다.[35)]
③ 위와 같은 경우 그 주주총회의사록이 작성되지 아니한 경우라도 증거에 의하여 주주총회 결의가 있었던 것으로 볼 수 있다.

(2) 사건에의 적용

X회사 내에서 상근 임원에서 비상근 임원으로 변경되는 임원에 대하여는 위 퇴직금규정에 따른 퇴직금을 지급하는 관행 등에 의

34) 대법원 1976. 4. 13. 선고 74다1755 판결; 대법원 1993. 6. 11. 선고 93다8702 판결 등 참조.
35) 대법원 1992. 6. 23. 선고 91다19500 판결 등 참조.

하여 A와 X회사와 사이에 퇴직금규정에 따른 임원퇴직금의 지급약정이 묵시적으로 이루어졌다고 볼 것이다. X회사는 A의 사실상 1인회사로 인정되고 실질적 1인 주주인 A가 퇴직금규정에 따른 퇴직금의 지급을 각 결재·승인함으로써 퇴직금규정을 묵시적으로 승인하여 그에 대한 주주총회의 결의가 있었던 것으로 볼 수 있다. 따라서 P는 X회사에 대하여 퇴직금규정에 따른 임원퇴직금청구권을 행사할 수 있다.

3. 상법 제385조 제1항이 이사회의 결의에 의한 대표이사의 해임에도 유추적용될 수 있는지 여부

(1) 판례법리

상법 제385조 제1항은 주주총회의 특별결의에 의하여 언제든지 이사를 해임할 수 있게 하는 한편, 임기가 정하여진 이사가 그 임기 전에 정당한 이유 없이 해임당한 경우에는 회사에 대하여 손해배상을 청구할 수 있게 함으로써 주주의 회사에 대한 지배권 확보와 경영자 지위의 안정이라는 주주와 이사의 이익을 조화시키려는 규정이고,[36] 이사의 보수청구권을 보장하는 것을 주된 목적으로 하는 규정이라 할 수 없다. 그러므로 이를 이사회가 대표이사를 해임한 경우에도 유추적용할 것은 아니고, 대표이사 지위의 해임으로 무보수, 비상근의 이사로 되었다고 하여 달리 볼 것도 아니다.

(2) 사건에의 적용

원심[37]이, P(원고)의 보수청구권에 주목한 나머지 상법 제385조 제1항을 이사회가 대표이사를 해임한 경우에도 유추적용할 것이

---

36) 대법원 2004. 10. 15. 선고 2004다25611 판결 등 참조.
37) 서울고법 2004. 4. 13. 선고 2003나13835 판결.

라고 판단한 것은 법률의 해석·적용에 관한 잘못이 있다. 상법 제385조 제1항을 이사회가 대표이사를 해임한 경우에도 적용 또는 유추적용할 것을 전제로 하는 A의 손해배상청구는 이유 없다.

Comments

(1) 이사와 회사는 위임의 관계에 있고 위임은 무상을 원칙으로 한다(민 686조 1항). 따라서 이사의 지위에 있다고 하여 당연히 회사에 대하여 보수청구권을 갖는 것은 아니다.[38] 이사의 직무수행에 대한 일체의 대가는 그 명칭 여하를 불문하고 모두 이사의 보수가 되고, 이에 대해서는 정관에 의하여 정하거나 주주총회에서 이를 정한다(388조).[39] 이사의 보수를 주주총회의 결의사항으로 한 것은 이사선임권과 함께 지분적 소유자인 주주의 이사에 대한 경영통제수단의 핵심이 되기 때문이다. 퇴직위로금은 퇴직 이후에 지급되는 것이더라도 재직 중 직무수행의 대가로 지급되는 것이면 여기의 보수에 해당한다.[40] 정관의 규정이나 주주총회의 결의 없이 이사에게 지급된 보수는 부당이득(민 741조)이 되어 회사에 반환하여야 한다.[41]

(2) (1인 주주인 회사[실질적 1인 주주인 회사 포함]의 주주총회에 대해서는 대법원 2008. 6. 26. 선고 2008도1044 판결에서 다룸.)

(3) 1인 주주인 회사(또는 실질적으로 1인 주주인 회사 포함)에 대해서는 주주총회 소집절차의 엄격성을 완화하는 것이 판례와 다수설의

---

38) 대법원 1992. 12. 22. 선고 92다28228 판결 등.

39) 이에 관한 상법규정은 그 입법취지에 비추어 강행규정으로 보고 있다(이철송, 645면).

40) 이사의 해직보상금에 관하여는 대법원 2006. 11. 23. 선고 2004다49570 판결 참조.

41) 대법원 2010. 3. 11. 선고 2007다71271 판결.

입장이다. 그러나 주식의 소유가 실질적으로 분산되어 있는 회사에 대해서는 그렇지 않다. 즉, 실제 소집절차와 결의절차를 거치지 않았음에도 불구하고 주주총회의 결의가 있었던 것처럼 주주총회 의사록을 허위로 작성한 경우 설사 1인이 주식의 대다수를 가지고 있고 그 지배주주에 의하여 결의가 있었던 것으로 주주총회의사록이 작성되어 있다 할지라도 이러한 경우에는 그 결의가 존재한다고 볼 수 없을 정도로 중대한 하자가 있는 경우에 해당하여 그 주주총회의 결의는 부존재하는 것으로 보아야 한다는 것이 판례의 입장이다.[42]

(4) 주주 구성이 98%의 지배주주와 나머지 2%의 군소주주로 양분되어 있는 점에서 대법원 2007. 2. 22. 선고 2005다73020 판결과 위의 대법원 2004. 12. 10. 선고 2004다25123 판결은 일견 유사한 사안인 것처럼 보임에도 불구하고 주주총회의 개최사실이 없는 주주총회 결의의 효력에 대하여 전자는 무효, 후자는 유효라 하여 완전히 상이한 결론을 끌어내고 있다. 그렇다고 전자의 판례가 후자의 판례를 번복한 것으로 보이지는 않는다. 그렇다면 이 같은 극단적인 대비는 어떤 이유에서 비롯된 것일까? 이는 지배주주 외에 군소주주가 있는 경우, 이들 군소주주의 이익을 보호할 필요가 있는 사안인지 그렇지 않은 사안인지, 1인 주주가 주식 전부(100%)를 보유하고 있거나 또는 '사실상의 1인 회사'로 보아도 무방한 것인지 그렇지 않은지에 대한 판단의 차이에 연유한다.

(5) 대표이사의 선임권자는 대표이사를 언제든지 해임할 수 있다(389조 1항). 대표이사의 선임권과 해임권은 이사회 또는 주주총회에 있다(389조 1항). 대표이사는 이사의 자격을 필수요건으로 하므로 대표이사를 해임함에 있어서 대표이사의 자격만 박탈하고 이사의 자격은 그대로 유지시키거나 또는 이사까지를 포함해서 대

---

42) 대법원 2007. 2. 22. 선고 2005다73020 판결.

표이사를 해임할 수도 있다. 전자의 경우에는 이사회 결의 또는 주주총회의 보통결의로도 가능하나(민 689조 1항), 후자의 경우에는 이사해임의 요건인 주주총회의 특별결의를 요한다(385조 1항).

(6) 유보수인 대표이사를 해임하고 무보수인 이사의 자격만을 유지시키는 경우 이에 대하여 임기 중 이사를 정당한 이유 없이 해임한 경우에 손해배상을 청구할 수 있다고 규정하고 있는 상법 제385조 제1항을 유추적용할 수 있는가에 대해서는 견해가 나뉜다.

(i) 부정설(판례) - 대표이사를 정당한 이유 없이 해임하고 그로 인하여 무보수·비상근인 이사가 되더라도 이에 대해서는 상법 제385조 제1항을 준용할 수 없고, 따라서 그로 인한 손해배상을 청구할 수 없다고 한다. 그 이유로, 위 조문은 주주의 지배권 확보와 경영자의 지위 안정을 목적으로 한 규정이지 이사의 보수청구권을 보장하는 취지의 규정이 아니라는 점을 들고 있다.

(ii) 긍정설 - 이에 대해서는 대표이사를 정당한 이유 없이 해임할 경우 명문의 규정은 없으나 상법 제385조 제1항을 유추적용하여 대표이사는 손해배상을 청구할 수 있고, 이 때 손해배상액은 대표이사로서 지급받은 보수를 기준으로 해야 할 것이라는 견해가 있다.[43)]

(iii) 정리 및 사견 - 생각건대, 상법 제385조 제1항을 법조문에 충실하게 문언해석을 하면 위 판례(부정설)가 타당하나, 법 취지를 감안한 목적해석에 의하면 위의 비판론(긍정설)이 타당하다. 상법 제385조 제1항은 '유보수인 이사'를 정당한 이유 없이 해임함으로써 피해임자가 입은 잔여임기의 보수를 일률적으로 손해로 보아 경제적으로 보상해 주기 위한 것이라는 것이 판례의 입장이다. 이러한 법의 취지는 '유보수인 대표이사'를 정당한 이유 없이 해임하여 형식적으로는 이사의 자격을 유지시키지만 무보수로 바꾸는 경우에도 동일하게 적용되어야 한다. 다만 상법 제385조

43) 이철송, 680~681면.

제1항은 임기가 정해진 이사에 대하여 적용되는 것이므로 만일 대표이사로 선정되면서 임기의 정함이 없는 때에는 언제든지 해임할 수 있고, 따라서 손해배상을 청구할 수 없다.[44] 한편, 이러한 경우 상법 제385조 제1항이 적용되지 않는다고 하더라도 민법 제689조 제2항의 적용에 의하여 회사가 대표이사를 '부득이한 사유 없이 불리한 시기에' 해임한 때에는 피해임자는 회사에 대하여 그로 인한 손해배상을 청구할 수 있다고 보아야 할 것이다.

《관련문헌》

채동헌, "실질적 1인 주식회사의 주주총회결의 부존재 여부", 「상장」(2007).

한 철, "대표이사직의 해임에 따른 보수청구와 회사의 손해배상책임", 「상사판례연구」 제18집 제3권(2005).

44) 대법원 2001. 6. 15. 선고 2001다23928 판결 참조.

6. 총회소집지, 상호주의 의결권 제한

[대법원 2009. 1. 30. 선고 2006다31269 판결]

Facts

(1) X회사(피고)의 발행주식총수 8,205,365주 중 8,205,043주는 보통주식, 나머지 322주는 우선주식이고, 보통주식 8,205,043주 중 2,282주는 단주인 자기주식, 303,500주는 자사주 펀드에 속한 자기주식이다. P1회사(원고 1)는 X회사의 보통주 79,608주를, P2회사(원고 2)는 X회사의 보통주 398,025주를 각 소유하고 있다.
(2) X회사는 Y회사의 총 발행주식의 92%에 해당하는 5,520,000주를 소유하고 있다. Y회사는 2005. 1. 26.경 Z회사의 총 발행주식 1,090,000주의 27%에 해당하는 297,172주를 양수한 다음, 2005. 3. 11.경 Z회사의 대표이사로부터 위 주식양수를 승낙한다는 취지의 통지를 받았으며, 양도 당시 297,172주에 대한 주권은 발행되지 않았다. Z회사는 X회사가 발행한 보통주 8,205,043주의 43.4%에 해당하는 3,563,080주('이 사건 주식')를 소유하고 있다. X회사의 주주명부에 위와 같이 주식을 소유하고 있다고 기재되어 있었다. X회사의 대표이사인 R 외 1인은 2004. 12. 28.경 X회사의 실질적 모회사인 Z회사의 주식 64%를 소유하고 있었다.
(3) X회사는 2005. 3. 18. 오전 09 : 30경 서울특별시 노원구(본

점소재지)에 인접한 고양시 덕양구 주교동 600 소재 고양시 문예회관 대강당에서 주주 39명(이 사건 주식을 포함하여 5,135,120주)이 참석한 가운데 정기주주총회('이 사건 주주총회')를 개최하였다. Z회사는 X회사의 2005. 3. 18. 정기주주총회에 참석하여 자신이 보유하고 있는 X회사의 발행주식 3,563,080주에 대하여 의결권을 행사하고 그에 의하여 주주총회의 결의가 있었다.

(4) 이 사건 주주총회에서 제1, 6항 기재 각 결의는 이 사건 주식을 포함한 4,528,605주의 찬성으로, 제2항 기재 결의는 이 사건 주식을 포함한 3,969,889주의 찬성으로, 제3 내지 5항 기재 각 결의는 P1, P2들을 포함한 일부 주주가 퇴장하여 주주 29명(이 사건 주식을 포함하여 4,586,009주)이 참석한 가운데 전원의 동의로 각 가결되었다.

(5) P1, P2들이 이 사건 주주총회 개최 이전인 2005. 2. 21.과 같은 달 24.경 X회사에게 주주명부 열람 및 등사를 청구하였으나 X회사로부터 거부당하자, P1, P2들은 서울북부지방법원에 주주명부 열람·등사 청구의 가처분신청을 하여 위 법원으로부터 2005. 3. 9. 위 신청을 인용하는 가처분결정을 받은 다음, 다시 2005. 3. 14. 같은 달 15.경 X회사에게 주주명부의 열람 및 등사를 재차 요구하였으나, X회사로부터 모두 거부당하였다.

(6) X회사의 관련 정관규정은 아래와 같다.

> 제3조(본점소재지) ① 회사는 본점을 서울특별시에 둔다.
> 제14조(주주명부의 폐쇄 및 기준일) ② 회사는 매년 12월 31일 최종의 주주명부에 기재되어 있는 주주를 그 결산기에 관한 정기주주총회에서 권리를 행사할 주주로 한다.
> 제21조(소집지) 주주총회는 본점소재지에서 개최하되 필요에 따라 이의 인접지역에서도 개최할 수 있다.
> 제27조(주주총회의 결의방법) 주주총회의 결의는 법령에 다른 정함이 있는 경우를 제외하고는 출석한 주주의 의결권의 과반수로 하되, 발행주식총수의 4분의 1 이상의 수로 하여야 한다.

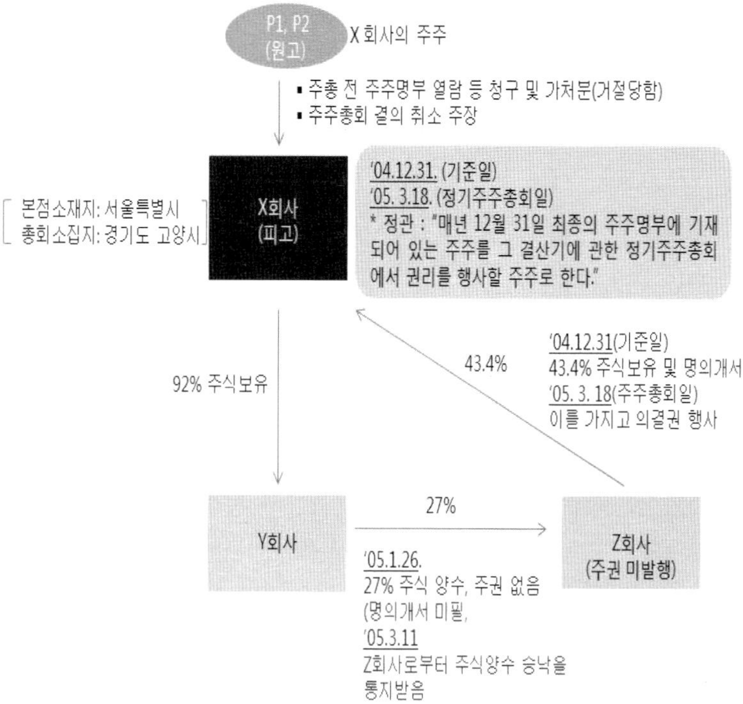

(Q1) 위 회사의 주주총회 소집지는 적법한가?

(당사자들의 주장 : ① P1, P2들(원고)은 이 사건 주주총회가 본점소재지인 서울특별시 노원구 또는 그 인접한 지가 아닌 고양시 덕양구에서 개최되었으므로, 주주총회 소집지에 하자가 있다고 주장한다. ② 이에 대하여 X회사(피고)는, 이 사건 주주총회가 개최된 고양시 덕양구 주교동 600 고양시 문예회관 대강당은 서울지하철 3호선이 연결되어 서울 도심에서 1시간 이내에 도착할 수 있는 곳이고, 고양시는 X회사의 본점소재지인 '서울특별시'의 인접지역에 해당하기 때문에, 상법 제364조에 위반된 것이 아니라고 주장한다.)

(Q2) A 등의 주주명부열람청구를 거절한 채 이루어진 주주총회의 결의는 적법한가?

(당사자들의 주장 : ① P1, P2들은 그들이 2005. 2. 21.부터 X 회사에게 주주명부의 열람 및 등사를 청구하였으나, X회사가 이를 거부한 결과 P1, P2들이 다른 주주들에게 의결권 위임을 권유할 수 있는 기회가 박탈되었으므로, 주주총회 소집절차 및 결의방법에 하자가 있다고 주장한다. ② 이에 대하여 X회사는 P1, P2들의 주주명부의 열람 및 복사 신청을 거부하였으나, X회사로서는 법원의 주주명부 열람 가처분결정을 송달받기 전에는 가처분결정에 응할 의무가 없었고, 더군다나 P1, P2들이 X회사에 대하여 적대적 인수합병(M&A)을 시도한 바 있었기 때문에 위 열람 및 등사 청구가 부당한지 여부를 검토할 시간이 필요하여 이를 연기한 것에 불과하며, 주주명부 열람은 주주총회 소집절차 또는 결의방법과는 아무런 관련이 없으므로, 이는 이 사건 주주총회의 결의 취소사유에 해당하지 아니한다고 주장한다.)

(Q3) Y회사는 2005. 1. 26.경 Z회사의 총 발행주식(주권 미발행 상태) 27%에 해당하는 주식을 양수하였는데, 이에 의하여 주식양수의 효력이 발생하였는가?

(Q4) X회사의 위 주주총회 결의는 유효한가?

(당사자들의 주장 : ① P1, P2들은 X회사의 상법상 자회사인 Y주식회사가 X회사의 대주주인 Z주식회사의 총 발행주식의 10%를 초과하는 주식을 가지고 있기 때문에 Z주식회사가 소유하고 있는 이 사건 주식은 상법 제369조 제3항에 의하여 의결권이 없음에도 불구하고 그 의결권이 인정되어 결의되었으므로, 그 결의방법에 법령 위반의 중대한 하자가 있다고 주장한다. ② 이에 대하여 X회사는 이 사건 주주총회에서 의결권을 행사할 자를 정하기 위하여 기준일로 지정된 2004. 12. 31.에는 Y주식회사가 Z주식회사의 주식을 소

유한 바가 없기 때문에 Z주식회사가 가지고 있는 이 사건 주식은 상법 제369조 제3항에서 규정하고 있는 의결권이 없는 상호주에 해당하지 않을 뿐만 아니라, 이 사건 주주총회일 당시까지 Y주식회사가 Z주식회사의 주주명부에 명의개서를 하지 아니하여 Y주식회사를 Z주식회사에 대한 주주로 볼 수 없으므로, 이 사건 주식은 역시 의결권 없는 상호주에 해당하지 아니한다고 주장한다.)

Issue & Rule

(1) 위 사건에서 쟁점이 되는 사항은 ① 주주총회의 소집지에 관하여 본점 또는 그 '인접지역'의 의미, ② 주주명부열람의 가처분을 무시한 주주총회 소집절차 및 방법의 적법성, ③ 주권 없는 주식양도의 효력, ④ 상호주에서 주식보유의 판단기준 등이다. 여기에서는 ④의 쟁점을 주로 다룬다.
(2) 위 쟁점사항에 관한 적용법조는 상법 제335조 제3항, 제336조, 제337조 제1항, 제354조, 제369조 제3항, 제368조 제1항, 제434조; 민법 제450조 등이다.

Analysis & Conclusion

1. 원심 판결[45)]

(* 이 사건의 원심 판결이 상세하므로 이를 살펴본다.)

---

45) 서울고법 2006. 4. 12. 선고 2005나74384 판결.

(1) 주주총회의 소집지

X회사는 정관에서 본점소재지를 '서울특별시'로 규정하고 있으므로,[46] X회사의 주주총회 소집지의 최소 행정구역은 '서울특별시'이고, 서울특별시에 인접한 고양시에서 개최된 이 사건 주주총회에는 소집지 위반의 하자가 없다.

(2) 소집절차 및 결의방법

X회사가 A, B들의 주주명부 열람 및 등사 청구를 여러 차례 거부한 사실은 인정되나, 그로 인하여 A, B들이 다른 주주들에게 의결권 위임을 권유할 기회가 박탈당하였다는 사정만으로는 이 사건 주주총회의 소집절차나 결의방법에 법령 또는 정관에 위배되는 하자가 있다고 보기 어렵다.

(3) 상호주의 의결권

(가) 상호주 여부의 기준시점

아래와 같은 이유로 의결권이 제한되는 상호주에 해당하는지 여부의 기준시점은 이 사건 '주주총회일'(2005. 3. 18)이다.

① 기준일 제도는 주식이 유통됨에 따라 주주가 수시로 변동되어 의결권 행사 등 주주로서의 권리를 행사할 자를 시기적으로 명확하게 특정할 필요가 있다는 점에서 고안된 것으로서 상법 제354조에서 규정하고 있다(즉, 주주권 행사를 위한 적극적 요건). 이에 반하여 의결권을 배제하는 상호주 제도는 상호출자를 통한 자본의 공동화(空洞化), 경영자에 의한 주주총회의 지배 등 회사지배의 왜곡 내지 주주총회 결의의 왜곡이라는 폐해를 방지하기 위하여 상

46) 위 사건에서 X회사의 본점 소재지는 서울특별시 노원구이다.

법 제369조 제3항에서 규정하고 있으며, 외형상 주주권 행사를 위한 적극적 요건을 구비하고 있다고 하더라도 일정한 요건을 충족하는 경우 주주권 행사를 배제하고 있다(즉, 주주권 행사를 배제하기 위한 소극적 요건). 따라서 주주총회에서 주주로서 권리를 행사하기 위해 요구되는 기준일 제도와 형식상 주주로서의 지위를 가지고 있음에도 불구하고 의결권을 배제하는 상호주 제도는 그 목적과 요건이 서로 다르다.

② 기준일에 상호주에 해당되지 않더라도 실제로 의결권이 행사되는 주주총회일에는 상호주에 해당되게 되는 경우에, 만약 의결권이 제한되는 상호주에 해당하는지 여부를 주주총회일이 아닌 기준일로 본다면, 주주총회 결의를 통하여 그 회사의 경영자가 결의내용에 영향력을 행사할 수 있게 되어 상호주 소유로 인한 폐해가 발생하게 되어 의결권 제한의 목적을 잠탈하게 된다.

③ 주관적인 의사와는 상관없이 상호주를 소유하고 있다는 객관적인 상황만으로도 상호주의 의결권이 배제되는 대신, 상법은 상호주 소유 여부를 알 수 있게 회사가 다른 회사의 발행주식총수의 10분의 1을 초과하여 취득한 때에는 그 다른 회사에 대하여 지체없이 이를 통지하게 하고 있다(342조의3 참조).

④ 모회사, 자회사, 다른 회사가 같은 날 주주총회를 개최하되 기준일과 주식 소유일이 모두 다름에도 불구하고 기준일을 기준시점으로 하여 상호주 여부를 판단하게 된다면, 기준일에 따라 일부 회사에게는 의결권이 인정되는 불합리한 결과가 발생할 수 있으며, 이는 상법상의 자회사가 다른 회사의 발행주식총수의 10분의 1을 초과하여 취득한 때에도 상호주로 간주하여 의결권을 제한하는 취지에도 반하게 된다.

(나) 상호'보유'로 인정되기 위해서 명의개서를 요하는지 여부

이 사건 주주총회일 당시 Y회사가 Z회사의 주주명부에 명의개서를 하지 아니하였으나, Z회사가 이 사건 주주총회 개최전인 2005. 3. 11.경 Y회사에게 주식양수를 승낙한다는 취지의 통지를 한 사실은 기초사실에서 인정한 바와 같고, 명의개서가 아닌 주식 소유 여부가 의결권이 제한되는 상호주의 기준이며, 명의개서를 하지 아니한 실질상의 주주를 회사측에서 주주로 인정하는 것은 무방하므로, Y회사는 Z회사에 의해 인정된 실질상의 주주이다.

(다) 사건에의 적용

① 이 사건 주주총회일 당시 Y회사가 Z회사의 주주명부에 명의개서를 하지 아니하였으나, Z회사가 이 사건 주주총회 개최전인 2005. 3. 11.경 Y회사에게 주식양수를 승낙한다는 취지의 통지를 한 사실이 인정된다. 명의개서가 아닌 주식 소유 여부가 의결권이 제한되는 상호주의 기준이며, 명의개서를 하지 아니한 실질상의 주주를 회사측에서 주주로 인정하는 것은 무방하므로, Y회사는 Z회사에 의해 인정된 실질상의 주주이다.

② 그렇다면, X회사는 Y주식회사의 총 발행주식의 92%의 주식을 소유한 상법상 모회사이고, 그 자회사인 Y주식회사가 이 사건 주주총회일(2005. 3. 18) 당시 Z주식회사의 총 발행주식의 27%에 해당하는 주식을 소유하고 있었으므로, Z주식회사가 소유하고 있는 이 사건 주식은 상법상 의결권이 인정되지 아니하는 상호주에 해당하며, 이 사건 주주총회의 각 결의는 의결권이 없는 상호주에 대하여 의결권을 인정한 위법한 결의로서 그 결의방법에는 법령 위반의 하자가 있다.

③ Z주식회사가 소유하고 있는 이 사건 주식의 의결권이 인정되지 않으므로, 이 사건 주주총회 당시 이 사건 주식을 포함하여 의결권이 제한된 주식을 제외한 발행주식은 4,336,181주(= 7,899,261주 - 3,563,080주)이다.

ⓐ 이 사건 주주총회의 결의 중 1호 안건에 대한 각 결의는 이 사건 주식을 제외하면 각 965,525주(= 4,528,605주 - 3,563,080주)의 찬성으로 가결되었다.
ⓑ 2호 안건의 각 결의는 이 사건 주식을 제외하면 각 1,022,929주(= 4,586,009주 - 3,563,080주)의 찬성으로 가결되었으나, 이는 모두 위 발행주식총수의 4분의 1 이상인 1,084,046주(= 4,336,181주 × 1/4, 소수점 이하는 반올림)에 미달한다.
ⓒ 출석한 주주의 의결권의 3분의 2 이상의 수와 발행주식총수의 3분의 1 이상의 수의 찬성을 요하는 제3호 안건의 결의는 이 사건 주식을 제외하면 1,572,040주(= 5,135,120주 - 3,563,080주)의 출석과 그 중 406,809주(= 3,969,889주 - 3,563,080주)의 찬성으로 가결되었으나, 이는 위 발행주식총수의 3분의 1 이상인 1,445,394주(= 4,336,181주 × 1/3)와 출석한 주주의 의결권의 3분의 2 이상인 1,048,027주(= 1,572,040주 × 2/3)에 미달하여 각 의결권 수에 하자가 있다. 아래 표는 이를 정리한 것이다.

구분	주식 수	의결권을 행사할 수 있는 주식 수
① 회사가 발행한 주식의 총수	8,205,365	
② 우선주식 (의결권 없는 주식)	322	
① - ②		8,205,043
③ 단주(자기주식)	2,282	
① - ② - ③		8,202,761
④ 자사주 펀드(자기주식)	303,500	
① - ② - ③ - ④		7,899,261
⑤ 상호주	3,563,080	
의결권을 행사할 수 있는 주식 수 ① - ② - ③ - ④ - ⑤		4,336,181

		4,336,181 × 1/4
발행주식총수의 1/4		1,084,045.25
		4,336,181 × 1/3
발행주식총수의 1/3		1,445,393.67

제1, 6항 각 결의		
출석		5,135,120
찬성		4,528,605
상호주		3,563,080
상호주 배제 후 출석 주식 수		1,572,040
상호주 배제 후 찬성 주식 수		965,525

제3, 4, 5항 각 결의		
출석		4,586,009
찬성		4,586,009
상호주		3,563,080
상호주 배제 후 출석 주식 수		1,022,929
상호주 배제 후 찬성 주식 수		1,022,929

제2항 결의		
출석		5,135,120
찬성		3,969,889
상호주		3,563,080
상호주 배제 후 출석 주식 수		1,572,040
출석한 주주의 의결권의 3분의 2		1,048,026.27
상호주 배제 후 찬성 주식 수		406,809

따라서 이 사건 주주총회의 각 결의는 그 결의방법이 상법 제368조 제1항, 제369조 제3항, 제434조에 위반되어 취소되어야 한다.

Comments

(1) 주주총회의 소집지에[47] 관하여 상법 제364조에서는 "총회는 정관에 다른 정함이 없으면 본점소재지 또는 이에 인접하는 지에 소집하여야 한다"고 규정함으로써 1차적으로는 정관에 규정

47) 소집지와 소집장소는 다르다. 소집지 내의 적당한 장소를 소집장소로 정하여 주주총회 소집시에 소집지와 소집장소를 함께 통지 또는 공고하여야 한다.

되어 있는 바에 의하고,[48] 이에 관한 정관규정이 없는 때에는 2차적으로 본점 또는 이에 인접하는 지를 소집지로 하여야 한다. 본점소재지에 '인접하는 지'의 의미는 동 규정이 주주들의 총회출석의 편의를 위한 것이므로 반드시 지리적으로 접속된 행정구역 내에 한정한다는 뜻은 아니다. 주로 이동거리와 이동시간을 중심으로 동일한 생활권 내로 볼 수 있는가의 여부를 판단기준으로 삼아야 할 것이고, 이를 크게 벗어나게 되면 위법한 소집지가 된다.[49] 총회소집지를 정관에 규정하고 있는 곳 또는 본점소재지나 인접지라고 하여 항상 적법한 것은 아니다. 소집지가 적법하더라도 소집장소가 주주의 총회참석을 실질적으로 어렵게 하는 장소라면 소집절차가 불공정한 경우가 되어 결의 취소사유가 될 수 있다.[50]

(2) 상법은 상호주에 대하여 2가지 유형으로 규제하고 있다. (ⅰ) 50% 초과 지주비율요건을 충족하는 모자회사간에는 자회사가 모회사의 주식을 '취득'하는 것 그 자체를 금지하고(342조의2), (ⅱ) 10% 초과 50% 이하 지주비율요건을 충족하는 비모자회사간에는 취득은 허용하되 그에 의한 '의결권행사'를 제한하고 있다(369조 3항).[51] 양자 모두 상호주가 지니고 있는 자기주식 취득의 폐해를

48) 예컨대, 본점소재지는 경북 포항시이나 주주들의 총회 참석을 편의롭게 하기 위하여 정관으로 서울특별시를 총회소집지로 할 수 있다. 예컨대, 포스코 정관에는 "주주총회는 본점 소재지(경북 포항시) 또는 서울특별시에서 소집한다"고 규정하고 있다(동 정관 19조 3항).

49) 상법 제22조, 41조 제1항, 제71조 제3항 등 다수의 조문에서 '서울특별시, 광역시, 시, 군'을 상사거래의 동일 생활권으로 제시하고 있으므로, 상법 제364조의 본점소재지와 인접지의 범위도 동일한 생활권을 이루는 최소행정단위로 파악하여야 할 것이라는 견해가 있다(송옥렬, 822면; 이철송, 495면).

50) 예컨대, 총회장에 입장하기 위해서는 고액의 비용을 지불하여야 하는 곳, 출석주주를 모두 수용하기 어려운 곳 등이 이에 해당한다.

51) 양자 모두 발행주식총수를 기준으로 하고 있다. 이에 대해서 비모자회사간에는 취득을 제한하는 것이 아니라 의결권행사를 제한하는 것이므로 의결권 있는 주식의 수를 기준으로 하는 것이 타당하다는 견해가 있다(이철송, 409면). 그러나 이에 대해서는 법문의 해석을 넘는 것이라는 반대견해가 있다(송옥렬, 792면).

방지하는 데 그 목적이 있다. 다만, 모자회사의 경우는 자본충실에 중점이 있다면, 비모자회사의 경우는 상호주를 통해 출자 없는 자가 주주총회에서 의결권을 행사함으로써 생기는 회사지배의 왜곡을 방지하는 데 중점을 두고 있다. 따라서 후자의 경우는 주주총회에서의 의결권 행사의 가부가 주로 문제된다. 위 사건도 이에 관한 것이다.

(3) 비모자회사간의 상호주로서 의결권이 제한되는 유형으로는, (ⅰ) A가 단독으로 B회사의 주식을 10% 초과하여 보유하는 경우, (ⅱ) A의 자회사(As)가 단독으로 B회사의 주식을 10% 초과하여 보유하는 경우, (ⅲ) 모회사(A)와 자회사(As)가 합하여 B회사의 주식을 10% 초과하여 보유하는 경우가 있다(369조 3항). 이러한 경우 피참가회사는 참가회사의 주식에 대하여 의결권을 행사할 수 없다. 쌍방이 참가회사인 동시에 피참가회사로 되는 경우에는 주식취득의 선후를 불문하고 쌍방 모두가 의결권을 행사할 수 없다.

(4) 비모자회사간의 상호주로서 의결권이 제한되는 경우에 해당하는가의 여부를 판단함에 있어서 어느 시점의 주식보유상황을 기준으로 할 것인가? 이에 대해서는 상법 제354조의 기준일설,[52] 주주총회일설 등이 있다. 참가회사 및 피참가회사의 주식보유현황은 참가회사의 '주주총회일'을 기준으로 판단하여야 한다고 하는 위 판례의 입장이 타당하다고 본다. 그 이유는, 상호주에 대하여 의결권을 제한하는 이유가 출자가 없는 주식보유에 의한 의결권행사를 차단함으로써 회사지배의 왜곡을 막기 위한 것이므로 주주총회가 개최되는 날의 주식보유상황을 기준으로 하여야 할 것이다. 또한 기준일은 기준일을 정한 당해 회사에서 주주로서의 권리를 행사할 자를 확정하기 위한 것이지 다른 회사의

52) 권기범, 570면.

주주를 확정하는 기준으로 삼을 수는 없기 때문이다.[53] 또한 기준일은 이사회가 임의로 정할 수 있는데, 기준일설에 의하면 경영진이 기준일을 조정함으로써 상호주보유규제를 회피할 위험이 있어 적절하지 못하고, 상호주 규제의 강행성과 배치된다.[54][55]

(5) 주식을 취득하였으나 의결권을 행사하는 시점에 명의개서를 하지 않은 경우에도 상호주로서 의결권행사가 제한되는가?

(i) 실질보유기준설(판례) - 위 판례는 명의개서의 여부와 관계없이 주주총회일의 실제 보유현황을 기준으로 삼고 있다. 상대방의 주식을 상당부분 보유함으로써 사실상 영향력을 행사할 수 있는 것이므로 명의개서 여부를 불문하는 판례의 입장이 상호주 규제의 취지에 부합한다고 하여 이를 지지하는 견해가 있다.[56]

(ii) 명의개서기준설 - 이에 대해서 실제의 보유현황이 아니라 주주총회일의 주주명부를 기준으로 삼는 것이 합리적이라는 견해가 있다.[57]

(iii) 정리 및 사견 - 생각건대, 실질보유기준설이 타당하다고 본다. 주식의 상호보유를 규제하는 상법 제342조의2와 제342조의3, 그리고 제369조 제3항 모두 명의개서와 관계없이 주식취득

53) 이철송, 411면; 최준선, 333면.

54) 김지평, "주권발행 전 주식양도와 상호주 규제 - 대법원 2009. 1. 30. 선고 2006다31269 판결", 「인권과 정의」 제440호(2009. 12), 84면.

55) 주주총회일설을 지지하면서, 그 논거로 기준일 이후 참가회사의 보유주식수에 변동이 있는 경우에 이를 일일이 조정할 필요가 없어 상법 제369조 제3항의 적용이 단순하고 명확하다는 점, 피참가회사가 참가회사로부터 주식취득의 사실을 통지받지 못하는 경우 기준일설에 의하면 피참가회사의 방어조치의 강구가 곤란하게 된다는 점 등을 들고 있다(유영일, "상호주(상법 제369조 제3항)의 판단시점과 판단기준 : 대법원 2009. 1. 30. 선고 2006다31269 판결을 중심으로", 「상사판례연구」 제24집 제1권(2011), 215~218면).

56) 비모자회사간의 상호주 보유를 규제하는 이유가 주식보유에 의하여 상대방회사의 의결권행사에 사실상의 영향력을 행사함으로써 회사지배를 왜곡하지 못하도록 하는 것에 있다고 하면서, 사실상의 영향력은 명의개서와 무관하다고 하여 판례를 지지하는 견해가 있다(송옥렬, 793면; 유영일, 위의 논문, 219면; 최준선, 333면).

57) 권기범, 570면; 김지평, 앞의 논문, 88면; 이철송, 411~412면.

그 자체를 규제하고 있는 것으로 통일하여 해석하여야 할 것이고, 참가회사의 보유주식수를 계산함에 있어서 타인 명의이지만 자기의 계산으로 보유하고 있는 주식수도 포함된다고 해석하여야 상호주 규제의 취지를 제대로 살릴 수 있겠기 때문이다.[58)]

(6) 회사(A)가 다른 회사(B)의 발행주식총수의 10%를 초과하여 취득한 때에는 그 다른 회사(B)에 지체없이 이를 통지하여야 한다(342조의3). 이런 경우 만일 B회사가 A회사의 주식을 가지고 있다면 그 주식에 의하여 의결권을 행사할 수 없다. 이는 주식보유 사실을 상대방 회사에 알림으로써 주식의 비밀매집에 의한 불공정한 경영권 침탈시도를 억지하고 지배권경쟁의 공정을 기하기 위함이다. 이를 위반한 경우의 효력에 대해서는 상법에 규정이 없으나, 의결권을 행사할 수 없는 것으로 해석하는 것이 지배적이다.[59)] 이에 의하면 통지를 하지 않고 의결권을 행사한 경우에는 결의 취소사유가 된다.[60)]

《관련문헌》

유영일, "상호주(상법 제369조 제3항)의 판단시점과 판단기준 : 대법원 2009. 1. 30. 선고 2006다31269 판결을 중심으로", 「상사판례연구」 제24집 제1권(2011).

전현정, "상호주의 의결권에 관한 판단기준", 「대법원판례해설」 제79호(2009).

채동헌, "상호주 보유와 의결권 행사에 있어 명의개서의 필요여부", 「상장」(2009).

---

58) 유영일, 앞의 논문, 218면, 221면.

59) 송옥렬, 795면; 이철송, 417면; 최기원, 367면; 최준선, 252면. 반대설: 권기범, 490~491면.

60) 송옥렬, 795면. 자본시장법에서는 대량보유 보고의무를 규정하고 있고(5% 룰), 이를 위반한 경우에는 의결권을 박탈하고 있다(자금 147조, 150조). 이때 본인 보유 외에 특별관계자의 보유를 합산한다(자금령 141조 참조).

7. 의결권행사에 대한 회사거절의 정당화사유

[대법원 2001. 9. 7. 선고 2001도2917 판결]

Facts

(1) X주식회사의 대주주이자 대표이사인 R과 소수주주인 B, C 사이에는 회사 운영을 둘러싸고 임대료 또는 주주배당금 청구소송이 계속되어 분쟁이 있었다. R은 A(피고인)의[61] 작은아버지이며 X주식회사의 대표이사이고, B는 X회사의 주주로서 A의 아버지이고, C는 A의 형이다.

(2) X회사의 총 주주 6인 중 주식의 2.4%인 240주를 소유한 C는 결산 및 감사보고, 배당금 결정을 안건으로 하는 1999. 3. 24.자 정기주주총회에 자신이 직접 참석하고 있음에도 불구하고 위 계속 중인 소송에 증거로 사용될 수 있는 회사의 감사보고에 관한 근거서류 등을 찾는다는 명목으로 C1, C2, C3, C4 및 A 등 5인에게 각각 자신의 주식 중 1주씩에 대한 의결권의 대리 행사를 위임하였다.

(3) C가 소유한 위 주식은 타인으로부터 신탁받은 것이거나 혹은 타인을 위하여 주식을 가지고 있는 경우에 해당하지 아니할 뿐만 아니라 회일의 3일 전까지 회사에 대하여 서면으로 의결권을 불통일행사 하겠다는 뜻과 이유를 통지한 바도 없었다.

(4) 1999. 3. 24. 12:00경 서울 중구 남창동에 있는 X회사 사무

61) 이 사건은 형법상 업무방해 · 주거수색죄 등의 형사사건으로 다루어졌다.

실에서, 주주총회의 의장인 R로부터 A와 함께 X회사 주주의 위임장을 받지 않고 참석한 성명불상자 3명을 상대로 "주주총회와 관계없는 사람들은 나가달라"는 요구를 받자 이를 거절하면서 R에게 "×× 새끼 맞아봐야 알겠냐, 아버지도 때리는 판에 너야 못 때리겠느냐, 여기서 나가지 않으면 맞아 죽을 줄 알아"라고 말하고, 위 성명불상자들은 "말조심 하슈"라고 고함을 쳐, R로 하여금 주주총회의 개최, 진행을 포기하게 하여 X회사의 정당한 주주총회 개최업무를 위력으로 방해하였다.

(5) 그 무렵 위와 같은 장소에서 R이 주주총회 개최를 포기하고 밖으로 나가자 A 등이 C를 임시주주총회 의장으로 선임하여 회의를 진행하면서 X회사의 경리직원인 주○영 등에게 '회사 현금출납부 등 경리장부를 가지고 오라'고 말하였다. 위 경리직원들이 이를 거절하자 A는 R의 책상과 X회사 상무인 최△응의 책상을 뒤지고, 계속하여 A와 C1은 경리직원들의 책상 위에 있는 서류철을 뒤졌다. C는 이러한 사정을 최△응에게 보고하기 위하여 전화를 하려는 주○영에게 전화를 하지 못하게 하여 R이 점유하는 사무실 방을 수색하였다.

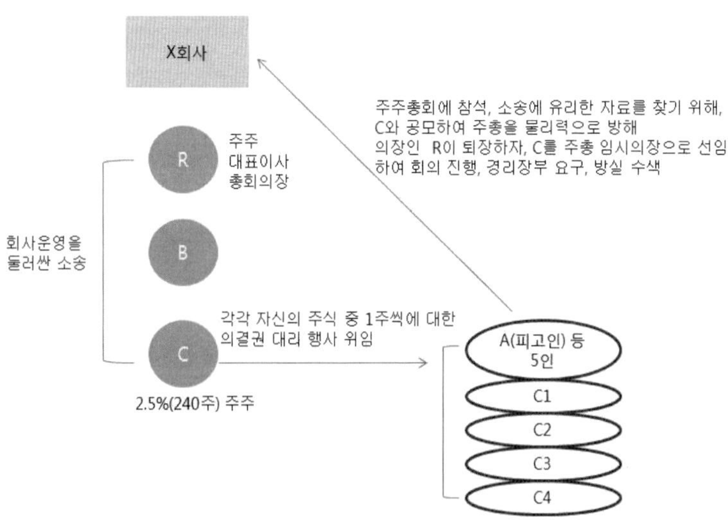

(Q1) A 등의 위 주주총회에서의 의결권 행사는 적법한가?
(Q2) A 등의 의결권의 대리행사 및 불통일행사에 대한 X회사의 거절은 정당한가?
(Q3) A 등의 위와 같은 행위에 대하여 적용할 수 있는 형사 벌칙은?

Issue & Rule

(1) 위 사건에서 쟁점이 되는 사항은 ① 주주의 의결권 대리행사의 위임을 회사가 거절할 수 있는지 여부 및 법정 요건을 갖추지 못한 의결권 불통일행사를 위한 주주의 의결권 대리행사의 위임을 회사가 거절할 수 있는지 여부, ② 주주가 주주총회에 참석하면서 소유 주식 중 일부에 관한 의결권의 대리행사를 타인들에게 나누어 위임하여 주주총회에 참석한 의결권 대리인들이 총회의장의 주주총회장에서의 퇴장 요구를 거절하고 고성과 욕설 등을 사용하여 총회의장의 주주총회의 개최, 진행을 포기하게 만든 경우, 업무방해죄가 성립하는지 여부, ③ 주주총회에 참석한 의결권 대리인이 회사 사무실을 뒤져 원하는 장부를 찾아낸 경우, 주거수색죄가 성립하는지 여부, ④ 주주총회에 참석한 주주가 회사측의 의사에 반하여 회사 사무실을 뒤져 회계장부를 강제로 찾아 열람한 경우, 형법 제20조 소정의 정당행위에 해당하는지 여부 등이다.
(2) 위 쟁점사항에 관한 적용법조는 상법 제368조 제3항, 제368조의2, 제466조; 형법 제314조 제1항, 제321조, 제20조 등이다.

Analysis & Conclusion

1. 주주의 의결권행사의 정당성 및 회사의 거절

(1) 판례법리

① 주주의 자유로운 의결권 행사를 보장하기 위하여 주주가 의결권의 행사를 대리인에게 위임하는 것이 보장되어야 한다고 하더라도 주주의 의결권 행사를 위한 대리인 선임이 무제한적으로 허용되는 것은 아니다. 그 의결권의 대리행사로 말미암아 주주총회의 개최가 부당하게 저해되거나 혹은 회사의 이익이 부당하게 침해될 염려가 있는 등의 특별한 사정이 있는 경우에는 회사는 이를 거절할 수 있다.
② 주주가 자신이 가진 복수의 의결권을 불통일행사하기 위해서는 회일의 3일 전에 회사에 대하여 서면으로 그 뜻과 이유를 통지하여야 할 뿐만 아니라, 회사는 주주가 주식의 신탁을 인수하였거나 기타 타인을 위하여 주식을 가지고 있는 경우 외에는 주주의 의결권 불통일행사를 거부할 수 있는 것이므로, 주주가 위와 같은 요건을 갖추지 못한 채 의결권 불통일행사를 위하여 수인의 대리인을 선임하고자 하는 경우에는 회사는 역시 이를 거절할 수 있다.

(2) 사건에의 적용

주주인 C 자신이 직접 주주총회에 참석하면서도 소유 주식 중 일부에 관한 의결권의 대리행사를 A 등 5인에게 나누어 위임하는 것은 의결권의 행사를 위하여 필요한 정당한 범위 내라기보다는 회사 대주주측에서 참가하는 주주 수보다 회사와 민사소송을 벌이고 있는 소수주주측 참가자 수를 더 많게 함으로써 주주총회에서 자신들의 위세를 과시하여 정상적인 주주총회의 진행을 저해할 의도가 있다고 보인다. 그 뿐만 아니라, 결산 및 감사보고와 배당금에 관한 의결을 목적으로 하는 정기주주총회에 참석한 주주의 대리인이 회사의 감사보고에 관한 근거서류를 일일이 요구하는 것은 주주의 의결권 대리행사를 위하여 참석한 대리인의 권한 범위 내에 포함된다고 보기도 어렵다. 따라서 X회사의 대표이사로서 주주총회 의장인 R로서는 C가 선임한 의결권 행사 대리인인 A 등이 주주총회에 참석하는 것을 적법하게 거절할 수 있었던 것으로 보인다. 그럼에도 불구하고 A 등이 R의 나가달라는 요구를 거절하면서 다수의 힘을 빌려 고성과 욕설을 사용함으로써 R이 위와 같은 험악한 분위기 속에서 더 이상 주주총회를 개최・진행하지 못하고 포기하게 만든 것은 위력으로 주주총회의 개최 업무를 방해하였다고 보기에 충분하다.[62]

2. 형사책임 : 주거수색죄의 성부

① 주주인 C로부터 정당한 필요성이 없이 그 소유 주식 중 단지 1주에 대한 의결권의 대리행사를 위임받은 A 등은 회사가 인정하지 않는 한 적법한 의결권 행사의 대리인으로 인정될 수 없다. 따라서 회사로부터 주주총회장으로부터 나가달라는 요구를 받아 주주총회와 아무런 관련이 없게 되는 A 등이 주주총회 장소인 회사 사무실을 뒤져 회계장부나 서류철을 찾아내는 것이 사회통념상 용인될 수 있는 행위라고 보기 어렵다.[63]
② C와 같이 회사의 정기주주총회에 적법하게 참석한 주주라고 할지라도 주주총회장에서의 질문, 의사진행 발언, 의결권의 행사 등의 주주총회에서의 통상적인 권리행사 범위를 넘어서서 회사의

62) 원심(서울지법 2001. 5. 17. 선고 2000노8777 판결)에서는 이와는 달리 A 등의 위력에 의해 R이 주주총회 개최를 포기한 것이 아니므로 A 등이 주주총회를 방해한 것으로 볼 수 없다고 판단하였다.

63) 원심(서울지법 2001. 5. 17. 선고 2000노8777 판결)은 A가 회사의 서류 등을 뒤진 행위는 사회통념상 용인될 수 있는 정당행위에 해당하므로 범죄로 되지 아니하는 경우라고 판단하였다.

구체적인 회계장부나 서류철 등을 열람하기 위해서는 별도로 상법 제466조(회계장부열람권) 등에 정해진 바에 따라 회사에 대하여 열람을 청구하여야 한다. 만일 회사에서 정당한 이유 없이 이를 거부하는 경우에는 법원에 그 이행을 청구하여 그 결과에 따라 회계장부 등을 열람할 수 있을 뿐 주주총회 장소라고 하여 회사측의 의사에 반하여 회사의 회계장부를 강제로 찾아 열람할 수는 없다. 설사 회사측이 회사 운영을 부실하게 하여 소수주주들에게 손해를 입게 하였다고 하더라도 위와 같은 사정만으로 주주총회에 참석한 주주가 강제로 사무실을 뒤져 회계장부를 찾아내는 것이 사회통념상 용인되는 정당행위로 되는 것은 아니다.

Comments

(1) 의결권은 주주가 주주총회에 출석하여 결의에 참가할 수 있는 권리이다. 주주는 의결권행사를 통하여 궁극적으로 회사경영에 관여할 수 있기 때문에 의결권은 주주가 지분적 소유자로서 갖는 가장 중요한 권리 중 하나이다. 따라서 이는 고유권으로서 법에서 그 제한에 관한 규정이 없는 한 정관으로도 제한하거나 박탈할 수 없음이 원칙이다. 그러나 주주의 의결권도 다른 권리행사와 마찬가지로 무제한 자유롭게 허용되는 것은 아니고 주주의 정당한 권리행사라고 인정되는 경우에 한하여 허용된다. 만일 권리행사를 빙자하거나 합리적 이유가 없는 의결권행사로 말미암아 주주총회의 개최가 부당하게 저해되거나 혹은 회사의 이익이 부당하게 침해될 염려가 있는 등의 특별한 사정이 있는 경우에는 회사는 권리남용(민 2조 2항) 등을 이유로 이를 거절할 수 있다.

(2) 주주가 2개 이상의 의결권을 갖는 경우 이론적으로는 동일한 사안에 대하여 서로 모순되는 방향으로(일부는 찬성, 다른 일부는 반대) 의결권을 행사할 수 없는 것은 아니다.[64] 그러나 이러한 의

결권 불통일행사는 무의미할 뿐만 아니라 불필요한 혼란만을 초래한다. 이 때문에 상법에서는 의결권을 불통일 행사할 수 있는 사유와 절차를 법정하고 있다.
① 의결권의 불통일행사는 주주가 주식의 신탁을 인수하였거나 기타 타인을 위하여 주식을 가지고 있는 경우에 한하여 허용된다(368조의2 2항). 이는 명의상의 주주의 배후에 이해관계를 달리하는 실질상의 주주가 다수 존재하는 경우에 의결권행사는 명의주주가 하도록 하면서 의결권행사의 내용에 실질주주의 개별적인 의사를 반영할 수 있도록 하기 위함이다.
② 주주가 의결권을 불통일행사하기 위해서는 총회 회일의 3일 전에 회사에 대하여 서면 또는 전자문서로 그 뜻과 이유를 통지하여야 한다(368조의2 1항).
③ 이상의 요건과 절차를 충족하지 못한 의결권의 불통일행사에 대해서는 회사가 거절할 수 있다(368조의2 2항). 위 사건에서와 같이 주주가 위의 요건을 갖추지 못한 채 오로지 의결권의 불통일행사를 위하여 수인의 대리인을 선임하는 경우에는 권리남용(민 2조 2항)이 된다. 따라서 회사는 이를 정당하게 거절할 수 있다.

(3) 나아가 주주의 의결권 행사가 정당한 권리행사의 범위를 넘어 주주총회의 진행을 방해하는 때에는 민사책임(예컨대, 민법 750조의 불법행위책임)이나 형사책임(예컨대, 형법 314조의 업무방해죄 등)을 물을 수도 있다.

《관련문헌》

채동헌, "주주의 부당한 의결권의 대리행사와 회사의 거절", 「상장」 (2009).

64) 김정호, 276면.

8. 주주총회 결의 취소의 소

[대법원 2003. 7. 11. 선고 2001다45584 판결]

Facts

(1) X은행(피고)의 발행주식총수는 3억 39,613,413주이고, 그 중 우선주(의결권 없음) 및 자사주펀드를 제외한 의결권 있는 주식의 수는 2억 98,758,712주이다.

(2) X은행은 2000. 2. 25. 이사회를 개최하여 ① 제37기(1999. 1. 1.부터 1999. 12. 31.까지) 재무제표 승인, ② 정관 변경, ③ 이사 선임, ④ 이사 보수한도 승인, ⑤ 주식매수선택권 부여를 의안으로 하여 2000. 3. 18. 10:00 X은행 본점 14층 회의실에서 제37회 정기주주총회를 개최하기로 의결하였고, 같은 해 3. 3.자로 그 소집통지 및 공고를 하였다.

(3) 위 이사 선임 안건에는 금융감독원 부원장 출신인 K를 상임이사 및 X은행의 은행장으로 선임한다는 내용이 포함되어 있었다. 그런데 K의 상임이사 및 은행장 선임을 관치금융에 의한 낙하산 인사라는 이유로 반대하던 X은행의 노동조합원 및 전국금융산업노동조합의 조합원들 약 300여 명은 주주총회의 개최를 저지하기로 하고, 주주총회 일시로 소집통지된 2000. 3. 18. 10:00 이전부터 회의실 출입구, 복도, 계단 및 승강기 등을 점거한 채 주주들의 입장만을 허용하고, 주주총회의 의장인 X은행

은행장직무대행 A 상무를 포함한 등기된 상무이사들의 입장을 저지하였다.

(4) 한편 ① 2000. 3. 18. 이전에 X은행에 의결권의 대리행사를 위임한 주식수의 합계는 32,036,224주(의결권 있는 주식수 2억 98,758,712주의 10.72%. 이하 백분율은 모두 '의결권 있는 주식수'에 대한 것임)이고, ② X은행의 총무부장 S에게 의결권의 대리행사를 위임한 주식수의 합계는 1억 53,810,788주(51.49%)이며, ③ 2000. 3. 18. 이전에 주주총회 참석장을 제출한 주주는 25명으로 그 소유 주식 합계는 7,846,784주(0.026%)이고 2000. 3. 18. 당일 주주총회 참석장을 제출한 주주는 85명으로 그 소유 주식 합계는 4,509,505주(0.015%)이며, ④ 직원 주주의 소유 주식 합계는 151,681주(0.0005%)이었다.

(5) X은행 노동조합원 등의 입장 저지로 인하여 주주총회 일시로 소집통지된 2000. 3. 18. 10:00를 넘겨서도 주주총회는 개회조차 되지 못하였고, 그 후에도 K의 상임이사 및 은행장 선임 안건을 상정하지 말 것을 요구하는 X은행의 노동조합원 등과 X은행 사이의 주주총회 개회에 관한 수차례의 협의나 A 등의 진입시도는 모두 실패로 돌아갔다. 그 과정에서 14층 회의실에 입장하여 주주총회의 개회를 기다리던 일부 주주들은 귀가하기도 하였다.

(6) 위와 같은 대치가 계속되던 같은 날 22:00경, 은행장 직무대행인 A상무는 X은행의 임원들과의 협의를 거쳐 주주총회의 소집장소를 14층 회의실에서 6층 은행장직무대행실로 변경하였다. 그러나 그 때까지 14층 회의실에서 주주총회의 개회를 기다리고 있던 일부 주주들에게는 그러한 사실을 통지하지 아니한 채, 같은 날 22:15경 주식수 합계 1억 53,810,788주(51.49%)의 의결권 대리행사를 위임받은 S가 참석한 가운데 은행장직무대행실에서 제37회 정기주주총회를 개최하였고, 결국 이 사건 주주총회에 참석한 주식수는 X은행이 의결권 대리행사를 위임받아 의장인 A가

의결권을 대리행사한 32,036,224주(10.72%)와 S가 의결권 대리행사를 위임받은 1억 53,810,788주(51.49%)의 합계 1억 85,847,012주(62.21%)이었으며, 이들의 찬성으로 위 각 안건이 모두 원안대로 통과된 후 22:20경 주주총회가 폐회되었다.

X은행(피고) 주주총회 경과

2000. 2. 25. 이사회에서 정기주총(안건: 이사선임 등, 일시: 2000. 3. 18. 10:00 장소: X은행 본점 14층 회의실) 소집 결의, 소집통지 및 공고

2000. 3. 18. (총회일)

- ❖ X은행의 노동조합원 및 전국금융산업노동조합의 조합원들은 주주총회의 개최를 저지하기로 하고, 2000. 3. 18. 10:00 이전부터 회의실 출입구 등을 점거한 채 주주들의 입장만을 허용하고, 주총의장(A)을 포함한 등기이사들의 입장 저지

10:00 (개회시간)
- ❖ 10:00를 넘겨서도 주주총회는 개회조차 되지 못하였고, 그 후에도 이사 및 은행장 선임 안건을 상정하지 말 것을 요구하는 노동조합원 등과 X은행 사이의 주주총회 개회에 관한 협의나 A 등의 진입시도 실패

- ❖ 그 과정에서 14층 회의실에 입장하여 주주총회의 개회를 기다리던 일부 주주들 귀가하고 대치 계속

22:00경
- ❖ A는 은행임원들과의 협의를 거쳐 주주총회의 소집장소를 14층 회의실에서 6층 은행장직무대행실로 변경하기로 함. 그러나 14층 회의실에서 주주총회의 개회를 기다리고 있던 일부 주주들에게는 이를 통지하지 않음

22:15경 (장소변경 총회)
- ❖ 은행장직무대행실(같은 건물 6층)에서 정기주주총회 개최, 참석한 주식 수는 X은행이 의결권 대리행사를 위임받아 의장인 A가 의결권을 대리행사한 10.72%와 S(X은행 총무부장)가 의결권 대리행사를 위임받은 51.49%의 합계 62.21%이었으며, 이들의 찬성으로 안건이 모두 원안대로 통과
  (* 의결권을 행사하지 못한 주식: 2000. 3. 18. 이전에 총회 참석장을 제출한 주주는 25명으로 그 소유 주식 합계는 7,846,784주(0.026%)이고 2000. 3. 18. 당일 주주총회 참석장을 제출한 주주는 85명으로 그 소유 주식 합계는 4,509,505주(0.015%)이며, 직원 주주의 소유 주식 합계는 151,681주(0.0005%))

22:20경
- ❖ 총회 폐회

(7) P(원고)는 X은행의 보통주 7주를 소유하고 있는 주주이다. P는 주위적 청구로 부존재확인의 소, 예비적 청구로 결의의 취소를 구하였다가, 제소시점으로부터 2월이 경과한 이후 이를 결의 취소의 소로 변경하였다. P가 취소를 구하는 대상은 주주총회 결의 중 주식매수선택권을 부여하기로 한 부분에 한하고 있다.

(Q1) 위 주주총회 결의의 효력을 다투기 위하여 P가 취한 방법은 적법한가?
(Q2) P는 위 소송의 원고적격이 있는가?
(Q3) P는 결의취소의 소에 관하여 제소기간을 준수하였는가?
(Q4) 위 사안의 경우 법원은 재량기각할 수 있는가?

Issue & Rule

(1) 위 사건에서 쟁점이 되는 사항은 ① 주주총회결의 취소의 소의 제기기간 내에 그 결의에 관하여 부존재확인의 소를 제기하였다가 취소의 소의 제기기간 경과 후 동일한 하자를 원인으로 한 취소의 소로 변경하거나 추가한 경우, 취소의 소의 제소기간 준수 여부, ② 주주총회 당일 부득이한 사정이 발생하여 개회시간 또는 소집장소를 변경한 경우 주주총회 소집절차의 적법성 판단기준, ③ 주주가 다른 주주에 대한 소집절차상의 하자를 이유로 주주총회결의 취소의 소를 제기할 수 있는지 여부, ④ 주주총회 결의 취소의 소에서의 법원의 재량기각을 규정한 상법 제379조의 취지 등이다.
(2) 위 쟁점사항에 관한 적용법조는 상법 제376조, 제380조, 제363조, 제379조 등이다.

Analysis & Conclusion

1. 부존재확인의 소를 취소의 소로 변경한 경우 제소기간의 준수 여부

(1) 판례법리

주주총회결의 취소의 소는 상법 제376조에 따라 결의의 날로부터 2월 내에 제기하여야 할 것이나, 동일한 결의에 관하여 부존재확인의 소가 상법 제376조 소정의 제소기간 내에 제기되어 있다면, 동일한 하자를 원인으로 하여 결의의 날로부터 2월이 경과한 후 취소소송으로 소를 변경하거나 추가한 경우에도 부존재확인의 소 제기시에 제기된 것과 동일하게 취급하여 제소기간을 준수한 것으로 봄이 상당하다.

(2) 사건에의 적용

X회사(피고)는 결의의 날로부터 2월이 경과한 후 결의 취소의 소를 추가할 수 있다 할지라도 부존재확인의 소의 계속 중 처음으로 취소사유가 있다는 주장을 한 때로부터 2월 이내에 소를 제기하여야만 한다고 주장하고 있다. 그러나 원심이 같은 취지에서, 결의의 취소를 구하는 예비적 청구가 주위적 청구인 부존재확인의 소의 제소시점에 제기된 것으로 취급하여 적법하다고 판단한 것은 정당하다.

2. 개회시간 · 소집장소를 변경한 경우 취하여야 할 절차 및 조치

(1) 판례법리

① 주주총회의 개회시각이 부득이한 사정으로 당초 소집통지된 시각보다 지연되는 경우에도 사회통념에 비추어 볼 때 정각에 출석한 주주들의 입장에서 변경된 개회시각까지 기다려 참석하는 것이 곤란하지 않을 정도라면 절차상의 하자가 되지 아니할 것이다. 그러나 그 정도를 넘어 개회시각을 사실상 부정확하게 만들고 소집통지된 시각에 출석한 주주들의 참석을 기대하기 어려워 그들의 참석권을 침해하기에 이르렀다면 주주총회의 소집절차가 현저히 불공정하다고 하지 않을 수 없다.
② 소집통지 및 공고가 적법하게 이루어진 이후에 당초의 소집장소에서 개회를 하여 소집장소를 변경하기로 하는 결의조차 할 수 없는 부득이한 사정이 발생한 경우, 소집권자가 대체 장소를 정한 다음 당초의 소집장소에 출석한 주주들로 하여금 변경된 장소에 모일 수 있도록 상당한 방법으로 알리고 이동에 필요한 조치를 다한 때에 한하여 적법하게 소집장소가 변경되었다고 볼 수 있다.

(나) 사건에의 적용

X은행이 노동조합원 등의 방해로 인하여 소집통지된 시각에 그 소집장소에서 주주총회를 개회할 수 없었던 사정은 인정되나, 소집통지된 시각 이후 언제 개회될지 알 수 없는 불확실한 상태가 지속되다가 12시간이 경과한 같은 날 22:15경 주주총회가 개회된 것이라면, 이미 사회통념상 당초의 개회시각에 출석하였던 주주들의 참석을 기대할 수 없어 이들의 참석권을 침해하였다 할 것이다. 또한 그나마 같은 날 22:15까지 개회를 기다리고 있던 일반 주주들에게 소집장소가 변경되었다는 통지마저 제대로 이루

어지지 아니하였다. 그러므로 이 사건 주주총회의 소집절차는 일부 주주에 대하여 주주총회 참석의 기회를 박탈함으로써 현저하게 불공정하였다.

3. 주주총회결의 취소의 소의 원고적격

(1) 판례법리

주주는 다른 주주에 대한 소집절차의 하자를 이유로 주주총회결의 취소의 소를 제기할 수도 있다.

(2) 사건에의 적용

당초의 소집장소인 14층 회의실에 정식으로 출석하였거나 남아있던 주주로서 그 참석권을 침해받은 주주만이 그와 같은 절차상의 하자를 이유로 결의 취소의 소를 제기할 수 있는 것은 아니다. 따라서 P도 제소자격이 있다.

4. 법원의 재량기각

(1) 판례법리

① 주주총회결의 취소의 소에 있어 법원의 재량에 의하여 청구를 기각할 수 있음을 밝힌 상법 제379조는, 결의의 절차에 하자가 있는 경우에 결의를 취소하여도 회사 또는 주주에게 이익이 되지 않든가, 이미 결의가 집행되었기 때문에 이를 취소하여도 아무런 효과가 없든가 하는 때에 결의를 취소함으로써, 회사에 손해를 끼치거나 일반거래의 안전을 해치는 것을 막고 결의취소의 소의 남용을 방지하려는 취지이다.[65]

---

65) 대법원 1987. 9. 8. 선고 86다카2971 판결 참조.

② 위와 같은 사정이 인정되는 경우에는 당사자의 주장이 없더라도 법원이 직권으로 재량에 의하여 취소청구를 기각할 수 있다.

(2) 사건에의 적용

P가 취소를 구하는 대상은 이 사건 주주총회의 결의 중 임원에 대하여 주식매수선택권을 부여하기로 하는 부분에 한하고, 그 결의 내용은 임원에 대한 보수 문제의 일부라 할 수 있는 것이어서 회사에 미치는 손해라는 것을 생각하기 어려울 뿐만 아니라 일반거래의 안전과도 무관한 것인 점, P가 주주의 공익권으로서 인정되는 제소권을 개인적인 이익을 위하여 남용하려 한다는 사정이 인정되지도 않는 점, 그리고 소집절차상의 하자가 경미한 수준이라고 보기 어려운 점, 기타 여러 가지 사정을 종합하여 살펴보면, P의 이 사건 취소청구를 그대로 인용함이 상당하고 재량에 의하여 기각할 수 없다.[66]

Comments

(1) 소를 제기하면서 주위적 청구와 함께 예비적 청구를 할 수 있고(민소 253조), 청구의 기초에 동일성이 유지되는 한 사실심의 변론종결 전에 청구를 변경할 수 있다(민소 262조). 청구의 변경은

66) [재량기각한 사례] 서울고법 1998. 8. 25. 선고 98나5267 판결(J은행사건): "은행의 주주총회결의가 절차상의 하자로 인하여 취소된다면 그 결의를 통하여 선임된 이사들로 구성된 이사회에서 행한 일련의 정상화계획, 특별융자, 자본감소를 조건으로 한 정부의 출자, 부실채권의 매각 등이 무효로 돌아가 은행의 자기자본비율이 크게 하락함으로써 그에 따른 예금인출사태, 업무정지나 폐쇄조치 등에 의하여 도산의 위험성이 예상되고, 다른 금융기관들의 신인도 하락이나 금융위기의 발생까지 예상되는 경우, 그 결의를 취소하는 것은 당해 은행이나 그 주주 나아가 일반 국민들에게 아무런 이익이 되지 않는 것으로 판단되고 오히려 양자에게 돌이킬 수 없는 손해를 끼치거나 일반거래의 안전을 해할 것으로 보일 뿐만 아니라 주주총회결의의 하자가 상대적으로 경미한 점 등에 비추어 주주총회결의를 취소하는 것은 부당하다."

청구물을 변경하는 것이므로 청구취지와 청구원인의 변경에 의하여 이루어진다. 청구의 변경이 인정되려면 청구기초에 동일성이 유지되어야 하고, 그로 인하여 소송절차를 현저히 지연시키지 않아야 하며, 사실심이 계속되고 변론종결 전이어야 한다. 위 사건에서처럼 주위적으로 주주총회 결의의 부존재를, 예비적으로 취소를 청구한 이후 취소의 소로 변경하는 것도 청구변경의 요건을 갖추면 가능하다.

(2) 주주총회 결의 취소의 소는 결의가 있은 날부터 2월 내에 제기하여야 한다(376조 1항).[67] 이는 하자의 정도가 경미하기 때문에 단기의 제소기간이 경과하면 더 이상 다툴 수 없도록 함으로써 가능한 조속한 시일 내에 결의의 효력을 안정시키기 위함이다. 원래 제소기간이 경과한 후에는 다른 새로운 제소이유를 주장할 수 없다. 이렇게 하지 않으면 제소기간에 제한을 두는 상법규정의 취지가 몰각될 것이기 때문이다. 그러나 주위적으로 주주총회 결의의 부존재를, 예비적으로 취소를 청구한 이후 취소의 소로 변경하는 경우, 위 제소시점에 취소의 소의 제기기간(2월 내)을 준수하였다면 그 기간이 경과한 후에 취소의 소로 변경하더라도 소급하여 제소기간을 준수한 것으로 보아 적법하다는 것이 판례의 입장이다.[68] 위 사건의 경우 결의부존재의 소가 2월 내에 제기되었고 그 기간 경과 후에 동일한 하자를 이유로 결의취소의 소로 변경한 것이다. 주주총회결의 취소사유와 부존재사유는 양적 차이에 불과하고 그 한계적 상황에 속하는 경우에는 양자 중 어느 쪽에 해당하는지를 판단하는 것이 현실적으로 용이하지 않다는 점도 감안되어야 한다.

---

67) 2월의 기간은 제척기간이다(송옥렬, 871면; 최준선, 366면). 제소기간이 경과하면 그 결의는 확정적으로 유효로 된다.

68) 그러나 이 판례에 대해서는 취소의 소와 부존재확인의 소의 소송물을 동일하게 본 것이라고 확대해서 해석할 수 있는 것은 아니라는 견해가 있다(송옥렬, 871면; 이철송, 613면). 주주총회의 결의에 관련된 소송과 소송물이론에 대해서는 임재연(회), 165~168면 참조.

(3) 주주총회결의 취소의 소를 제기할 수 있는 자는 주주, 이사 또는 감사에 한한다(376조 1항). 결의취소의 소에서 제소권자에 대한 이러한 제한은 주주총회결의 취소와 관련하여 가장 이해관계가 크고 충실한 소송수행을 기대할 수 있는 자에 대해서만 원고적격을 인정하기 위함이다.[69] 결의취소의 소는 주주총회의 의사형성의 공정성과 적법성을 확보하기 위한 것으로 제소권자의 의결권 침해를 이유로 하는 것이 아니라 부당하게 이루어진 결의를 감시하고 사후적으로 시정하기 위한 제도이다.[70] 따라서 제소시점에 주주라면 소유하고 있는 주식수에 상관없고, 결의시에 주주이었는지의 여부, 결의에 참가하였는지의 여부 등을[71] 불문한다.[72] 위 판례도 이와 같이 보고 있다.

(4) 당초 소집통지 또는 공고된 개회시간 또는 소집장소를 변경하려면 참석주주들의 총회참석권을 침해하지 않도록 사회통념과 건전한 상식에 입각하여 그에 필요한 적절한 방법과 절차를 취하여야 한다. 일반인의 관점에서 총회가 무산된 것으로 생각할 소지가 있음에도 불구하고 그러한 기대와 신뢰에 반하여 이루어진 주주총회의 결의는 위법하고, 그 하자의 정도에 따라 결의 취소 또는 부존재의 사유가 된다. 위 사건에서처럼 총회장소를 부득이 변경하는 때에는 주주의 총회참석권을 침해하지 않도록 당초의 소집장소에 출석한 주주들로 하여금 변경된 장소에 다시 모일 수 있도록 상당한 방법으로 충분히 알리고 이동에 필요한 적절한 조치를 취하여야 비로소 적법하다.

(5) 주주총회결의 취소의 소가 제기된 사안에서 결의의 내용, 회사의 현황과 제반사정을 참작하여 그 취소가 부적당하다고 인정

69) 이철송, 589면.

70) 송옥렬, 869면. 이 때문에 의결권 없는 주주도 결의취소의 소를 제기할 수 있다고 보는 것이 지배적인 견해이다.

71) 설령 결의에 찬성한 주주가 소를 제기하더라도 신의성실의 원칙에 반하는 것은 아니다(대법원 1979. 3. 27. 선고 79다19 판결).

72) 이철송, 589~590면; 임재연(회), 125~126면; 정동윤, 579면; 최준선, 366면.

되는 경우 법원은 그 청구를 기각할 수 있다(379조). 결의 취소의 소에 대한 재량기각은 하자의 존재가 인정됨에도 불구하고 결의를 취소함으로써 생기는 더 큰 피해를 피하기 위하여 부득이 취하는 예외적 조치로써 회사법관계의 안정을 기하기 위한 제도이다. 재량기각은 하자의 정도가 중대한 경우에는 허용되지 않는다. 위 판례에서 재량기각을 함에 있어서 고려하여야 할 사항으로 주주총회의 결의를 취소하였을 때 회사나 주주에 미치는 손해 또는 이익의 정도, 일반 거래의 안전, 결의취소권의 남용 여부, 하자의 수준(경미할 것)[73] 등을 제시하고 있다. 이러한 요건에 해당하면 당사자의 주장이 없더라도 법원은 직권으로 재량에 의하여 청구를 기각할 수 있다.[74]

《관련문헌》

전형배, "주주총회결의 취소와 부존재확인의 소에 관한 판례 법리", 「경영법률」 제21집 제4호(2011).

강영수, "주주총회결의취소의 소와 재량기각", 「민사판례연구」 XXVI (2004).

장상균, "주주총회결의 취소소송의 요건 및 법원의 재량기각", 「대법원판례해설」 제47호(2004).

---

73) 재량기각은 경미한 절차상의 하자가 있는 경우에만 허용되므로, 결의무효 또는 부존재의 사유가 있는 때에는 인정되지 않는다.

74) 상법 제189조와 제379조의 의하여 청구기각을 하는 때에는 예외적으로 직권탐지주의가 적용된다(임재연(회), 142면).

9. 주주총회 결의의 하자에 관한 소와 당사자처분권

[대법원 2004. 9. 24. 선고 2004다28047 판결]

Facts

(1) A(원고)는 X회사(피고)의 임시주주총회 결의의 무효확인을 구하는 소를 제기하였다. 그런데 위 소에 관하여, 2002. 1. 4. A, X회사 및 그 대표이사인 조정참가인 K 사이에 아래와 같은 내용의 조정이 이루어져 조정조서가 작성되었다.

> ① A와 X회사 및 K는 1998. 9. 8.자 X회사의 임시주주총회의 결의(안건 : 임원 해임 및 선임의 건, 상호변경의 건, 본점 소재지 변경의 건 등)가 모두 무효이거나 부존재임을 확인한다.
> ② A는 2002. 1. 14.까지 X회사의 임시주주총회(안건은 위 1998. 9. 8.자 임시주주총회와 같다)를 소집하기 위한 이사회를 적법하게 소집·개최하고, 2002. 1. 31.까지 위 임시주주총회를 적법하게 소집・개최하여야 한다.
> ③ 만일 A가 위 ②항의 절차를 지체할 경우, 그 즉시 A는 X회사의 대표이사 및 이사의 지위에서 물러나고, 그의 지위를 위 조정참가인 K에게 양도하는 것에 동의하며, 위 1998. 9. 8.자 X회사의 임시주주총회의 결의에 대하여 더 이상 이의를 제기하지 아니한다.
> ④ A의 나머지 청구를 포기한다.
> ⑤ 소송비용 및 조정비용은 각자 부담으로 한다.

(2) A는 2002. 12. 11. 위 조정조서가 무효라고 주장하면서 제1심 법원에 변론기일의 지정을 신청하였다. 그러나 제1심 법원은 회사관계소송이 당사자간의 조정으로 종료되었다 하더라도 바로 그러한 이유만으로 그 조정이 당연히 무효가 된다고는 할 수 없고, 나아가 기일을 지정하여 심리를 하여도 달리 위 조정조서에 무효사유가 존재한다고 인정되지 아니한다는 이유로 소송종료선언을 하였다.

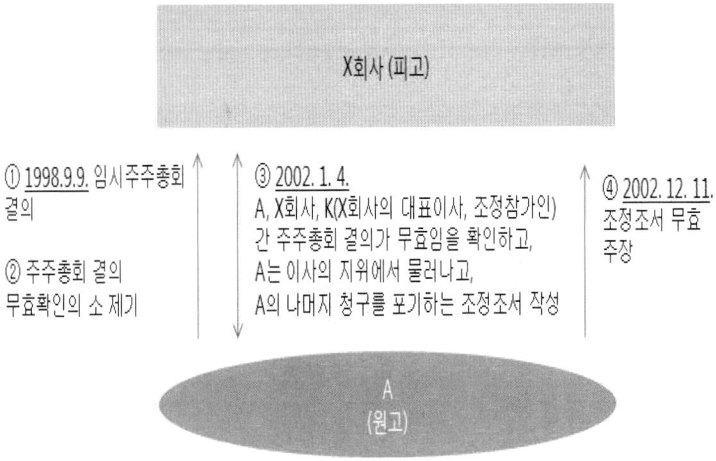

(Q1) A와 X회사 및 K 간 위 조정조서의 효력은?

Issue & Rule

(1) 위 사건에서 쟁점이 되는 사항은 주주총회결의의 하자를 다투는 소에 있어서 청구의 인낙이나 그 결의의 부존재 또는 무효를 확인하는 내용의 화해 및 조정의 가부 등이다.
(2) 위 쟁점사항에 관한 적용법조는 상법 제190조 본문, 제380조; 민사소송법 제220조 등이다.

Analysis & Conclusion

1. 주주총회결의의 하자를 다투는 소에서 청구의 인낙 등 당사자처분권의 허용여부

(1) 판례법리

주주총회결의의 부존재·무효를 확인하거나 결의를 취소하는 판결이 확정되면 당사자 이외의 제3자에게도 그 효력이 미쳐 제3자도 이를 다툴 수 없게 된다. 그러므로 주주총회결의의 하자를 다투는 소에 있어서 청구의 인낙이나 그 결의의 부존재·무효를 확인하는 내용의 화해·조정은 할 수 없다. 가사 이러한 내용의 청구인낙 또는 화해·조정이 이루어졌다 하여도 그 인낙조서나 화해·조정조서는 효력이 없다.[75)]

(2) 사건에의 적용

① 이 사건 조정조항 제1항은 명백히 위 1998. 9. 8.자 임시주주총회 결의의 부존재 또는 무효를 확인하는 내용을 담고 있으므로, 그 효력을 인정하기 어렵다.
② 일단 위 1998. 9. 8.자 임시주주총회결의가 무효 또는 부존재하는 것으로 하는 조정이 이루어지면, 이를 전제로 A가 소집·개최할 임시주주총회에서 이루어지는 새로운 결의는 A와 K가 그저 서로 수용하는 것으로 그 효력 문제가 일단락되는 것이 아니라 제3자에 대한 관계에서 그 효력이나 적법성이 다시 문제될 수 있는 것이므로, 이 사건 조정이 유효하다고 볼 수 없다.

---

75) 대법원 1993. 5. 29. 선고 92누14908 판결 참조.

Comments

(1) 일반 민사소송에 있어서는 당사자처분권주의에 의하여 당사자는 소송의 개시, 소송물의 특정, 소송의 종결에 대하여 자유롭게 결정할 수 있는 처분권을 갖는 것이 원칙이다. 당사자는 실체법상 처분할 수 있는 권리에 대하여 소송법상으로도 처분할 수 있다. 이에 의하여 사적자치의 원리를 민사소송에서도 실현할 수 있도록 하고,[76] 조속하고 원만한 분쟁해결과 법원의 부담을 덜어주는 효과를 부수적으로 얻을 수 있다. 그러나 회사법상의 소송에 있어서는 당사자처분권을 제한하는 특례규정을 명시적으로 두는 경우가 있다. 예컨대, 대표소송의 경우 제소주주는 법원의 허가가 없으면[77] 소의 취하, 청구의 포기·인낙·화해를 할 수 없다는 규정을 두고 있다(403조 6항).[78] 대표소송은 제3자의 소송담당이므로 제소자가 소송물을 처분할 수 있는 지위에 있지 못하며, 당사자처분권주의를 무한정 허용할 경우 제소주주와 상대방인 이사의 통모에 의하여 회사와 제3자의 이익을 침해할 위험이 있기 때문이다. 이러한 폐단은 회사가 이사를 상대로 책임을 추궁하는 경우에도 회사를 대표하여 소송을 수행하는 감사와 책임을 추궁당하는 이사의 유착에 의하여 생길 수 있으므로 회사가

---

76) 이시윤, 277면.

77) 청구의 포기·인낙·화해를 허용하면 주주의 의사에 의하여 회사의 권리를 처분하는 것이 되므로 이에 대한 공적 통제를 위하여 법원의 허가를 받도록 한 것이다(임재연(회), 232면). 법원의 허가를 얻어 화해를 할 수 있다는 것은 총주주의 동의로써만 이사의 책임을 면제할 수 있다는 상법 제400조의 중대한 특칙이 된다(송옥렬, 974면). 따라서 법원은 주주 등의 이익에 침해되는 바가 없는지를 면밀히 검토한 연후에 허가 여부를 결정하여야 한다.

78) 이 경우 청구의 인낙은 굳이 금할 필요가 없다는 견해가 있다(이철송, 794면). 그러나 이에 대해서는 피고인 이사와 결착한 소수주주가 일부청구임을 명시하지 않고 손해의 전부를 청구하지 않는 경우도 있을 수 있으므로 이러한 경우를 대비하여 청구의 인낙에 대해서도 법원의 허가를 얻도록 제한하는 상법 제403조 제1항은 그 합리성이 인정된다는 견해가 있다(임재연(회), 232면).

주주의 제소청구에 응하여 소송을 제기하는 때에도 동일하게 적용된다(403조 6항·1항).

(2) 주주총회 결의의 하자를 다투는 소의 경우에는 대표소송과는 달리 당사자처분권을 제한하는 명시적 규정이 없다. 따라서 일반 민사소송의 원칙으로 돌아가 당사자처분권이 허용되는 것인지의 문제가 있다. 위 판례에 의하면, 주주총회결의의 하자를 다투는 소에 있어서도 청구의 인낙이나 그 결의의 부존재·무효를 확인하는 내용의 화해·조정을 할 수 없고, 설사 이러한 내용의 청구 인낙 또는 화해·조정이 이루어졌다 하여도 그 인낙조서나 화해·조정조서는 효력이 없다고 한다.[79] 그 이유는 주주총회결의의 부존재·무효를 확인하거나 결의를 취소하는 판결이 확정되면 당사자 이외의 제3자에 대해서도 그 효력이 미치는 대세적 효력에 기하여 제3자도 이를 다툴 수 없는 결과가 생겨나게 되는데, 이는 당사자가 처분할 수 있는 범위를 넘어서는 것이기 때문이다. 결국 원고승소판결시 대세적 효력이 인정되는 회사법상의 소송에 대해서는 당사자처분권을 제한하는 명문의 규정이 없더라도 일단 제소한 소송을 임의로 처분하여 소송을 종결하는 것은 허용되지 않는다고 보아야 할 것이다.

《관련문헌》

권오복, "회사법상 주주총회의 결의 등을 다투는 소 등에 있어서의 화해(조정)·인낙과 상업등기", 「법무연구」 제2권(2011).

---

79) 취소의 소에서 화해를 할 수 없다는 점에 대해서는 대체로 의견이 일치한다(송옥렬, 872면; 이시윤, 284면; 홍복기 외, 270면). 그러나 소의 취하 또는 청구의 포기는 대세적 효력과 무관하기 때문에 허용된다고 보고 있다(임재연(회), 141면; 정동윤, 580면. 반대설: 이시윤, 284면).

10. 주주총회 결의의 부존재

[대법원 2007. 2. 22. 선고 2005다73020 판결]

Facts

(1) M회사는 X회사의 발행주식총수 10,000주 중 9,800주(지분비율 98%)를 보유하고 있었다. X회사의 나머지 주식 200주는 X회사의 대표이사였던 A가 100주(지분비율 1%), B가 80주(지분비율 0.8%), C가 20주(지분비율 0.2%)를 각 보유하고 있었다.
(2) 이 사건 당시 X회사의 정관에는 주주 이외의 자에게 전환사채를 발행할 수 있는 근거와 구체적인 내용에 관한 규정이 없었는데, M회사의 주도로 주주 외의 자에게 전환사채를 발행할 수 있는 내용으로 정관을 변경하기로 하였다. 그러나 X회사는 주주총회의 소집을 위한 각 주주에 대한 아무런 서면통지나 소집공고 없이, 또 실제 결의를 한 바 없이, 주주총회의 결의가 있었던 것처럼 주주총회 의사록을 허위로 작성하였다.
(3) A(원고)는 이에 의하여 정관이 변경되었고 개정된 정관은 개정된 당일부터 효력이 발생하였는바, 개정된 정관 제19조에는 전환사채의 발행에 관한 규정이 신설되었다고 하면서, 이를 이유로 전환사채의 발행을 청구한다.

(Q1) A의 위 주장은 타당한가?

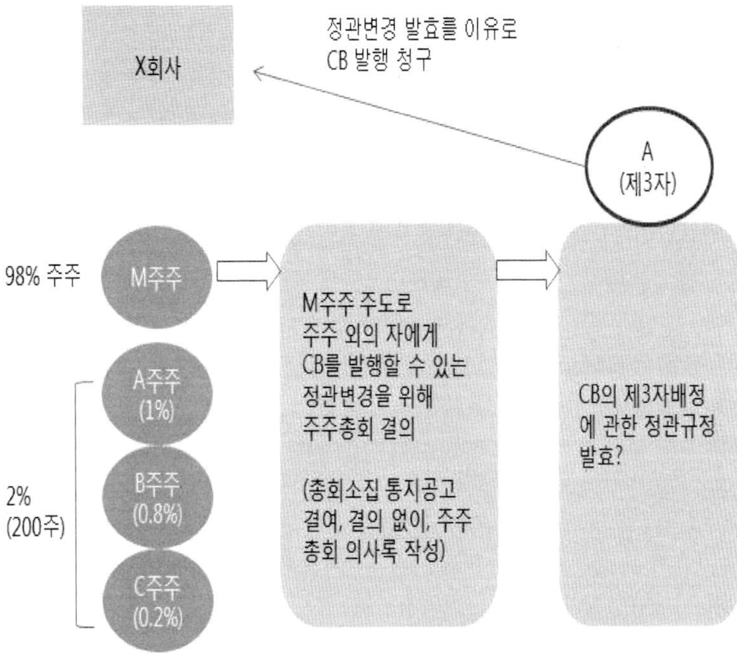

Issue & Rule

(1) 위 사건에서 쟁점이 되는 사항은 주식의 소유가 실질적으로 분산되어 있는 주식회사에서 총 주식의 대다수를 소유하고 있는 지배주주 1인이 실제의 소집절차와 결의절차를 거치지 아니한 채 주주총회의 결의가 있었던 것처럼 의사록을 허위로 작성한 경우, 그 주주총회의 결의가 존재하는 것으로 볼 수 있는지 여부 등이다.
(2) 위 쟁점사항에 관한 적용법조는 상법 제363조, 제368조, 제373조, 제380조 등이다.

Analysis & Conclusion

1. 1인 주주인 회사와 98% 주주인 회사에서 주주총회 소집절차의 엄격성에서의 차이

(1) 판례법리

① 주식회사에 있어서 발행주식 전부를 한 사람이 소유한 이른바 1인 회사의 경우 그 주주가 유일한 주주로서 주주총회에 출석하면 전원출석총회로서 성립하고 그 주주의 의사대로 결의가 될 것임이 명백하므로 따로 총회소집절차가 필요 없으며, 실제로 총회를 개최한 사실이 없었다 하더라도 그 1인 주주에 의하여 의결이 있었던 것으로 주주총회 의사록이 작성되었다면 특별한 사정이 없는 한 그 내용의 결의가 있었던 것으로 볼 수 있다.[80] 이 점은 한 사람이 다른 사람의 명의를 빌려 주주로 등재하였으나 총 주식을 실질적으로 그 한 사람이 모두 소유한 경우에도 마찬가지이다.[81]

② 이와 달리 주식의 소유가 실질적으로 분산되어 있는 경우에는 상법상의 원칙으로 돌아가 실제의 소집절차와 결의절차를 거치지 아니한 채 주주총회의 결의가 있었던 것처럼 주주총회 의사록을 허위로 작성한 것이라면 설사 1인이 총 주식의 대다수(위 사건의 경우 98%)를 가지고 있고 그 지배주주에 의하여 의결이 있었던 것으로 주주총회 의사록이 작성되어 있다 하더라도 도저히 그 결의가 존재한다고 볼 수 없을 정도로 중대한 하자가 있는 때에 해당하여 그 주주총회의 결의는 부존재하다고 보아야 할 것이다.

---

80) 대법원 1976. 4. 13. 선고 74다1755 판결 등 참조.
81) 대법원 1992. 6. 23. 선고 91다19500 판결 등 참조.

(2) 사건에의 적용

M회사가 X회사 주식의 98%를 소유하고 있다고 해도, X회사는 1인 회사가 아니고, 나아가 이 사건 정관변경 결의 당시 실제의 소집절차와 결의절차를 거치지 아니한 채 주주총회의 결의가 있었던 것처럼 주주총회 의사록을 허위로 작성한 것인 이상 그 결의가 존재한다고 볼 수 없을 정도로 중대한 하자가 있는 때에 해당한다. 따라서 그 주주총회의 결의는 무효 내지 부존재하다고 보아야 한다.

Comments

(1) 주주총회의 소집절차와 방법에 관한 상법규정은 개개 주주로 하여금 총회에 출석할 수 있는 기회를 보장하기 위한 것이므로 강행규정이다. 다만, 전원출석주주총회나 1인 주주인 회사(사실상 1인 주주인 회사 포함, 이하 동일)인 경우에는 총회출석의 기회로부터 배제되는 주주가 없으므로 총회소집절차와 방법에 관한 상법규정을 엄격하게 적용할 필요가 없다. 판례에 의하면 전원출석총회나 1인 주주인 회사에 대해서는 심지어 이사회의 소집결정이 흠결된 경우에도 주주 전원 또는 1인 주주의 출석으로 총회소집에 관한 절차상의 하자가 치유되며, 총회를 개최한 사실이 없더라도 1인 주주가 결의한 것으로 의사록이 작성되어 있으면 주주총회의 결의가 존재하는 것으로 보고 있다.

(2) 그러나 위 사건에서처럼 주주총회의 결의가 98% 주주의 뜻에 의한 것이고 설령 적법한 절차를 밟아 개최된 주주총회에서 나머지 2%의 주주 모두가 반대하더라도 그에 상관없이 가결되어 1인 주주인 회사의 경우와 결과적으로는 차이가 없더라도 주주총

회의 소집절차를 생략하고 허위의 의사록을 작성한 경우에는 결의에 하자가 있다고 보아야 한다. 이러한 경우 결의 부존재사유로 볼 것인지, 아니면 결의 취소사유에 그친다고 볼 것인지가 문제된다. 결의부존재 사유는 총회의 소집절차 또는 결의방법에 총회결의가 존재한다고 볼 수 없을 정도의 중대한 하자가 있는 경우이고(380조), 결의취소 사유는 총회소집의 절차나 결의방법에 하자가 있지만 이처럼 중대하지 않거나 결의내용이 정관에 위반된 경우이다(376조 1항). 양자는 주주총회의 소집절차 및 결의방법에 관한 하자를 그 대상으로 한다는 점에서는 동일하다. 따라서 하자의 질적 차이라기보다는 양적 차이일 뿐이다.[82] 위의 판례는 위 사건에 대하여 결의가 존재한다고 볼 수 없을 정도로 중대한 하자가 있는 경우에 해당한다고 판단하였고,[83] 그에 기한 정관변경은 효력이 없다고 판단하였다.

(3) 위 판례는 주주총회 소집에 관한 절차규정에 관하여 결의의 결과가 아닌 절차진행과정의 적법성에 중점을 두고 있다. 즉, 주주총회를 정식의 소집절차를 밟아 적법하게 열었더라도 마찬가지였을 것이라는 가정적 결과(이 점은 100% 주주나 98% 주주인 회사에 있어서 차이가 없음)보다는 수의 다과를 불문하고 주주 개개인들에게 총회참석의 기회를 주기 위하여 적법한 절차(due process)를 준수하였는지의 여부에 초점을 두고 있다. 주주총회의 소집절차에 관한 규정은 강행규정이므로 이를 완전히 흠결한 주주총회의 결의

---

82) 주주총회 결의 부존재확인의 소는 제소권자와 제소기간에 관하여 상법상 아무런 제한이 없다는 점에서 결의 취소의 소와 차이가 있다.

83) 한편, 발행주식총수의 41%를 소유한 주주에게 소집통지를 하지 않고 총회를 개최한 사례에서 취소사유가 된다고 한 판례가 있다(대법원 1993. 1. 26. 선고 92다11008 판결). 단순히 양적 측면만 비교하자면 불과 2%의 주주에게 소집통지를 하지 않은 위 사건의 경우는 부존재사유가 되기보다는 취소사유가 된다고 보아야 할 터이다. 그러나 소집절차를 누락한 주주의 비율이나 수치는 절대적 기준은 아니고 다른 사정을 모두 고려하면서 참작하는 상대적 요소에 그친다.

는 이에 관련되는 주주의 수를 불문하고 하자의 중대성이 인정되므로, 결의 부존재사유가 된다고 보아야 할 것이다.

<도표 2> 주식 집중도에 따른 총회소집절차의 엄격성 차이

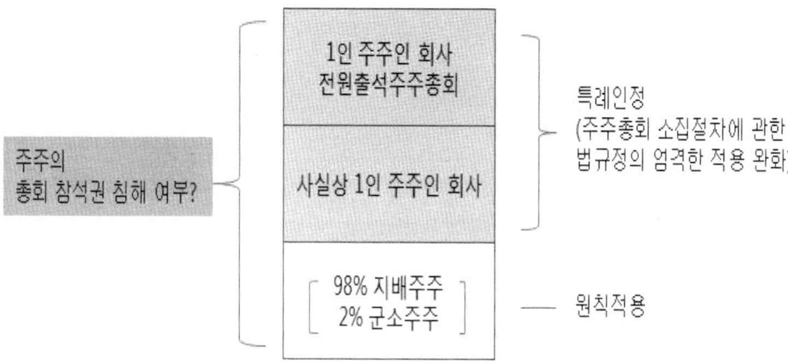

11. 주주총회 결의에 관한 소와 後訴

[대법원 2010. 2. 11. 선고 2009다83599 판결]

Facts

(1) X회사(피고)는 2008. 4. 24. 주주총회를 개최하여 1주당 액면금액 500원의 기명식 보통주 10주를 1주로 병합하여 발행주식수를 79,041,000주에서 7,904,100주로 변경하는 내용으로 자본금 감소의 결의를 하였다. 이에 따라 채권자보호 절차, 주식병합 절차를 모두 완료한 다음, 2008. 5. 28. X회사의 발행주식수 및 자본금의 총액에 대한 변경등기를 마쳤다.
(2) A(원고)들은 위 주주총회에 참석하지 않았음에도 불구하고 X회사는 A들이 X회사를 대리인으로 선임하여 X회사에게 의결권을 행사할 권한을 위임한다는 내용의 위임장을 위조하여 X들의 대리인이 출석한 것으로 집계하였다.
(3) 당시 출석한 것으로 집계된 주식 수 29,311,701주에서 A들의 주식 수 3,637,000주를 제외하면 당시 출석한 주식수는 25,674,701주가 되고 이는 발행주식총수의 32.48%에 불과할 뿐이어서 상법 제438조 제1항, 제434조에서 정한 요건인 발행주식총수의 3분의 1에 미달하였다.

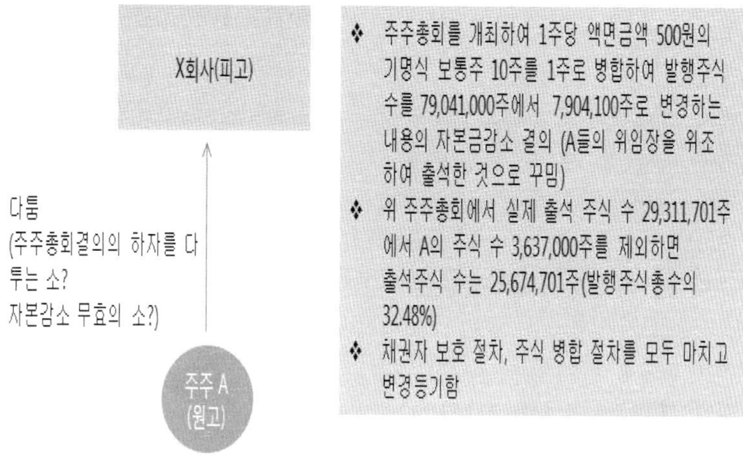

(Q1) 위의 자본금감소는 실질적 감자인가, 자본결손전보감자인가?

(Q2) 위의 자본금감소에 관한 주주총회의 결의에는 어떤 하자가 있는가?

(Q3) A들이 위의 자본금감소의 효력을 다툴 수 있는 방법은?

(Q4) 만일 A들이 자본금감소에 관한 주주총회 결의의 무효확인을 구하는 내용으로 청구취지를 기재하였다면, 법원은 이에 대하여 어떤 조치를 취하여야 하는가?

Issue & Rule

(1) 위 사건에서 쟁점이 되는 사항은 ① 주주총회의 자본금감소 결의에 취소 또는 무효의 하자가 있더라도 자본금감소의 효력이 발생한 후에는 자본금감소 무효의 소에 의해서만 다툴 수 있는지 여부, ② 법률상의 사항에 관한 법원의 석명의무 등이다.

(2) 위 쟁점사항에 관한 적용법조는 상법 제445조; 민사소송법 제136조(석명권, 구문권 등) 제4항 등이다.

Analysis & Conclusion

1. 자본금감소에 관한 주주총회 결의에 하자가 있는 경우 다투는 방법

(1) 판례법리

상법 제445조는 자본금감소의 무효는 주주 등이 자본금감소로 인한 변경등기가 있은 날로부터 6월 내에 소만으로 주장할 수 있다고 규정하고 있다. 그러므로 설령 주주총회의 자본금감소 결의에 취소 또는 무효의 하자가 있다고 하더라도 그 하자가 극히 중대하여 자본금감소가 존재하지 아니하는 정도에 이르는 등의 특별한 사정이 없는 한 자본금감소의 효력이 발생한 후에는 자본금감소 무효의 소에 의해서만 다툴 수 있다.[84)]

(2) 사건에의 적용

① 원심은[85)] 이 사건 자본금감소의 결의는 상법상의 자본금감소의 요건을 갖추지 못하여 무효라고 판단하여 자본금감소 결의는 무효임을 확인한다고 판결하였다.
② 그러나 대법원은, A(원고)들의 청구취지는 자본금감소의 효력이 이미 발생한 후에 주주총회의 자본금감소 결의에 취소 또는

84) 대법원 1993. 5. 27. 선고 92누14908 판결; 대법원 2004. 8. 20. 선고 2003다20060 판결 등 참조.
85) 대전고법 2009. 9. 25. 선고 2009나2888 판결.

무효의 하자가 있으므로 그 확인을 구한다는 것으로서 그 하자가 극히 중대하여 자본금감소가 존재하지 아니하는 정도에 이르는 등의 특별한 사정을 찾아볼 수 없으므로, 이 사건 소를 자본금감소 결의의 무효의 확인을 구하는 소로 본다면 이는 소의 이익이 없어 부적법한 것이라고 보아야 할 것이라고 판시하였다.

2. 법원의 석명의무

(1) 판례법리

민사소송법 제136조 제4항은 "법원은 당사자가 명백히 간과한 것으로 인정되는 법률상 사항에 관하여 당사자에게 의견을 진술할 기회를 주어야 한다"라고 규정하고 있으므로 당사자가 부주의 또는 오해로 인하여 명백히 간과한 법률상의 사항이 있거나 당사자의 주장이 법률상의 관점에서 보아 모순이나 불명료한 점이 있는 경우 법원은 적극적으로 석명권을 행사하여 당사자에게 의견진술의 기회를 주어야 하고 만일 이를 게을리 한 경우에는 석명 또는 지적의무를 다하지 아니한 것으로서 위법하다.[86]

(2) 사건에의 적용

A들은 비록 소장의 청구취지에서 자본금감소 결의의 무효확인을 구하였으나, 사건명을 "감자무효의 소"라고 표시하였을 뿐 아니라, A들과 X회사 모두 제1심과 원심의 변론과정에서 근거조문까지 명시하면서 상법 제445조의 자본금감소 무효의 소를 제기한 것임을 전제로 상법 제446조, 제189조에 의한 재량기각 여부를 주된 쟁점으로 삼아 변론하였음을 알 수 있다. 그러므로 A들의 진정한 의사는 청구취지의 기재에도 불구하고 상법 제445조의

86) 대법원 2003. 1. 10. 선고 2002다41435 판결 등 참조.

자본금감소 무효의 소를 제기한 것으로 볼 여지가 충분하다.

그렇다면 원심으로서는 A들이 제기한 이 사건 소가 '상법 제445조에 의한 자본금감소 무효의 소'인지 아니면 '위 자본금감소 결의의 무효확인의 소'인지를 분명하게 하고 거기에 알맞은 청구취지와 청구원인으로 정리하도록 석명한 다음 본안에 대하여 심리·판단하였어야 마땅하다.

Comments

(1) 자본금감소는 자본금 액수를 줄임으로써 주주의 이해관계에 중대한 영향을 미치므로 주주총회의 결의(특별결의 또는 보통결의)를 필수적인 절차로 요하고 있다(438조).[87] 자본금감소의 절차와 내용에 하자가 있는 경우 그 효력을 획일적으로 확정하기 위하여 자본금감소 무효의 소에 의하도록 규정하고 있다(445조). 이처럼 주주총회의 결의에 기하여 행해지는 후속행위에 대하여 이를 다투는 소(위 사건의 경우는 자본금감소 무효의 소)가 별도로 규정되어 있는 경우 어느 소에 의하여야 하는가?[88] 이에 대해서는 주주총회 결의의 하자를 다투는 소에 의할 수 있거나 또는 양소 중 어느 것이건 상관없다는 견해(병존설), 후소만을 제기할 수 있다는 견해(흡수설)가[89] 있을 수 있다. 흡수설이 통설과 판례이다. 흡수설은 다시 (i) 자본금감소의 효력발생 유무를 불문하고 처음부터 후소에 흡수된다는 견해(완전흡수설)와 (ii) 자본금감소의 효력이 발생되기 전에는 주주총회결의의 하자를 다투는 소를 제기할 수

87) 2011년 개정상법에서는 통상의 감자(실질적 감자)와 결손전보감자(명목적 감자)를 구분하여, 전자의 경우에는 주주총회의 특별결의를 요하나(438조 1항), 후자의 경우에는 주주총회의 보통결의를 요한다(438조 2항).

88) 신주발행무효의 소(429조), 자본금감소 무효의 소9445조), 합병무효의 소(529조), 회사분할 무효의 소(530조의11 1항), 주식의 포괄적 교환·이전 무효의 소(360조의14, 360조의23) 등이 이에 해당한다.

89) 김정호, 684면; 이철송, 614면; 최준선, 364면; 홍복기 외, 495면 등 다수.

있으나, 그 발생 후에는 주주총회결의의 하자를 다투는 소는 더 이상 제기할 수 없고, 종전의 주주총회결의의 하자를 다투는 소는 당연히 또는 소의 변경에 의하여 자본금감소 무효의 소로 넘어간다는 견해(사후흡수설)로[90] 나뉜다. (iii) 생각건대, 자본금감소에 관한 주주총회의 결의는 자본금감소의 절차를 구성하는 1개 요소일 뿐이고, 분쟁을 종국적으로 해결하는 수단이 있다면 그(후소)에 의하는 것이 바람직하다. 후소에 관하여 법에서 별도의 규정을 둔 것은 그에 의하도록 하려는 것이 법의 취지이므로 흡수설이 타당하다. 또한 자본금감소의 효력이 발생하기 전에 주주총회 결의의 하자를 다투는 소를 제기할 수 없다고 단정할 이유도 없으므로 사후흡수설이 타당하다고 생각한다. 후속행위의 무효를 소에 의하여 주장하지 않고 그 선행을 이루는 주주총회 결의의 하자를 다투는 소를 제기하였다면, 이는 소의 이익이 없으므로 부적법한 소로서 각하의 대상이 된다.[91]

(2) 흡수설(사후흡수설)에 의할 경우, 자본금감소 무효의 소는 자본금감소로 인한 변경등기가 있는 날로부터 비로소 자본금감소 무효의 소를 제기할 수 있다(445조). 자본금감소로 인한 변경등기가 이루어지지 않아 아직 자본금감소의 효력이 발행하지 않은 단계에 있을 때에는 자본금감소 무효의 소를 제기할 수 없고, 이러한 경우에는 자본금감소에 관한 주주총회 결의의 하자를 이유로 이를 다투는 소를 제기할 수 있다. 그 후 자본금감소의 효력이 발생하게 되면 청구변경의 절차(민소 262조)를 밟아 자본금감소 무효의 소로 변경하여야 한다. 자본금감소에 관한 주주총회의 결의에 취소사유가 있는 경우 그 제소기간이 결의일로부터 2월 내인지(376조 1항 적용설), 아니면 자본금감소로 인한 변경등기 후 6월 내인지(445조 적용설)의 여부가 문제된다. 전자로 해석하는 것이 옳

90) 김정호, 337면; 정동윤, 572면 등 다수.
91) 임재연(회), 169면.

다고 본다.[92] 만일 후자로 해석하여 주주총회결의의 취소를 이유로 자본금감소의 무효를 주장할 수 있다고 한다면 상법 제376조 제1항에 의하여 결의취소의 소의 제소기간을 단기로 하는 법의 취지가 상법 제445조에 의하여 몰각될 것이기 때문이다.

92) 송옥렬, 874면; 정동윤, 588면.

제2장

이사 · 이사회 · 대표이사 · 감사

12. 감사선임의 효력발생요건

[대법원 2005. 11. 8. 자 2005마541 결정]

Facts

(1) X회사(채무자)는 망(亡) A가 설립한 회사로, 현재 A의 차남으로서 X회사의 대표이사인 B가 총 발행주식 160,000주 중 58,400주(36.5%), A의 일본인 처인 C가 32,000주(20%), A의 삼남으로서 X회사의 이사인 D와 A의 장녀로서 X회사의 이사인 E가 각각 23,200주(14.5%), A의 장남인 망 F의 처로서 X회사의 이사인 G가 13,143주(8.2%), F의 차남인 H가 10,057주(6.3%)를 각 소유하고 있었다. 위 주주들, 특히 B와 D 사이에서는 그 동안 A로부터의 상속분 및 X회사의 경영권과 관련하여 수차례 민·형사상 분쟁이 있었다.

(2) J(채권자)는, X회사의 감사로 재직 중이던 I가 2004. 5. 25. 그 직을 사임함에 따라 2004. 10. 22. 개최된 X회사의 임시주주총회에서, D, E, G 및 H의 찬성(상법 제409조 제2항에 의하여 발행주식총수의 3%를 초과하는 주식에 관하여는 의결권의 행사가 제한됨으로써 X회사의 주주들 모두 동수의 의결권을 행사하였음)으로 감사로 선임되었다.

(3) J는 위 임시주주총회에 참석하여 감사취임을 승낙하였고, 2004. 10. 26.에는 X회사에게 감사취임승낙서를 발송하였다.

(4) X회사의 대표이사인 B는 2004. 10. 29. J에게 감사취임승낙서 양식을 첨부하여 감사임용계약 청약서를 발송하였다. 위 청약

서의 주된 내용은 J가 X회사의 명의로 주주들을 상대로 대여금반환청구소송을 제기하는 업무를 적극적으로 실행할 것과 주주간의 경영권 분쟁과 관련하여 향후 특정 주주의 이익만을 위하여 감사의 지위를 악용하지 않을 것 등을 확약하는 조건으로 감사임용계약을 청약한다는 것이다.

(5) 또한 위 청약서에 첨부된 감사취임승낙서 양식에는, J는 ① 감사취임 후 지체없이 X회사의 이사들 전원을 상대로 X회사를 대표하여 대여금반환 청구소송을 제기할 것을 확약하고, ② 위 확약의 증거로 소제기에 필요한 소장과 증거자료 및 X회사의 직원인 K에게 소장접수권한을 부여한다는 위임장을 취임승낙서와 함께 X회사에게 제출하며, ③ 위 소송을 임의로 취하하지 아니하고, ④ 감사직무 수행과정에서 취득한 자료 및 정보 일체를 특정 주주에게 제공하지 아니하며, ⑤ 만일 위 ①, ③, ④항을 위반할 경우 위반 사항마다 3억 원씩을 X회사에게 지급하고, J의 소 제기 지체로 X회사의 이사들에 대한 대여금채권의 소멸시효가 완성될 경우 그로 인한 손해 전액을 X회사에게 배상하며, ⑥ 감사보수의 책정에 있어 전임 감사인 I와 그 기준을 달리하더라도 이의를 제기하지 아니한다는 내용이 기재되어 있다.

(6) 이에 대하여 J는 2004. 11. 3. 감사취임은 승낙하나, 위 청약에서 제시된 조건들은 수락할 수 없다는 내용이 기재된 감사취임승낙서를 X회사에게 발송하였다.

(7) 그 후 X회사는 J의 거듭된 요청에도 불구하고 X회사의 법인등기부에 J를 감사로 등재하지 않고 있다.

(Q1) J는 자신이 감사의 지위에 있음을 주장하고 있다. 이러한 J의 주장은 정당한가?

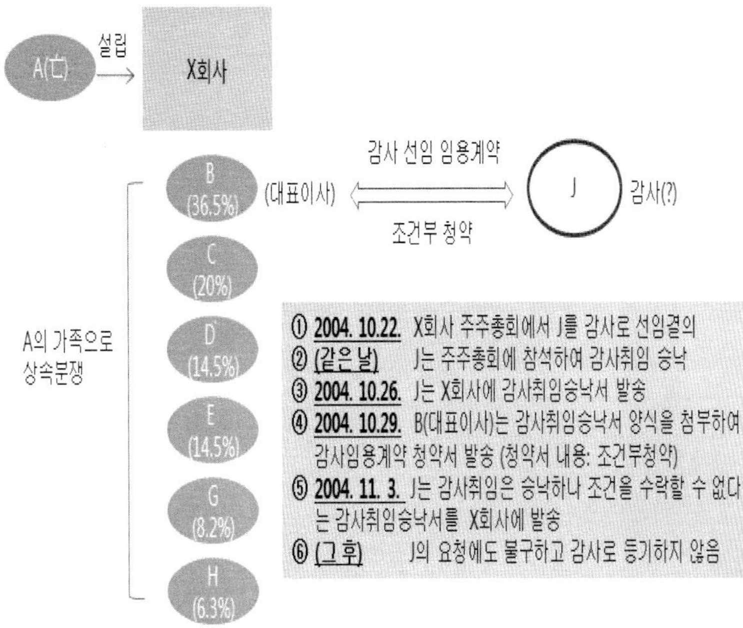

Issue & Rule

(1) 위 사건에서 쟁점이 되는 사항은 ① 주주총회의 감사선임 결의만으로 피선임자가 회사와 임용계약의 체결 없이 바로 감사의 지위를 취득하는지 여부, ② 조건부 법률행위에 있어 조건의 내용 자체가 무효이거나 조건을 붙이는 것이 허용되지 아니하는 경우 그 법률행위 전부가 무효인지 여부 등이다.
(2) 위 쟁점사항에 관한 적용법조는 상법 제382조 제2항, 제409조 제1항, 제415조; 민법 제680조, 제137조, 제151조 제1항 등이다.

Analysis & Conclusion

1. 감사 선임의 효력발생요건

(1) 판례법리

감사의 선임에 관한 주주총회의 결의는 피선임자를 회사의 기관인 감사로 한다는 취지의 회사 내부의 결정에 불과한 것이므로, 주주총회에서 감사선임결의가 있었다고 하여 피선임자가 바로 감사의 지위를 취득하게 되는 것은 아니다. 주주총회의 선임결의에 따라 회사의 대표기관이 임용계약의 청약을 하고 피선임자가 이에 승낙을 함으로써 비로소 피선임자가 감사의 지위에 취임하여 감사로서의 직무를 수행할 수 있게 되는 것이다. 그러므로 주주총회에서 감사선임의 결의만 있었을 뿐 회사와 임용계약을 체결하지 아니한 자는 아직 감사로서의 지위를 취득하였다고 할 수 없다.

(2) 사건에의 적용

X회사의 대표이사는 J에 대하여 이사인 주주들을 상대로 대여금 청구소송을 제기할 것과 주주간 경영권 분쟁과 관련하여 특정 주주의 이익만을 위하여 감사의 지위를 악용하지 않을 것 등을 확약하는 내용의 서면을 제출할 것을 정지조건으로 하여 감사임용계약의 청약을 한 사실이 인정된다. 따라서 법률행위의 해석상 X회사의 의사표시는 조건부 의사표시이다.

2. 조건부 법률행위의 효력

(1) 판례법리

조건부 법률행위에 있어 조건의 내용 자체가 불법적인 것이어서 무효일 경우 또는 조건을 붙이는 것이 허용되지 아니하는 법률행위에 조건을 붙인 경우 그 조건만을 분리하여 무효로 할 수는 없고 그 법률행위 전부가 무효로 된다.

(2) 사건에의 적용

X회사의 대표이사가 J에게 청약의 의사표시를 하면서 부가한 조건의 내용 자체가 무효이거나 조건을 부가하여 청약의 의사표시를 하는 것이 무효라면 그 조건뿐만 아니라 청약의 의사표시 전체가 무효로 되는 것이므로, 이에 대하여 J가 승낙의 의사표시를 하였다 하더라도 감사 임용계약이 성립된 것으로 볼 수 없다.

Comments

(1) 이사(감사의 경우도 마찬가지이다. 이하 동일)의 선임권은 회사설립 시에는 발기인 또는 창립총회에 있고(296조 1항, 312조), 설립 이후에는 주주총회에 전속한다(382조 1항). 그러나 주주총회에서 특정인을 이사로 선임하는 결의를 하였다고 하여 그 즉시 선임의 효력이 발생하는 것은 아니다. 이는 어디까지나 특정인을 이사로 선임한다는 내부적인 의사결정일 뿐이기 때문이다. 이사와 회사는 위임계약의 법률관계에 있으므로 회사와 피선임자간에 위임계약이 성립하여야 비로소 이사의 지위를 가지게 된다. 그 이전에 주주총회에서 이사를 선임하는 결의를 하였더라도 피선임자의 지위에 있을 뿐이다. 위임계약이 성립하기 위해서 대표이사

의 피선임자에 대한 위임계약의[93] 청약이 필요한가에 대해서 견해가 나뉜다.

(i) 필요설(판례, 다수설) - 회사를 대표하여 대외적으로 임용계약의 청약을 할 수 있는 자는 대표이사이므로 임용계약에 대한 대표이사의 청약이 있어야 한다는 것이 판례의 입장이고, 다수설도 이를 지지하고 있다.[94] 이에 의하면 만일 주주총회에서 이사로 선임하는 결의를 하였더라도 임용계약에 관한 대표이사의 청약이 없으면 이사의 취임이 불가능해진다.

(ii) 불필요설(소수설) - 위의 필요설에 대해서는 주주총회와 대표이사의 단체법적 위상에 비추어 수용하기 어려운 결과라고 비판하면서, 주주총회의 이사선임 결의는 창설적 효력을 갖는 행위로 그 자체만으로 청약의 효력이 있다고 보아야 하고, 선임결의에 대하여 피선임자가 동의함으로써 이사의 지위를 취득하게 된다는 견해가 있다.[95] 또한 경영권 분쟁이 있는 경우 주주총회에서 이사선임의 결의를 하였음에도 불구하고 대표이사가 사실상 이를 거부할 수 있다는 것은 회사의 권한배분의 원리에 맞지 않고, 회사 내부의 조직법적 문제에 있어서까지 계약체결의 원칙에 따를 필요가 있는지는 의문이며, 대표이사는 주주총회의 의사결정에 따를 의무가 있다는 식으로 문제를 해결할 수 있겠으나, 실제로 의무 위반에 따른 책임추궁이 쉽지 않다고 하여 필요설을 비판하는 견해도 있다.[96]

(iii) 정리 및 사견 - 생각건대, 필요설이 논리적으로 타당하다고 본다. 회사와 이사간의 임용계약도 계약의 일종이므로 그 위임계약의 체결방식은 일반 계약에서와 마찬가지로 청약과 승낙의 의사표시의 합치에 의하여 성립한다. 불필요설은 주주총회의 이사선임결의 그 자체를 임용계약의 청약으로 의제하고 있다. 그러나

93) 판례에서는 이를 임용계약이라 한다.

94) 권기범, 662면; 김정호, 441면; 임재연(회), 623~624면; 정동윤, 595면; 정찬형, 890면; 최준선, 387면.

95) 이철송, 633면.

96) 송옥렬, 883면.

주식회사에서 기관분화의 원칙상 회사의 의사결정권은 주주총회에, 대표권은 대표이사에게 있고 주주총회는 그 속성상 이러한 의사를 대외적으로 표시할 수 없다. 의사표시의 이론상 주주총회에서의 이사선임 결의는 특정인을 이사로 선임하겠다는 '의사'(의사결정)일 뿐이고, 대표이사에 의하여 이를 대외적으로 '표시'함으로써 임용계약에 관한 청약의 의사표시가 비로소 존재하게 된다. 불필요설은 회사 내부의 조직법적 문제에 대해서까지 계약체결의 원칙을 엄격하게 적용할 필요가 없다고 한다. 그러나 이사와 회사와의 임용계약은 회사조직 밖에 있는 자를 조직 내에 편입시키기 위한 것이므로 이는 일반 계약법의 적용대상이 된다. 만일 주주총회에서 이사선임의 결의를 하였음에도 불구하고 대표이사가 이에 따라 임용계약의 청약을 하지 않는 경우라면 그 대표이사에 책임을 추궁하는 방법에 의하여야 한다.

(2) 회사와 피선임자간에 위임계약을 체결함에 있어서 각각 청약 또는 승낙의 의사표시를 하면서 조건을 부가하는 것은 가능하다. 이 때 그 의사표시의 효력발생 여부는 조건부 법률행위의 효력에 관한 일반론에 의한다. 위의 판례는 X회사의 대표이사가 피선임자에게 청약의 의사표시를 하면서 부가한 조건의 내용 자체가 무효이거나 조건을 부가하여 청약의 의사표시를 하는 것이 무효라면 그 조건뿐만 아니라 청약의 의사표시 전체가 무효로 되어 이에 대하여 상대방이 승낙의 의사표시를 하였다 하더라도 감사 임용계약이 성립될 수 없다고 판시하고 있다. 위 사건에서 X회사의 주주총회에서 임용계약의 조건을 정한 바가 없음에도 불구하고 대표이사 B가 자의적으로 이를 부가한 것이거나 그 내용 자체가 무효인 경우라고 평가되면 이러한 조건과 결합하여 일체를 이루는 청약의 의사표시는 무효가 된다고 보아야 한다.

(3) 임용계약 체결 이후 이사 선임의 등기(317조 1항·2항)는 대항력을 갖는 것에 그친다. 그러나 법인등기부에 이사로 등기되어

있는 때에는 특단의 사정이 없는 한 정당한 절차에 의하여 선임된 적법한 이사로 추정된다.[97]

《관련문헌》

김성탁, "주식회사 이사의 임기에 관한 상법 제383조 제2항 및 제3항의 법리와 그 운영상의 법적 쟁점", 「인권과 정의」 제421호(2011).

채동헌, "감사 선임결의에 따른 임용계약이 없는 경우 감사의 지위", 「상장」 (2007).

이상훈, "주주총회의 감사선임결의와 임용계약", 「기업지배구조연구」 제18호 (2006).

97) 대법원 1983. 12. 27. 선고 83다카331 판결.

13. 임원이 근로자로서의 지위를 갖는지 여부

[대법원 2005. 5. 27. 선고 2005두524 판결]

Facts

(1) X회사(원고)는 이사회 결의에 의하여 집행이사로 선임되어 본부장 또는 강서지역본부장으로 근무한 A(피고; 중앙노동위원회)의 보조참가인 E를 해고하였다.
(2) E는 법인등기부에 등재되는 이사와 달리 업무의 내용은 집행이사제운영규정, 직제규정 등 X회사가 마련한 규정에 의하여 정해질 뿐 아니라 징계에 있어서도 직원에 준하여 행해지며, 보수 및 퇴직금에 관하여도 X회사의 규정을 적용받게 되어 있고, 집행이사제운영규정에 의하여 집행이사는 임원이 아님을 명백히 하고 있다. 또한 인사규정에는 본부장이 직원으로 명시되어 있다.
(3) E가 집행이사로 선임된 후 근무한 본부장, 지역본부장은 이사대우, 1급 또는 2급 직원 중에서도 임명될 수 있다. E는 X회사의 대표이사에 의하여 근무장소를 지정받고 근무시간에 대하여도 세한을 받고 있을 뿐 아니라 대표이사의 지휘·감독을 받았다. E는 강서지역본부장으로서 자신보다 하위 직급인 1급 상당인 개인사업본부상의 지휘·감독도 받아 그 업무를 수행하였다. E가 근무하는 사무실 및 그 비품 등에 관한 권리가 X회사에게 있고, X회사가 E에 대하여 고용보험에 가입하였다.

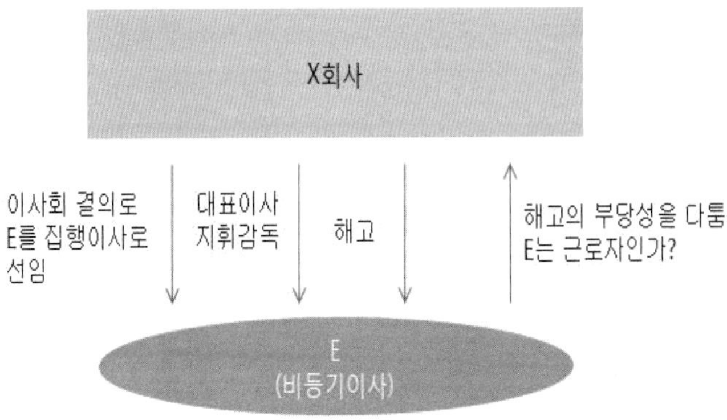

(Q1) E가 근로기준법 소정의 근로자인지의 여부가 다투어지고 있다. X회사는 E가 근로자가 아니라고 주장하면서, "집행이사가 취업규정상 X회사의 직원에 포함되지 아니할 뿐 아니라 보수 및 처우에 있어서도 임원과 유사하게 대우받고 있고, E가 본부장으로 재임할 당시에는 경영협의회에 참여하여 소관 업무에 관한 집행권을 행사하는 부분이 있다"는 점을 그 이유로 들고 있다. 이러한 X회사의 주장은 정당한가?

Issue & Rule

(1) 위 사건에서 쟁점이 되는 사항은 회사의 비등기 이사 등의 임원이 근로기준법상의 근로자에 해당하는지 여부에 관한 판단기준 등이다.

(2) 위 쟁점사항에 관한 적용법조는 상법 제382조 제2항; 근로기준법 제2조 제1항 제1호, 제17조, 제23조, 제24조, 제26조~제28조 등이다.

Analysis & Conclusion

1. 근로자 여부의 판단기준

(1) 판례법리

근로기준법상의 근로자에 해당하는지 여부를 판단함에 있어서는 그 계약이 민법상의 고용계약이든 또는 도급계약이든 그 계약의 형식에 관계없이 그 실질에 있어 근로자가 사업 또는 사업장에 임금을 목적으로 종속적인 관계에서 사용자에게 근로를 제공하였는지 여부에 따라 판단하여야 한다. 여기서 종속적인 관계가 있는지 여부를 판단함에 있어서는 업무의 내용이 사용자에 의하여 정하여지고 취업규칙·복무규정·인사규정 등의 적용을 받으며 업무수행 과정에 있어서도 사용자로부터 구체적이고 직접적인 지휘·감독을 받는지 여부, 사용자에 의하여 근무 시간과 근무 장소가 지정되고 이에 구속을 받는지 여부, 근로자 스스로가 제3자를 고용하여 업무를 대행케 하는 등 업무의 대체성 유무, 비품·원자재·작업도구 등의 소유관계, 보수가 근로 자체의 대상적(代償的) 성격을 갖고 있는지 여부와 기본급이나 고정급이 정하여져 있는지 여부 및 근로소득세의 원천징수 여부 등 보수에 관한 사항, 근로제공관계의 계속성과 사용자에의 전속성의 유무와 정도, 사회보장제도에 관한 법령 등 다른 법령에 의하여 근로자로서의 지위를 인정받는지 여부, 양 당사자의 경제·사회적 조건 등을 종합적으로 고려하여 판단하여야 한다.[98] 회사의 이사 등 임원의 경우에도 그 형식만을 따질 것이 아니라 위 기준을 종합적으로 고려하여 판단하여야 할 것이다.[99]

---

98) 대법원 2001. 8. 21. 선고 2001도2778 판결 참조.

(2) 사건에의 적용

E는 그 실질에 있어 사업 또는 사업장에 임금을 목적으로 종속적인 관계에서 사용자에게 근로를 제공하는 근로기준법 소정의 근로자에 해당한다.

Comments

(1) 이사와 회사간의 법률관계가 무엇인가에 대하여 종래 논란이 있던 적이 있었으나, 현재는 위임관계에 있다고 보는 것으로 통일되었다. 상법에서도 회사와 이사의 관계에 대하여 민법상 위임에 관한 규정을 준용하고 있다(382조 2항). 이 점은 감사 · 집행임원의 경우도 동일하다. 위임은 위임인과 수임인간의 사무의 처리를 목적으로 하는 계약으로 그 사무처리의 범위에서 수임인이 어느 정도 재량권을 갖는다는 점에서 고용과 구별된다.[100] 이에 비하여 고용은 계약에 의하여 약정한 노무의 제공 그 자체를 목적으로 하고 사용자와 노무자간에 지시 · 복종의 관계에 있는 것이 특징이다.[101] 민법상 위임은 무상이 원칙이나, 고용에서는 그 대가인 보수를 지급하여야 하는 유상의 고용만이 인정되는 것도 이 때문이다. 위임과 고용은 개념상으로는 구분이 가능하나, 실제에 있어서는 상호 교차되어 있는 경우가 많다.

(2) 근로계약은 본질적으로는 민법상의 고용관계에 해당하는 것이나, 사회적 약자인 근로자의 인간다운 생활을 보장하기 위하여

---

99) 대법원 1992. 5. 12. 선고 91누11490 판결; 대법원 2003. 9. 26. 선고 2002다64681 판결 등 참조.

100) 김준호, 1666면.

101) 김준호, 1635면.

대등한 당사자간의 계약관계를 전제하는 것은 적당하지 않고 근로자에 대한 사회정책적인 고려가 필요하다는 이유에서 근로기준법은 '근로자와 사용자'의 관계로 규율하고 있다. 근로기준법에 의하면 근로자에 대해서는 보수를 금전으로 지급하여야 하며 이를 임금이라 부르고(동법 17조, 18조), 사용자는 정당한 이유 없이는 근로자를 해고할 수 없다(동법 30조).

(3) 주식회사의 주주총회에서 이사·감사 등으로 선임되어 등기되어 있는 자는 회사와 위임관계에 있다. 따라서 무상을 원칙으로 하고, 회사와 지시·복종의 관계에 있지 않고 자기책임하에 독립적으로 그 임무를 수행하며,[102] 임기 중에도 정당한 사유 여하를 불문하고 주주총회의 특별결의에 의하여 언제든지 해임할 수 있다는 점에서 근로기준법상의 근로자와는 완전히 다른 법적 지위(즉, 회사와 대등한 계약관계)에 있다. 그러나 이사가 사용인을 겸무하는 것이 가능하며,[103] 이러한 경우에는 동일인에게 이사로서의 법적 지위와 사용인 내지 근로자로서의 지위가 이중적으로 존재하게 된다.

(4) 회사에서 이사라는 명칭을 사용하고 있는 자라고 하더라도 주주총회에서 이사로 선임되어 등기되어 있지 않는 한 상법상의 이사는 아니다(382조 1항, 317조 2항 8호). 비등기 임원이 근로기준법의 근로자에 해당하는지의 여부는 위의 판례가 제시하고 있는 기준, 즉 계약의 형식에 관계없이 그 실질에 있어 근로자가 사업 또는 사업장에 임금을 목적으로 종속적인 관계에서 사용자에게 근로를 제공하였는지의 여부에 따라 실질적으로 판단하여야 한다.

102) 이사는 선임권자인 주주로부터도 독립되어 있으며 주주에 대하여 직접적으로 선관의무를 지지 않는다(대법원 2009. 5. 29. 선고 2007도4949 판결). 주주는 이사의 선임·해임과 보수결정 등의 간접적인 수단을 통하여 이사를 통제할 수 있을 뿐이다.

103) 감사는 사용인을 겸할 수 없으므로(411조), 이러한 경우가 생길 수 없다.

《관련문헌》

김상일, "임원의 근로자성 문제", 「(월간)조세」 제265호(2010).

이재용, "임원의 근로자성에 관한 연구 : 판례의 경향과 근로자인 임원에 대한 노동관계법 적용과 관련된 문제점을 중심으로", 「법학연구」 제19권 제3호(2009).

14. 이사의 보수 · 해직보상금에 대한 통제

[대법원 2006. 11. 23. 선고 2004다49570 판결]

Facts

(1) P1(원고 1)은 2000. 12. 16. P2(원고 2)는 2001. 4. 21. 각각 I증권 주식회사의 이사로 취임하였고, P1은 2001. 4. 23. I증권의 대표이사로 취임하였으며, P1, P2들은 2001. 6. 14.에는 R증권회사의 이사에 취임하였다. 한편, 2002. 1. 23. I증권은 R증권과 합병하여 해산하고, R증권은 X증권회사(피고)로 상호를 변경하였다. 같은 날 P1은 X증권의 대표이사로 선임되었고, P2는 부사장이 되었다.

(2) 2002. 3. 23. P1은 X증권을 대표한다는 P2와, P2는 X증권을 대표한다는 P1과 각 고용계약서를 작성하였고, 2002. 3. 25. 개최된 이사회에서 위 각 고용계약의 승인이 하나의 의안으로 제출되어 나머지 이사 A가 위 각 고용계약을 승인하였다. 그 내용은 아래와 같다. (각 계약서의 내용은 거의 동일하고, 다만 차이가 있는 부분만 따로 표시한다.)

> 제1.1조 이 계약은 2002. 1. 23.로 소급하여 효력을 발생하고, 이 계약 제6조에 의하거나 또는 일방 당사자가 상대방에게 서면으로 6개월 이상을 둔 사전 통지를 하지 아니하는 이상 계속 효력이 있다.

> 제3.1조 피고용인은 이 계약 효력발생일 이후 연간 P1은 미화 150,000달러, P2는 미화 144,600달러의 급여 및 P1은 미화 100,000달러, P2는 미화 96,426달러의 해외거주수당을 받는다.
> 제3.3조(P1의 계약서) 피고용인은 매달 미화 8,000달러로 또는 연간 96,000달러로 주거임대료를 지급받는다.
> 제3.3조(P2의 계약서) 회사는 피고용인에게 주거를 제공하여야 한다. 회사는 또한 전기, 난방, 가스, 수도, 전화 및 기타 통신, 보안 서비스와 관리비 등 모든 주거비용을 부담하여야 한다.
> 제8조 회사가 이 계약기간 중 일방적으로 피고용인과의 고용관계를 종료하는 경우(제6.1조에서 규정된 이외의 사유) 또는 피고용인이 회사의 주주총회에서 해임을 당하거나(회사의 지분변동 또는 회사의 지배관계를 변동시키는 지주회사의 지배관계 변동에 관계없이), 회사의 지주회사의 이사회로부터 사임요구를 받아 사임하는 경우를 포함하여 비자발적으로 이사직에서 해임되는 경우에는 피고용인은 다음을 제공받는다.
> ① 사전 통지를 대신한 6개월간의 급여
> ② 현재 주거에서 6개월 간 추가로 거주하거나 또는 6개월간의 임대료
> ③ 해직보상금으로 P1은 미화 500,000달러, P2는 미화 375,000달러
> ④ 해직일까지 발생한 보너스
> ⑤ 회사에서 정한 퇴직수당
> 제10조 이 계약서는 대한민국 법률에 따라 해석된다.

(3) X증권회사의 관련 정관규정은 아래와 같다.

> 제29조 이사의 임기는 3년으로 한다. 그러나 그 임기가 최종의 결산기 종료 후 당해 결산기에 관한 정기주주총회 전에 만료될 경우에는 그 총회의 종결시까지 그 임기를 연장한다.
> 제32조 ① 이사회의 결의는 과반수의 출석과 출석이사의 과반수로 한다.
> ② 이사회의 결의에 관하여 특별한 이해관계가 있는 자는 의결권을 행사하지 못한다.

> 제35조 ② 부사장, 전무이사, 상무이사 및 이사는 회장 및 대표이사를 보좌하고 이사회에서 정하는 바에 따라 본 회사의 업무를 분장 집행하며 회장 및 대표이사 유고시에는 위 순서로 그 직무를 대행한다.
> 제38조 이사, 감사의 보수 및 손비로 처리되는 상여금은 주주총회에서 결정한다.
> 제39조 이사, 감사의 퇴직위로금 지급은 따로 정한 퇴직위로금 지급규정에 의한다.

(4) X증권의 임원퇴직위로금지급규정은 아래와 같다.

> 제3조 ① 임원의 퇴직위로금은 퇴직 당월 월평균 보수액에 (별표 1)의 지급률에 의하여 산출된 금액을 지급한다. 그 별표 1에 의하면 재임 1년에 대하여 대표이사는 월평균 보수액의 4개월분을, 이사는 월평균 보수액의 3개월분을 지급하도록 되어 있다.

(5) 2002. 12. 20. 개최된 X증권의 임시주주총회에서 P1, P2들에 대한 이사 해임안이 가결되었고(P1은 2002. 11. 25. X증권의 대표이사직을 사임하였고, 같은 날 그 후임으로 D가 대표이사로 선임되었음), X증권은 위 지급규정에 따른 퇴직위로금으로 P1에게 101,083,333원, P2에게 79,091,135원을 각 지급하였다.

(Q1) 해직보상금 등의 지급을 둘러싸고 쌍방의 주장은 아래와 같다. 이들 주장의 당부를 판단하시오.

① P1, P2들은, 위 각 고용계약기간이 경과하기 전에 이사직에서 해임되었으므로, X증권은 각 계약서 제8조 제1항 내지 제3항이 정한 바에 따라 P1에게 ⓐ 6개월간의 급여 미화 125,000달러, ⓑ 6개월간의 주거 임대료 미화 48,000달러, ⓒ 해직보상금 미화 500,000달러(합계 미화 673,000달러)를,

P2에게 ⓐ 6개월간의 급여 미화 120,513달러, ⓑ 6개월간의 주거비 미화 30,000달러, ⓒ 해직보상금 미화 375,000달러 (합계 미화 525,513달러)를 각 지급할 의무가 있다고 주장한다.

② 이에 대하여 X증권은, 이사의 자기거래인 위 각 고용계약에 대하여 이사회의 적법한 승인이 없어 무효이고, 위 각 금원의 지급에 관한 주주총회 결의가 없으므로, 위 각 금원을 지급할 의무가 없다고 주장한다.

③ 이에 대하여 다시 P1, P2는, 이사회의 적법한 승인이 있고, 위 각 금원은 상법 제388조에서 정한 보수가 아니므로 그 지급에 주주총회의 결의가 필요하지 아니하고, 설사 주주총회 결의를 거쳐야 한다고 하여도 X증권의 이사보수 총액을 정한 2002. 5. 30.자 주주총회 결의가 있고 위 각 금원을 포함한 이사들 전체 보수가 그 총액 이하이므로 주주총회의 결의가 없다고 할 수 없다고 주장한다.

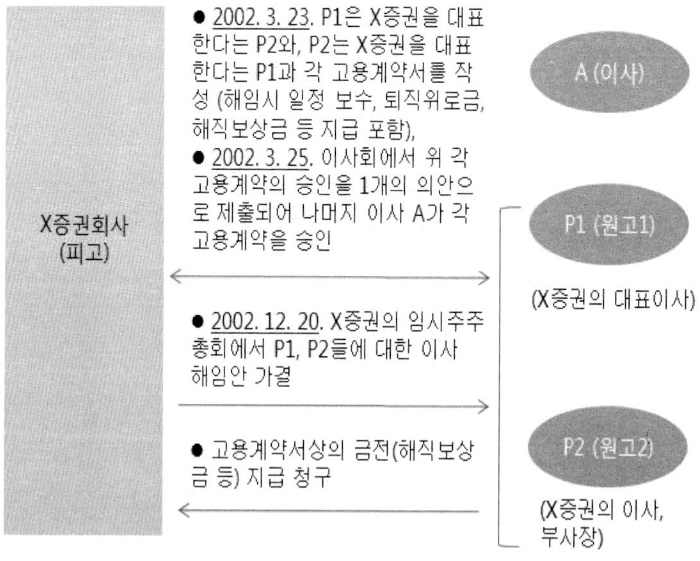

Issue & Rule

(1) 위 사건에서 쟁점이 되는 사항은 ① 해직보상금의 성격과 주주총회 결의의 필요 여부, ② 이사 고용계약 체결의 자기거래성과 특별이해관계의 존부 등이다.
(2) 위 쟁점사항에 관한 적용법조는 상법 제385조 제1항, 제388조 등이다.

Analysis & Conclusion

1. 해직보상금의 성격 및 주주총회의 결의를 요하는지 여부

(1) 판례법리

① 주식회사와 이사 사이에 체결된 고용계약에서 보수에 관한 약정과 함께 이사가 그 의사에 반하여 이사직에서 해임될 경우 퇴직위로금과는 별도로 일정한 금액의 해직보상금을 지급하기로 약정한 경우 그와 같은 해직보상금은 이사가 자신의 의사에 반하여 해임되는 경우에 한하여 지급되는 것이므로 퇴직위로금과 같이 직무집행의 대가로 지급되는 보수의 일종으로 볼 수 없다.
② 이사와 회사 사이의 고용계약에서 정한 보수는 상법 제388조에 따라 정관에 정함이 없는 한 주주총회 결의가 있어야 회사에 대해 이를 청구할 수 있다. 위와 같은 해직보상금은 형식상으로는 보수에 해당하지 않는다 하여도 보수와 함께 같은 고용계약의 내용에 포함되어 그 고용계약과 관련하여 지급된다. 또한 회사는 이사를 임기 중에 해임하는 경우에도 정당한 이유 없이 해임하는

때에 한하여 손해배상책임을 부담할 뿐이다(385조 1항).

그런데 위 해직보상금은 의사에 반하여 해임된 이사에 대해 정당한 이유의 유무에 관계없이 지급하도록 되어 있어 이사에게 유리하도록 회사에 추가적인 의무를 부과하는 것인데도 단지 보수에 해당되지 않는다는 이유로 주주총회 결의를 요하지 않는다고 달리 보게 된다면, 이사들이 고용계약을 체결하는 과정에서 개인적인 이득을 취할 목적으로 과다한 해직보상금을 약정하는 것을 막을 수 없게 됨으로써, 이사들의 고용계약과 관련하여 그 사익 도모의 폐해를 방지하여 회사와 주주의 이익을 보호하고자 하는 상법 제388조의 입법취지가 잠탈되고 말 것이다.

나아가 회사로서는 주주총회의 특별결의로 언제든지 이사를 해임할 수 있음에도 불구하고 위와 같은 해직보상금액이 특히 거액일 경우 회사의 자유로운 이사해임권의 행사를 저해하는 기능을 하게 되어 이사선임기관인 주주총회의 권한을 사실상 제한함으로써 회사법이 규정하는 주주총회의 기능이 심히 왜곡되는 부당한 결과가 초래될 것이다.

그러므로 위와 같은 해직보상금에 관하여도 이사의 보수에 관한 상법 제388조를 준용 내지 유추적용하여, 정관에서 그 액을 정하지 않는 한 주주총회의 결의가 있어야만 회사에 대해 이를 청구할 수 있다고 해석하여야 한다.

(2) 사건에의 적용

이 사건 해직보상금 등이 보수는 아니지만 회사에 이를 청구하기 위해서는 보수와 마찬가지로 주주총회의 결의가 필요한데 그러한 결의가 없었으므로 X증권(피고)은 P1, P2(원고)에게 해직보상금 등을 지급할 의무가 없다.

2. 임기 중 해임으로 인한 손해배상청구권의 인정 여부

(1) 판례법리

주식회사 이사의 임기를 정한 경우에 정당한 이유 없이 그 임기 만료 전에 이를 해임한 때에는 그 이사는 회사에 대하여 해임으로 인한 손해의 배상을 청구할 수 있다(385조 1항 후문). 이러한 경우 '정당한 이유'의 존부에 관한 입증책임은 손해배상을 청구하는 이사가 부담한다.[104]

(2) 사건에의 적용

P1, P2들과 X증권의 주주 및 지주회사와의 관계, P1, P2들이 X증권의 상장폐지와 관련하여 지주회사인 R그룹 등의 의사를 왜곡한 점, 그리고 P1, P2들이 X증권의 이사직에서 곧 해임될 것을 알면서도 자기들의 이익만을 위하여 거액의 해직보상금이 포함된 이 사건 각 고용계약을 체결한 점 등에 비추어 P1, P2들의 이사직 해임에 정당한 사유가 있다.

3. 급여가 포함된 고용계약의 체결이 자기거래에 해당하는지 여부

(1) 원심의 판단[105]

① 이 사건 각 고용계약은 위임계약의 일종인 이사 임용계약으로서 급여 등에 관한 사항이 포함되어 있으므로 이사의 자기거래에 해당하여 이사회의 승인이 필요하다. 상법 제391조와 X증권의 정관 제32조에 의하면 이사회의 결의는 이사 과반수의 출석과

---

104) 대법원 2005. 1. 14. 선고 2004다47529 판결 참조.

105) 서울고법 2004. 8. 20. 선고 2003나72667 판결.

출석이사의 과반수로 하여야 하고,[106] 결의 당시 특별이해관계인은 의결권을 행사할 수 없으며, 또한 이사회의 승인 결의는 개개의 거래에 관하여 하여야 한다.
② 위 각 고용계약 체결 당시 X증권의 이사는 P1, P2(원고)들과 A 3인이고, P1과 X증권 사이에 체결된 계약에서는 P1이 특별이해관계인이고, P2와 X증권 사이에 체결된 계약에서는 P2가 특별이해관계인이다. 따라서 이사회에서 위 각 고용계약의 승인결의를 할 때에는 P1, P2들은 각 자기의 계약에 관하여 승인결의에 참여하지 못하고 나머지 이사 2명만이 위 각 고용계약에 대하여 별개의 승인결의를 하여야 함에도, 2002. 3. 25. 개최된 이사회에서 위 각 계약의 승인이 하나의 의안으로 제출되어 A만이 위 각 고용계약을 승인하였으므로, 위 각 계약에 이사회의 적법한 승인결의가 있었다고 볼 수 없으므로, 그 효력이 없다.

(2) 대법원의 판단

이 사건 해직보상금 등에 대하여 주주총회의 결의가 없었음을 이유로 P1, P2(원고)들의 주위적 청구가 이미 배척되었다. 그러므로 이 사건 고용계약에 대하여 적법한 이사회 승인이 있었는지 여부는 판결 결과에 아무런 영향을 미칠 수 없다.

Comments

(1) 이사와 회사는 위임의 관계에 있기 때문에 무상이 원칙이나(민 686조 1항) 현실적으로는 다양한 명칭으로 회사가 이사에게 직무수행의 대가로 각종 경제적 보상을 하는 것이 일반적이다. 상

106) 2011년 개정상법에 의하여 이사 등의 자기거래에 대한 이사회의 결의요건이 이사 2/3의 수로 상향되었다(398조).

법 제388조에서는 "이사의 보수는 정관에 그 액을 정하지 아니한 때에는[107] 주주총회의 결의로 이를 정한다"고 규정하고 있다. 이 규정의 취지는 소유와 경영의 분리를 기관구성의 기본원리로 삼고 있는 주식회사에서 지분적 소유자인 주주의 이사에 대한 경영통제수단을 확보하고 이사의 보수를 과도하게 책정하는 등 대리인문제(agency problem; 이익상충)의 폐단을 방지함으로써 회사의 물적 건전성을 확보하기 위함이다. 따라서 이에 관한 규정은 강행규정으로 보아야 한다.[108] 상법 제388조에 위반하여 정관규정이나 주주총회의 결의 없이 이사에게 지급된 보수는 부당이득(민 741조)이 되어 회사에 반환하여야 한다.[109]

(2) 정관 또는 주주총회의 결의로 이사의 보수에 관하여 아무런 정함이 없으면 이사는 근로기준법상의 근로자가 아니므로 위임계약에서의 무상의 원칙으로 돌아가 이사에게 보수청구권이 인정되지 않는다는 것이 판례의 입장이다.[110] 그러나 이사는 주주를 대신하여 회사의 영리성의 실현을 도와주는 자이고 실제에 있어서 무상은 오히려 이례적이다. 상인이 그 영업범위 내에서 타인을 위하여 행위를 한 때에는 상당한 보수청구권을 갖는다고 규정하고 있는데(61조), 역으로 상인(회사)이 타인으로부터 조력을 받는 경우에도 그에 상응한 보수를 조력자(이사 등)에게 지급하도록 하는 것이 균형에 맞는다. 따라서 이러한 경우 '상당한 보수'를 청구할 수 있다고 해석하는 것이 회사의 영리적 본질과 현실에 부합한다고 생각한다. 여기서 상당한 보수란 임금을 뜻하는 것이 아니기 때문에 이사의 근로자성을 부정하는 입장과 양립될 수 없는 것은 아니다.

107) 이사의 보수를 정관으로 규정할 수 있다는 조항은 사실상 사문화되어 있다.
108) 김정호, 535면; 이철송, 645면.
109) 대법원 2010. 3. 11. 선고 2007다71271 판결.
110) 대법원 1992. 12. 22. 선고 92다28228 판결; 대법원 2004. 12. 10. 2004다25123 판결. 학설도 이를 지지하고 있다(송옥렬, 889면; 이철송, 645면).

(3) 상법 제388조에 의하여 정관 또는 주주총회의 결의에 의해 정하도록 하여야 할 '이사의 보수'에는 이러한 취지를 실현하기 위하여 필요하다면 그 명칭 여하를 불문하고 직무수행상의 모든 대가를 널리 포함하는 것으로 해석하여야 한다. 위 판례는 해직보상금의 지급은 이사가 자신의 의사에 반하여 해임되는 경우에 한하여 지급되는 것이므로 퇴직위로금과는[111] 달리 이사의 직무수행과는 무관하고, 따라서 직무집행의 대가로 지급되는 보수의 일종으로 볼 수 없다고 한다. 그러나 판례는 해직보상금에 대해서도 상법 제388조를 준용 내지 유추적용하여야 한다는 입장을 취하고 있다. 만일 그렇게 하지 않으면 이사의 보수와 관련된 사익추구의 폐해를 방지하지 못하여 회사와 주주의 이익을 보호하고자 하는 상법 제388조의 입법취지가 잠탈될 것이라는 것을 그 이유로 들고 있다.[112] 주주총회의 특별결의에 의하여 이사를 정당한 이유의 존부를 불문하고 언제든지 해임할 수 있고, 정당한 이유가 없이 해임한 경우에 한하여 손해배상을 청구할 수 있다는 상법규정(385조 1항)의 취지를 감안할 때, 위 사건에서와 같이 정당한 사유의 존부를 불문하고 해직보상금을 청구할 수 있다고 하면 동조의 강행규정성이 크게 잠탈된다. 따라서 해직보상금은 이사의 재직 중 직무수행의 대가가 아니어서 보수에 해당하지 않는다고 할지라도 이에 대해서는 이사의 보수에 대한 것과 동일한 법적 규율(388조)을 받는다고 해석하여야 한다. 한편, 상법 제388조의 적용에 의하여 주주총회의 통제를 받는 보수에 대하여 이를 "재직 중 직무수행의 대가로 지급되는 일체의 경제적 보상"이라

---

111) 퇴직위로금은 퇴직시에 재직 중 직무수행에 대한 대가의 성격을 지니기 때문에 보수의 일종이라고 보는데 이견이 없다.

112) 권기범, 701면; 송옥렬, 890면. 이러한 해직보상금의 지급은 주주총회의 해임결의를 조건으로 하므로 직무수행의 대가로서의 성격을 갖는 상법 제388조의 보수에는 해당하지 않는다고 본 것은 타당하다고 하면서, 이에 제388조를 유추적용해야 한다는 설시는 논리성이 결여되어 있다는 견해가 있다(이철송, 647면). 적대적 기업인수에 대한 방어수단으로 거액의 해직보상금을 정관에 미리 규정해두는 것을 특히 황금낙하산(golden parachute)이라 칭한다(홍복기 외, 659~660면).

고 정의하는 것이 종래의 지배적인 견해이다. 그러나 상법 제388조의 취지가 이사의 사익추구를 방지하기 위한 것이므로 보수의 개념을 이처럼 좁게 해석하는 것은 적절하지 못하다. 따라서 상법 제388조의 보수를 "이사가 그 지위에서 회사의 자금으로 지급받는 일체의 경제적 보상"으로 확대하여 그 개념을 재정립하여야 할 필요가 있다.

(4) 사용인을 겸무하는 이사의 경우(위 사건의 경우 P1, P2는 이사인 동시에 X증권과 고용계약을 체결하고 있음), 이사로서의 보수 외에 사용인으로서의 급료(임금)까지도 정관이나 주주총회에서 정해진 보수의 범위에 포함시켜 통제하여야 하는가에 대해서는 긍정설(포함설; 소수설),[113] 부정설(분리설; 다수설),[114] 절충설[115] 등으로 견해가 나뉜다. 이론적으로는 양자를 구분하는 것이 가능하나, 분리시키면 이를 악용하여 상법 제388조의 적용을 회피할 우려가 있는 등의 현실적인 문제가 있다. '이사'의 보수와는 별도로 '사용인'의 급료라는 방법을 이용하여 주주의 통제를 벗어난 과도한 보수를 책정할 가능성이 있다. 상법 제388조의 취지가 이사의 보수책정과 관련하여 이사의 사익추구를 막는 데 있다는 점을 감안할 때, 원칙적으로 이를 부정하는 것이 타당하다고 본다. 다만 이사로서 받는 보수와 사용인으로서 받는 급료가 명확하게 구분될 수 있는 경우에는 양자를 분리하여 처리하여도 무방하다. 결국 이에 관한 판단은 이사 개개인에 대한 보수에 대한 주주총회의 실효성 있는 통제가 가능

113) 김정호, 533면; 이철송, 646면.

114) 손주찬, 803면; 이기수 외, 348면; 정동윤, 598면; 정찬형, 905면; 최준선, 401면.

115) 주주총회에서 개별 이사의 보수를 확정하는 방식으로 통제가 이루어진다면 분리하는 것이 타당하나, 현재와 같이 주주총회의 통제가 이사보수 총액의 상한을 정하는 방식에 의한다면 보수와 임금을 합하여 보아야 한다는 견해가 있다(송옥렬, 891면). 또한 회사의 사용인에 대한 급여체계의 확립 여부에 따라 구분하여, 이러한 급여체계가 구분되어 확립되어 있지 않는 경우에는 보수에 포함시켜 주주총회의 결의가 필요하다는 견해가 있다(최기원, 603면).

한지의 여부에 관한 사실의 문제로 귀착되고, 구체적 사안별로 이를 실질적으로 판단하여야 할 것이다.

(5) 이사가 사용인으로서 받는 급료가 포함된 고용계약의 체결은 이사의 자기거래(398조)로 취급되어야 한다.[116] 위 사건에서 X회사와 P1, P2들이 체결한 고용계약은 이사의 자기거래(398조)에 해당하고, 이사회로부터 사전 승인을 받아야 할 사항이다. 이 때 P1, P2들은 특별이해관계인이기 때문에 위 이사회 결의에서 의결권을 행사할 수 없다.[117] 따라서 위 사건의 원심이 이러한 취지로 판단한 것은 정당하다. 다만 대법원에서는 해직보상금에 관하여 주주총회의 결의가 없음을 이유로 청구를 배척하였기 때문에 더 이상 이사회 승인에 관한 법적 하자의 문제를 따지는 것이 불필요하다고 판단하였다.

《관련문헌》

최준선, "주식회사 이사의 보수는 규제되어야 하는가?", 「성균관법학」 제22권 제3호(2010).

김화진, "주식회사 이사의 보수와 상법 제368조 제4항의 해석", 「저스티스」 제102호(2008).

채동헌, "이사에 대한 해직보상금 약정과 주주총회의 결의 필요 여부", 「상장」 (2007).

노경필, "주식회사의 이사가 회사에 대해 그 지급이 약정된 해직보상금을 청구할 수 있기 위해서는 별도로 주주총회의 결의가 필요한지 여부", 「대법원판례해설」 제63호(2007).

116) 안택식, 307면.

117) 이와는 달리 정관 또는 주주총회에서 정한 이사보수 총액을 각 이사에게 배분하는 이사회 결의에 있어서 당해 이사의 특별이해관계는 문제삼지 않는다.

15. 주식매수선택권을 행사할 수 없는 사유

[대법원 2011. 3. 24. 선고 2010다85027 판결]

Facts

(1) A(원고)는 2002. 2. 28. X회사(비상장회사; 피고)의 주주총회 결의에 따라 X회사와 아래와 같은 내용의 주식매수선택권 부여계약(이하 '이 사건 스톡옵션계약')을 체결하였다.

> 1) 제2조[스톡옵션의 내용] X회사(이하 '甲')가 A(이하 '乙')에게 부여하는 스톡옵션의 내용은 다음 각 호와 같다.
> - 교부할 주식 : 甲의 기명식 보통주(액면가 500원) 15,000주
> - 행사가격과 행사기간 : 주당 600원, 2005. 3. 1.부터 2012. 2. 28.까지
>
> 2) 제7조[스톡옵션 부여의 취소] 甲은 乙에게 다음 각 호의 사유가 발생한 경우 관계 법령과 정관이 정하는 바에 따라 이사회의 결의로 스톡옵션의 부여를 취소할 수 있다.
> ① 乙이 본인의 의사로 스톡옵션 부여일로부터 3년 이내에 퇴임하거나 퇴직할 경우. 단, 乙이 정년 또는 임기만료로 퇴직 또는 퇴임하거나, 임원으로 승진함으로 인하여 퇴직하거나, 기타 甲의 필요에 의해 계열사로 전배·퇴임하는 경우 등은 본인의 의사로 퇴임하거나 퇴직한 것으로 보지 아니한다.

(2) A는 2003. 3. 25. X회사에서 퇴직하고 U회사로 이직하였다. A는 퇴직사유를 '분사(사업구조조정)'로 기재한 퇴직원을 제출하였

고, 한편 '본인은 본인의 자유의사에 따라 퇴직하며 퇴직 후 금번 퇴직과 관련하여 민 · 형사상의 어떠한 이의도 제기하지 않겠다'는 서약서도 제출하였다.

(3) 이후 A는 2008. 9.경 X회사에 이 사건 스톡옵션을 행사한다는 신청서를 제출하였다.

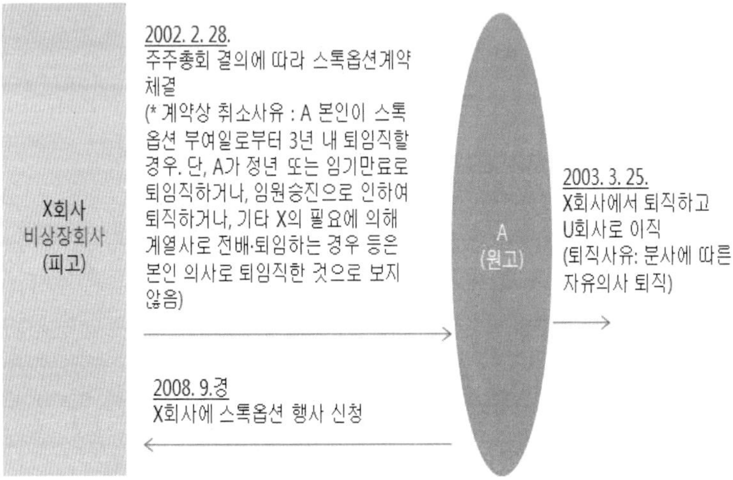

(Q1) 이에 대하여 당사자 쌍방은 아래와 같이 주장하고 있다. 이들 주장의 당부를 판단하시오.

① A(원고)의 주장 : A는 X회사의 구조조정 방침에 따라 계열사로 이직한 것이고, 상법상 재직기간 요건은 임의규정이므로, X회사는 이 사건 스톡옵션계약에 따라 A에게 주식을 지급하여야 한다.

② X회사(피고)의 주장 : A는 본인의 선택에 의해 자발적으로 이직하였고, 상법상 재직기간 요건은 강행규정이므로 A는 주식매수선택권을 행사할 수 없다. 또 A는 이 사건 스톡옵션계약에 정한 취소사유에 해당하고, X회사가 이사회 결의로 A에 대한 스톡옵션 부여를 취소하였다.

Issue & Rule

(1) 위 사건에서 쟁점이 되는 사항은 ① 상법 제340조의4 제1항에서 주식매수선택권 행사요건으로 '2년 이상 재임 또는 재직' 요건을 규정한 취지, ② 상법 제340조의4 제1항에서 주식매수선택권 행사요건으로 정한 '2년 이상 재임 또는 재직' 요건을 본인의 귀책사유가 아닌 사유로 퇴임·퇴직하는 경우에도 갖추어야 하는지 여부 등이다.
(2) 위 쟁점사항에 관한 적용법조는 구 증권거래법(폐지) 제189조의4(현행 자본시장법 제165조의17; 상법 제542조의3 참조); 구 증권거래법 시행규칙(폐지) 제36조의9 제2항; 벤처기업육성에 관한 특별조치법 제16조의3; 상법 제340조의2 제1항, 제340조의3 제2항, 제340조의4 제1항·제4항, 제340조의5, 제542조의3 제4항; 상법 시행령 제30조 제5항 등이다.

Analysis & Conclusion

1. 주식매수선택권의 입법연혁[118)]

① 주식매수선택권 제도는 1997. 1. 3. 법률 제5254호로 개정된 구 증권거래법 제189조의4에서 주식매입선택권이라는 이름으로 주권상장법인과 협회등록법인 등에 처음으로 도입되었고, 1998. 12. 30. 법률 제5607호로 개정된 벤처기업육성에 관한 특별조치법 제16조의3에서 주식회사인 벤처기업에 위 증권거래법의 규정

118) 대법원 2011. 3. 24. 선고 2010다85027 판결에서 주택매수선택권에 관한 상장회사와 비상회사의 각 규정들의 입법적 뿌리가 다르다는 것을 보여주기 위하여 주식매수선택권의 입법연혁을 정리한 것이다.

을 준용하였다.

② 그 후 1999. 12. 31. 법률 제6086호로 개정된 상법 제340조의2 내지 제340조의5에서 주식매수선택권이라는 이름으로 비상장법인에도 도입하였는데, 위 법 제340조의4 제1항에, "제340조의2 제1항의 주식매수선택권은 제340조의3 제2항 각 호의 사항을 정하는 주주총회결의일로부터 2년 이상 재임 또는 재직하여야 이를 행사할 수 있다."라고 규정하였고 현행법에도 유지되고 있다.

③ 한편 2000. 1. 21. 법률 제6176호로 개정된 구 증권거래법 제189조의4에 주식매수선택권으로 이름을 변경하면서 같은 조 제4항 후문에 "이 경우 주식매수선택권을 부여받은 자는 재정경제부령이 정하는 경우를 제외하고는 제1항의 결의일로부터 2년 이상 재임 또는 재직하여야 이를 행사할 수 있다."라고 규정하고, 그에 따라 2000. 3. 15. 재정경제부령 제129호로 개정된 구 증권거래법 시행규칙 제36조의9 제2항에 "주식매수선택권부여법인은 주식매수선택권을 부여받은 임·직원이 사망하거나 정년으로 인한 퇴임 또는 퇴직 기타 본인의 귀책사유가 아닌 사유로 퇴임 또는 퇴직한 경우에는 그 행사기간 동안 주식매수선택권을 행사할 수 있도록 하여야 한다."라고 규정하였다.

④ 구 증권거래법은 2007. 8. 3. 법률 제8635호 자본시장과 금융투자업에 관한 법률 부칙 제2조에 의하여 폐지되면서 2009. 1. 30. 법률 제9362호로 개정된 상법 제4장 제13절 '상장회사에 대한 특례'가 신설되었다.[119] 위 '상장회사에 대한 특례' 제542조의3에 주식매수선택권에 관하여 규정하면서 같은 조 제4항에 "상장회사의 주식매수선택권을 부여받은 자는 제340조의4 제1항에도 불구하고 대통령령으로 정하는 경우를 제외하고는 주식매수선택권을 부여하기로 한 주주총회 또는 이사회의 결의일로부

119) 자본시장법에서는 주식매수선택권에 관하여 금융위원회 등에 대한 신고의무에 관한 조항만을 남겨두고 있다(자금 165조의17).

터 2년 이상 재임하거나 재직하여야 주식매수선택권을 행사할 수 있다."라고 규정하였다. 그에 따라 2009. 2. 3. 대통령령 제21288호로 개정된 상법 시행령 제30조 제5항에 "법 제542조의3 제4항에서 '대통령령으로 정하는 경우'란 주식매수선택권을 부여받은 자가 사망하거나 정년이나 그 밖에 본인의 귀책사유가 아닌 사유로 퇴임 또는 퇴직한 경우를 말한다."라고 규정하기에 이르렀다.

2. 비상장회사에서 주식매수선택권 행사를 위한 최소 근무기간의 요건에 관한 상법 제340조의4 제1항의 성격

(1) 판례법리

(가) 원심

원심이[120] 인용한 제1심은[121], X회사는 비상장법인이어서 상법 제340조의4 제1항이 적용되는 이 사건에서 주식매수선택권을 부여받은 임직원들이 자신들의 귀책사유가 아닌 사유로 인해 비자발적으로 퇴임하거나 퇴직한 경우에는 최소 재임(재직)요건에 관계없이 주식매수선택권을 그대로 행사할 수 있다고 판단하였다. 원심은 거기에서 더 나아가, 상법 제340조의4 제1항이 회사의 정관 및 회사와 임·직원 사이의 주식매수선택권 부여계약에 의해 귀책사유 없는 퇴임 또는 퇴직의 경우에 최소 재지요건을 완화하는 것조차 금시한다고 볼 수 없다는 취지로 판단하였다.

120) 서울중앙지법 2010. 10. 5. 선고 2010나20821 판결.
121) 서울중앙지법 2010. 5. 6. 선고 2009가단232085 판결.

(나) 대법원

주식매수선택권에 관한 위와 같은 입법 연혁을 거치면서도 상법 제340조의4 제1항과 구 증권거래법 및 그 내용을 이어받은 상법 제542조의3 제4항이 주식매수선택권 행사요건에 있어서 차별성을 유지하고 있는 점, 위 각 법령에 있어서 '2년 이상 재임 또는 재직' 요건의 문언적인 차이가 뚜렷한 점, 비상장법인 · 상장법인 · 벤처기업은 주식매수선택권 부여 법인과 부여 대상, 부여 한도 등에 있어서 차이가 있는 점, 주식매수선택권 제도는 임직원의 직무의 충실로 야기된 기업가치의 상승을 유인동기로 하여 직무에 충실하게 하고자 하는 제도라는 점, 상법의 규정은 주주, 회사의 채권자 등 다수의 이해관계인에게 영향을 미치는 단체법적 특성을 가진다는 점 등을 고려하면, 상법 제340조의4 제1항에서 규정하는 주식매수선택권 행사요건을 판단함에 있어서 구 증권거래법 및 그 내용을 이어받은 상법 제542조의3 제4항을 적용할 수 없고, 정관이나 주주총회의 특별결의를 통해서도 상법 제340조의4 제1항의 요건을 완화하는 것은 허용되지 않는다고 해석함이 상당하다. 따라서 본인의 귀책사유가 아닌 사유로 퇴임 또는 퇴직하게 되더라도 퇴임 또는 퇴직일까지 상법 제340조의4 제1항의 '2년 이상 재임 또는 재직' 요건을 충족하지 못한다면 위 조항에 따른 주식매수선택권을 행사할 수 없다.

(2) 사건에의 적용 (위 대법원 판결에 의함)

주식매수선택권을 부여받은 비상장법인인 X회사 임직원들이 자신들의 귀책사유가 아닌 사유로 비자발적으로 퇴임 · 퇴직한 경우에 상법 제340조의4 제1항의 최소 재임(재직) 요건에 관계없이 주식매수선택권을 행사할 수 있는지가 문제된 사안에서, 그러한 경우라 하더라도 최소 재임(재직) 요건을 충족하지 못하는 한 위 조항에 따른 주식매수선택권을 행사할 수 없다.

Comments

(1) 주식매수선택권(stock option)은 일정한 자(이사, 집행임원, 감사, 피용자 등)가[122] 장래의 행사기간 내에 미리 정해진 행사가격으로 회사의 주식을 일정 수량 매수할 수 있는 권리이다. 이는 제도의 취지상 경영성과(주가)에 연동된 경제적 보상으로 직무에의 충실과 공헌을 끌어내기 위하여 경제적인 인센티브로 주어지는 것이다. 이 제도는 '일정 기간 동안'의 실적을 기초로 한다. 이 때문에 상법에서는 주식매수선택권의 행사요건으로 일정 기간 이상의 재직 또는 재임기간을 요하고 있다. 다만 이에 관한 상장회사와 비상장회사의 규정에 차이가 있다(340조의4 1항, 542조의3 1항).

(2) 비상장회사의 경우에는 주식매수선택권자가 "주식매수선택권에 관한 주주총회 결의일로부터 2년 이상 재임하거나 또는 재직" 하여야 이를 행사할 수 있다(340조의4 1항). 주식매수선택권자가 본인의 귀책으로 돌릴 수 없는 사유로 퇴임 또는 퇴직하게 되더라도 퇴임 또는 퇴직일까지 상법 제340조의4 제1항의 최소 2년 이상 재임 또는 재직 요건을 충족하여야 한다는 것이 위 판례의 입장이고, 이에 관한 규정은 강행규정이라고 보고 있다. 따라서 판례에 의하면 정관이나 주주총회의 특별결의에 의해서도 상법 제340조의4 제1항의 요건을 완화하는 것은 허용되지 않는다고 해석한다.

(3) 한편 상장회사의 경우 주식매수선택권자가 선택권을 행사하기 위해서는 "[선택권에 관한] 주주총회 결의일 또는 이사회 결의

122) 주식매수선택권은 선택권을 부여받은 자가 회사와 주주 전체의 이익을 위하여 공헌할 것이라는 기대하에 기존 주주의 희생과 양보를 전제로 주어지는 것이다. 제도의 취지에 비하여 선택권을 부여받은 자의 회사에 대한 기여를 끌어내고 또 과다하게 부여됨으로써 주주의 권리가 침해되지 않도록 하는 것이 주요 과제가 된다.

일로부터 2년 이상 재직 또는 재임"하여야 하는 점은 비상장회사와 같으나, "대통령령으로 정하는 경우"에는 이에 대한 예외로 2년 이상을 재임 또는 재직하지 않아도 된다(542조의3 4항). 이에 따라 상법시행령에서는 그 예외사유로 "주식매수선택권을 부여받은 자가 사망하거나 그 밖에 본인의 귀책사유가 아닌 사유(정년을 제외함)로 퇴임 또는 퇴직하는 경우"를 규정하고 있으며(상령 30조 5항), 주식매수선택권의 행사기간을 해당 이사·감사 또는 피용자의 퇴임 또는 퇴직일로 정한 경우 이들이 본인의 귀책으로 돌릴 수 없는 사유로 퇴임 또는 퇴직한 때에는 그 날부터 3개월 이상의 행사기간을 추가로 부여하여야 한다(상령 30조 7항).

(4) 주식매수선택권의 최소 재직 · 재임기간에 관한 이상의 법규정과 판례 내용을 정리하면 아래 표와 같다.

<도표 10> 주식매수선택권의 최소 재직기간에 관한 법규정의 차이

	비상장회사의 경우	상장회사의 경우
근거조문	상법 제340조의4 제1항	상법 제542조의3 제4항
조문의 연혁	(없음)	구 증권거래법의 상장회사에 관한 조항
원칙	주식매수선택권 부여에 관한 주주총회 결의일로부터 2년 이상 재임 또는 재직하여야 함 (판례는 강행규정으로 해석하여 정관이나 주주총회의 결의에 의해 완화할 수 없다고 함)	(좌동)
예외	(없음)	대통령령으로 정하는 경우 (사망하거나, 그 밖에 본인의 귀책사유가 아닌 사유(정년 제외)로 퇴임 · 퇴직하는 경우는 제외)(상령 30조 5항)

생각건대, 주식매수선택권에 관한 상장회사와 비상장회사의 근거 규정이 연역적으로 다른 뿌리에서 나온 것이라 하더라도 현재에도 위와 같은 차이를 그대로 유지해야 할 합리적 이유가 있는 것인지에 대해서는 의문이 있다.[123] 입법론으로 이에 관한 양자의 차이를 없애고 동일한 내용으로 통일할 필요가 있다.

(5) 주식매수선택권도 그 실질은 이사의 보수에 해당하므로 상법 제388조에 의한 통제를 받는 것인지의 문제가 있다. 이를 긍정하는 견해도 있을 수 있겠으나, 부정하는 견해가[124] 타당하다고 본다. 그 이유는, 주식매수선택권에 대해서는 정관규정과 주주총회의 특별결의를 요하는 등의 별도의 통제수단이 이미 마련되어 있기 때문이다(340조의2 1항, 340조의3 2항). 이는 이사의 보수에 관한 통제보다 더욱 엄격하여 상법 제388조에 대한 특례규정이며, 만일 이를 다른 일반적인 보수와 함께 상법 제388조의 적용대상에 포함시키면 불필요한 이중적 통제가 된다.

《관련문헌》

송옥렬, "회사법의 강행법규성에 대한 소고 : 대법원 2011. 3. 24. 선고 2010다85027 판결 평석", 「상사판례연구」 제24집 제3권(2011).

문상일, "스톡옵션의 인센티브효과에 관한 고찰 : 미국의 옵션남용 사례를 중심으로", 「비교사법」 제17권 제2호(2010).

---

123) 상법 제340조의4 제1항에 관한 위 판례를 지지하면서, 상장회사의 경우 스톡옵션권 행사에 필요한 최소재임기간의 예외를 규정하고 있는 시행령 내용은 법 소정의 재임직기간이 경과하여야 비로소 선택권부여의 대가가 충족된다는 점에 비추어 주식매수선택권제도의 기본취지에 부합하지 않으며 임직원에 대해 지나치게 온정적이라는 비판이 있다(이철송, 656면). 이와는 정반대로 상법 제340조의4 제1항에 관한 법원의 해석이 지나치게 경직적이라는 비판이 있다(최준선, 291면).

124) 김정호, 549면; 최준선, 285면.

16. 이사의 해임과 손해배상

[서울고법 1990. 7. 6. 선고 89나46297 제10민사부판결]

Facts

(1) A(원고)는 1988. 3. 17. 소집된 X회사(피고; J문화방송주식회사)의 주주총회에서 이사 및 대표이사로 선임되어 그 등기까지 마쳤으나, 1989. 2. 23. 소집된 X회사의 주주총회에서 A를 이사직에서 해임결의하고 같은 해 3. 10. 이사 및 대표이사 해임등기를 하였다. 그런데 X회사의 1989. 2. 23. 주주총회에서는 A를 이사 및 대표이사직에서 해임하는 이유에 대하여 논의를 하지 아니하고 단순히 해임결의만을 하였다. X회사의 정관에 의하면 대표이사의 임기는 3년으로 되어 있다.
(2) X회사의 대주주이고 전국적으로 19개 계열회사의 주식 과반수를 소유하고 있는 Y회사는 X회사를 포함한 전체 계열회사 사이의 형평을 고려하여 1982년 이전부터 도청소재지 소재 계열회사의 직원급여는 Y회사의 90%, 기타 시 단위 소재 계열회사의 그것은 Y회사의 85% 수준을 유지하도록 하고, 또한 1981년 이후 각 계열회사가 직원의 급여를 인상 조정할 경우 계열회사 관리지침에 의거 Y회사와 사전 협의하도록 하여 오고 있었다. 그러던 중, 1988. 4. 23. 자 계열사 경영자율화 시행방침과 1988. 10. 20. 자 88년도 급여추가조정기본원칙통보에 의하여 계열회사 직원들의 급여는 사별 경영실적에 따라 각사의 사장 책임하에 자

율적으로 조정하는 것을 원칙으로 하되 Y회사와의 사전협의를 거치도록 하였다.

(3) 그런데 A는 1988. 12월경 X회사의 노동조합으로부터 X회사 소속직원들의 급여를 Y회사의 95% 수준으로 인상하여 주도록 하는 요구를 받게 되자 인근 도청소재지 지방계열회사인 M문화방송주식회사와 같은 수준인 Y회사의 90% 정도로 인상하는 것이 합리적이고 노동조합과의 관계 등을 고려하여 불가피하다고 판단하여 1988. 12. 15.경 Y회사에 Y회사의 90% 수준으로 임금을 인상함이 상당하다는 의견을 제시하여 그 승인을 요청하고 회신을 기다렸다. 그러나 Y회사로부터 이에 대한 회답이 없자 1988. 12. 말경 1988. 12. 1.자로부터 위와 같은 90% 수준의 인상안대로 X회사 직원의 급료수준을 인상하기로 결정하고 이를 시행하였다.

(4) Y회사는 X회사의 위 결정이 있은 후 1989. 1. 7. 뒤늦게 X회사의 임금인상조치의 정당성을 시인하면서도 사전협의가 없었다는 점을 지적하여 Y회사의 의견을 회신해 보냈다.

(5) X회사는 1987년도에 79,733,824원의 당기순이익을 냈으나 1988년도에는 94,791,244원의 당기순이익을 내고, 위 임금인상안이 시행된 후인 1989년도에는 414,015,638원의 당기순이익을 내어 위 임금인상이 X회사의 재정상태를 악화시키지는 않았다.

(6) A가 X회사의 대표이사직에서 해임된 후 새로운 대표이사 경영체제하에서도 임금인상이 계속되어 X회사 직원들의 현재 급여수준은 Y회사와 같은 수준에 이르게 되었다.

(Q1) 위 사안에서 A와 X회사는 각각 다음과 같이 주장하고 있다. 누구의 주장이 옳은가?

① A는 X회사에 대하여 임기 중에 정당한 이유 없이 해임당한 것을 이유로 손해배상을 청구하고 있나.

② 이에 대하여 X회사는, A가 X회사의 대주주인 Y주식회사의 경영방침을 어기고 X회사 직원들의 급여수준을 인상함으로써 X회사의 재정상태를 어렵게 만들고, Y회사의 지방계열

회사간 형평을 깨뜨린 점을 들어 X회사의 A에 대한 위 임기만료 전 해임에는 정당한 이유가 있어 X회사는 A에 대한 손해배상책임이 없다고 주장한다.

(Q2) 만일 X회사가 A에 대하여 손해배상책임이 있다고 한다면 그 배상액을 산정해보시오.

(Q3) 만일 X회사가 A에 대하여 이사직을 유지시킨 채 대표이사직에서만 해임한 경우라면 어떠한가?

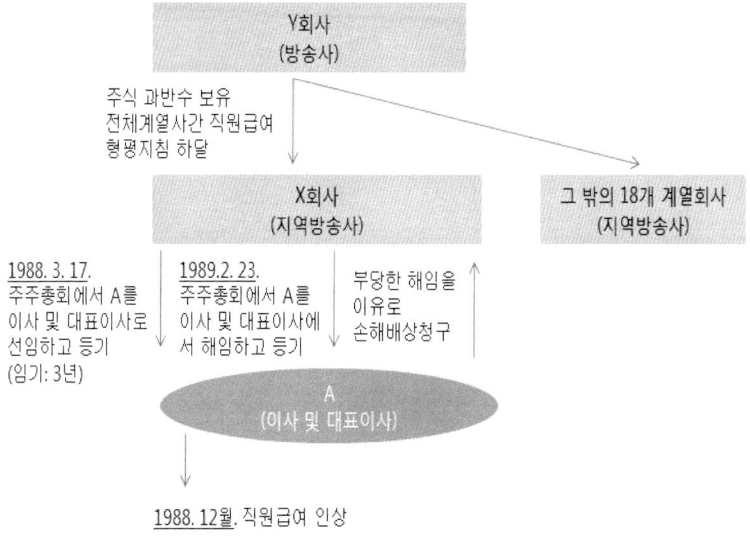

Issue & Rule

(1) 위 사건에서 쟁점이 되는 사항은 ① 이사해임에 있어서 정당한 사유, ② 주주총회의 결의로 임기만료 전에 해임된 이사가 그로 인하여 정신적 고통을 받은 경우와 회사에 대한 위자료청구권의 존부, ③ 임기만료 전에 이사를 해임한 회사의 손해배상책임에 대하여도 과실상계의 법리가 적용되는지 여부 등이다.

(2) 위 쟁점사항에 관한 적용법조는 상법 제385조 제1항, 제388조 등이다.

Analysis & Conclusion

1. 해임에 있어서 정당한 사유의 존부와 손해배상책임

(1) 판례법리

해임에 정당한 이유가 없는 한 회사는 이사의 임기만료 전에 해임됨으로 인하여 입은 손해를 배상할 책임이 있다.

(2) 사건에의 적용

A가 X회사 소속 직원급여수준을 인상한 조치는 X회사의 대주주인 Y회사의 지방계열사 경영자율화방침에 따라서 X회사의 실정에 맞추어 행하여진 것으로서 Y회사에 사전에 승인을 요청하는 등 사전협의를 위한 조치를 취하였으나 Y회사가 사전협의에 제대로 응하지 아니한 것이며, 다른 계열회사와 꼭 균형을 유지하여야 할 이유는 없는 것이고, Y회사의 종전 계열사 임금 억제선에 어긋나게 임금인상조치를 단행하였다는 이유만으로는 A를 해임하는 정당한 이유로 삼을 수는 없다.

2. 손해배상액의 산정

(1) 판례법리

① 이사가 임기만료 전 해임됨으로 인하여 입은 손해는 이사로서 잔여임기 동안 재직하여 얻을 수 있는 상법 제388조 소정의 보

수상당액이라 할 것이다. 그 보수는 직무집행의 대가로서 정기적으로 지급받는 급여와 상여금 및 직무집행에 대한 후불적 급여의 성질을 갖는 퇴직금이라 할 것이다.
② 이사해임에 관한 상법 제385조 제1항의 규정은 주주총회로 하여금 사유 여하를 막론하고 이사를 해임할 수 있는 권한을 부여하는 것으로서 위 규정에 따른 권한행사로서의 이사해임은 불법행위가 되지 아니한다. 따라서 그 해임으로 이사가 정신적 고통을 받았더라도 위자료는 청구할 수 없다고 할 것이니 상법 제385조 제1항 단서의 해임으로 인한 손해에는 위자료는 포함되지 아니한다. 따라서 이사의 잔여임기 동안 얻을 수 있었던 정기급여와 상여금 및 잔여임기를 마친 다음 얻을 수 있었던 퇴직금만을 배상할 의무가 있다
③ 임기가 정하여진 이사에 대하여 정당한 이유 없이 임기만료 전에 해임함으로 인한 회사의 손해배상책임은 채무불이행이나 불법행위책임과는 달리 고의·과실을 요건으로 하지 아니하는 상법상의 특별한 법정책임이라고 할 것이므로 이에는 일반 채무불이행이나 불법행위책임에서와 같은 과실상계의 법리가 적용되지 아니한다.

(2) 사건에의 적용

① 정기급여금 및 상여금의 경우
A가 X회사의 대표이사로 재직하는 동안 월 2,491,000원씩의 정기급여와 매년 월급여액의 700퍼센트에 해당하는 상여금을 지급받은 사실, X회사에서는 1984년 이래 매년 월급여액의 700퍼센트에 해당하는 상여금을 지급하여 왔으며 1989년에도 지급할 예정으로 되어 있는 사실은 당사자 사이에 다툼이 없다. 그러므로 A는 잔여임기인 24개월(A가 구하는 바에 따라 월 미만은 버림)간 매월 3,944,083원(2,491,000원+2,491,000×7×1/12, 원 미만은 A의 계산방식에 따라 버림)씩의 수입을 얻을 수 있었을 터인데 이를 월차적으로 상

실하는 손해를 입게 되었다 할 것이다. 그러므로 이를 해임 당시를 기준으로 하여 호프만식 계산법에 의하여 월 5/12푼의 비율에 의한 중간이자를 공제하고 현가를 계산하면 이는 89,684,108원[3,944,083원×(23,7347−0.9958)]이 된다.

② 김장상여금의 경우

A가 1988. 11. 4. 그 주장과 같은 금액의 김장상여금을 지급받기는 하였으나 이는 매년 계속적, 정기적으로 지급되는 상여금이 아니고 복리후생의 차원에서 일시적으로 지급받은 것으로 인정되어 A의 정기적 보수에는 포함된다고 볼 수 없다.

③ 퇴직금의 경우

X회사 임원의 퇴직금지급규정에 의하면 대표이사가 퇴직할 경우 그 재임기간 1년에 대하여 1989. 2.까지는 월평균 급여액의 3.5개월분에, 그 이후 기간부터는 5개월분에 각 해당하는 금액의 퇴직금을 지급하도록 되어 있는 사실 및 A가 위와 같이 조기퇴직하면서 퇴직금으로 13,804,290원을 지급받은 사실에 관하여는 당사자 사이에 다툼이 없다. 그렇다면 A는 X회사가 A를 이사에서 해임하지 아니하였다면 임기를 마칠 때까지 3년간 근속하고 퇴직하여 퇴직금으로 53,245,120원[3,944,083원×(3.5+5×2)]을 지급받을 수 있었을 것이다. 이를 해임 당시를 기준으로 호프만식 계산법에 의하여 연 5푼의 중간이자를 공제하고 현가를 계산하면 48,221,995원[53,245,120원÷(1+0.05×(2+1/12))]이 된다. 위 해임결의로 인하여 위와 같이 조기 퇴직함으로써 퇴직금으로 13,804,290원밖에 지급받지 못하여 그 차액인 34,417,705원(48,221,995원−13,804,290원)을 상실하는 손해를 입게 되었다.

④ 기 지급받은 퇴직위로금의 공제 여부

A가 X회사의 주주총회 결의에 의하여 퇴직위로금으로 5,000,000원을 지급받은 사실에 관하여는 당사자 사이에 다툼이 없다. 그러나 퇴직위로금은 X회사의 주주총회 결의에 의하여 퇴직이사의 재직 중에 있어서의 직무집행의 대가로 지급되는 보수의 일종으로서 퇴직금과는 별도로 지급되는 것인 만큼 A의 일실

퇴직금에서 공제할 성질의 것은 아니다.

⑤ 최종산정액

따라서 X회사가 A를 임기만료 전에 해임함으로 인하여 A가 입은 손해는 위 일실보수금과 일실퇴직금을 합한 124,101,813원(89,684,108원+34,417,705원)이다.

⑥ A(원고)의 잘못에 대한 감액 여부

A가 대주주인 Y회사의 지시사항을 이행하지 아니하는 등 A를 해임에 이르게 한 데에는 A의 잘못도 그 한 원인이 되었으므로 A의 손해액을 산정함에 있어 A의 잘못을 참작하여 감액하여야 한다는 X회사의 주장은 이유 없다.

Comments

(1) 민법 제689조에 의하면, 위임계약은 쌍방 누구나 정당한 이유 없이도 언제든지 위임계약을 해지할 수 있고(위임계약 상호해지 자유의 원칙), 다만 상대방이 불리한 시기에 부득이한 사유 없이 해지한 경우에 한하여 상대방에게 그로 인한 손해배상책임을 질 뿐이다. 그러나 유상위임이고 위임인의 이익과 함께 수임인의 이익도 함께 목적으로 하고 있는 위임의 경우에는 위임인의 해지의 자유가 제한된다. 즉, 위임인이 해지 자체는 정당한 이유 유무에 관계없이 할 수 있다 하더라도 정당한 이유 없이 해지한 경우에는 수임인에게 그로 인한 손해를 배상할 책임이 있다는 것이 판례의 입장이다.[125] 이러한 법리는 이사를 해임하는 경우에도 적용된다고 본다. 다만 이사의 해임에 관해서는 상법 제355조 제1항에서 따로 규정을 두고 있다.

(2) 주주총회는 정당한 사유가 있는지의 여부를 불문하고 그 특

125) 대법원 2000. 4. 25. 선고 98다47108 판결.

별결의에 의하여 임기 중에 있는 이사를 언제든지 해임할 수 있다(385조 1항 본문). 이는 소유와 경영의 분리에 따라 주주를 대신하여 경영을 담당하는 자에 대하여 주주들이 취할 수 있는 긴급적 자위수단이다. 다만 정당한 이유 없이 임기 중의 이사를 해임하는 경우에는 손해를 배상하여야 한다(385조 1항 후문).[126] 이하에서는 이를 나누어 살펴본다.

① 손해배상은 주주총회의 결의에 의하여 회사가 '적극적으로' 해임하는 경우에 한한다. 따라서 이사가 사임의 의사표시를 하고 회사가 이를 받아들이는 의미에서 해임한 때에는 해임의 적극성이 결여되어 있으므로 손해배상을 청구할 수 없다.[127]

② '임기의 정함이 있는' 이사를 임기 전에 해임한 경우에 한하여 잔여임기 동안 받을 보수를 손해로 보아 그 배상을 청구할 수 있다. 이사의 임기를 정한 경우라 함은 정관 또는 주주총회의 결의로 이사의 임기를 정하고 있는 경우를 말한다. 이사의 임기를 정하지 않은 때에는 이사 임기의 법정 최장기인 3년(383조 2항)을 경과하기 전에 해임하더라도 그로 인한 손해의 배상을 청구할 수 없다는 것이 판례의 입장이다.[128] 그 이유는, 이사의 임기를 정함이 없는 때에는 그 임기가 자동적으로 3년이 되는 것이 아니라 임기의 정함이 없는 경우가 되어 잔여임기라는 것이 있을 수 없으므로 해임에 따른 손해도 없다고 본 때문이다. 이러한 경우에는 민법 제689조 제2항이 적용되지 않는다는 견해가 있다.[129] 그러나 잔여임기가 없다고 하여 해임으로 인한 손해가 전혀 없다고 단정할 수는 없다. 따라서 이러한 경우에도 민법 제689조 제2항의 요건을 충족하면 손해배상을 청구할 수 있다고 본다.

③ '잔여임기 동안 받을 보수'를 이사의 손해로 보아 그에 상당하는 금액에 대하여 배상을 청구할 수 있다는 것이 판례의 입장이

126) 그러나 동 조항의 취지가 이사의 보수청구권을 보장하기 위한 것은 아니다(대법원 2004. 12. 10. 선고 2004다25123 판결).
127) 대법원 1993. 8. 24. 선고 92다3298 판결.
128) 대법원 2001. 6. 15. 선고 2001다23928 판결.
129) 이철송, 639면.

고,[130] 이를 지지하는 견해가 다수설이다.[131] 그러나 이에 대해서는 이사가 업무를 수행하지 않았음에도 불구하고 그 기간 동안의 보수를 받는다는 것은 의문이고, 상법 제385조 제1항 후문을 노동법상의 부당해고처럼 이해하는 것은 부당하다는 비판이 있다.[132] 생각건대, 획일적으로 잔여임기의 보수를 손해로 의제하는 것은 손해액 산정에 있어서 명확성을 기하는 장점이 있을 수 있겠으나 손해배상법의 법리를 벗어나는 것이다. 더욱이 판례는 이러한 경우 과실상계가 적용되지 않는다고 보고 있기 때문에 더욱 그러하다. 또한 유상성이 예외적 현상이 아니라 오히려 일상화되고 있는 오늘날에 있어 상법 제385조 제1항과 민법 제689조 제2항과의 차별성을 찾기가 쉽지 않다. 차이가 있다면, 상법 제385조 제1항 후문은 민법 제689조 제2항과는 달리 부득이한 사유의 존부를 불문하고 해지시기가 상대방에게 불리한 경우에 한정하지 않는다는 점이다.

(3) 해임에 정당한 이유가 있는 경우에는 손해배상청구의 조각사유가 되어 회사에 손해배상책임이 없다. 여기서 '정당한 이유'란 주주와 이사 사이의 갈등이 생긴 경우와 같이 단순히 주관적인 신뢰관계가 상실된 것만으로는 부족하다. 이는 이사가 법령이나 정관에 위배된 행위를 하였거나 정신적·육체적으로 경영자로서의 직무를 정상적으로 감당하기가 현저하게 곤란한 경우, 회사의 중요한 사업계획의 수립이나 그 추진에 실패함으로써 경영능력에 대한 근본적인 신뢰관계를 상실한 경우 등과 같이 당해 이사가 경영자로서 업무를 집행하는 데 장애가 될 만한 객관적 상황이 발생한 경우를 뜻한다.[133] 정당한 사유의 부존재에 관한 증명책임은 손해배상을 청구하는 이사가 부담한다.[134]

130) 서울고법 1978. 7. 6. 선고 77나2669 판결.
131) 권기범, 667면; 이철송, 638면; 정동윤, 596면; 최준선, 394면.
132) 송옥렬, 885면.
133) 대법원 2004. 10. 15. 선고 2004다25611 판결.
134) 대법원 2006. 11. 23. 선고 2004다49570 판결.

(4) 위의 손해배상책임은 채무불이행책임이나 불법행위책임이 아닌 법정책임이라는 것이 판례와 통설의 입장이다.[135] 이러한 입장에 의하면 해임으로 인한 정신적 고통(위자료)은 손해배상의 범위에 포함되지 않고[136] 과실상계의[137] 규정이 적용되지 않는다.

《관련문헌》

김지환, "이사해임법제의 유연화에 관한 검토", 「상사판례연구」 제23집 제3권(2010).

문상일, "금융위기 이후 임원보수 규제의 동향", 「경영법률」 제20집 제3호(2010).

정병덕, "주식회사 이사의 해임", 「경영법률」 제18집 제4호(2008).

135) 서울고법 1990. 7. 6. 선고 89나46297 판결; 권기범, 667면; 송옥렬, 885면; 이철송, 638면; 최기원, 586면.

136) 불법행위의 경우 정신적 손해에 대한 위자료는 손해배상의 대상이 된다(민 751조 1항, 752조).

137) 과실상계에 관해서는 채무불이행에서 규정하고 이를 불법행위에 준용하고 있다(민 396조, 763조).

17. 퇴임이사의 지위

[대법원 2009. 10. 29. 자 2009마1311 결정]

Facts

(1) X회사는 자본금 총액이 5천만원인 회사로서 정관에 공동대표이사(2명)제도를 규정하고 있다. 이에 의하여 A와 B가 공동대표이사로 선임되었다.
(2) 공동대표이사인 B가 2005. 7. 18. 이사로서의 임기가 만료되었을 당시에는 X회사에 C, D, A, E 등 4명의 이사가 재임 중이었으므로 B가 퇴임이사로서의 직무를 수행할 필요성이 없음에도 불구하고 계속하여 X회사의 이사회 운영 및 업무집행에 관여하여 왔다.
(3) X회사의 공동대표이사 겸 이사인 A는 2007. 7. 31.에 그 임기가 만료되었고, 같은 날 나머지 이사들의 임기도 모두 만료되었다. A는 X회사의 공동대표이사 겸 이사로서의 권리의무를 계속하여 행사하고 있다.
(4) 이에 대하여 X회사의 주주인 C 등은 A, B가 이사로서의 임기가 만료되었음에도 상법 제386조 소정의 퇴임이사로서의 업무수행권을 내세워 불법적으로 또는 부당하게 업무를 수행하고 있다는 이유를 들어, 선택적으로 이사인 A, B에 대한 상법 제385조 소정의 해임청구권 또는 이사로서의 지위 또는 권한 부존재확인청구권을 피보전권리로 하여 A, B의 각 직무집행정지 및 그에

대한 각 직무대행자의 선임을 구하고 있다.

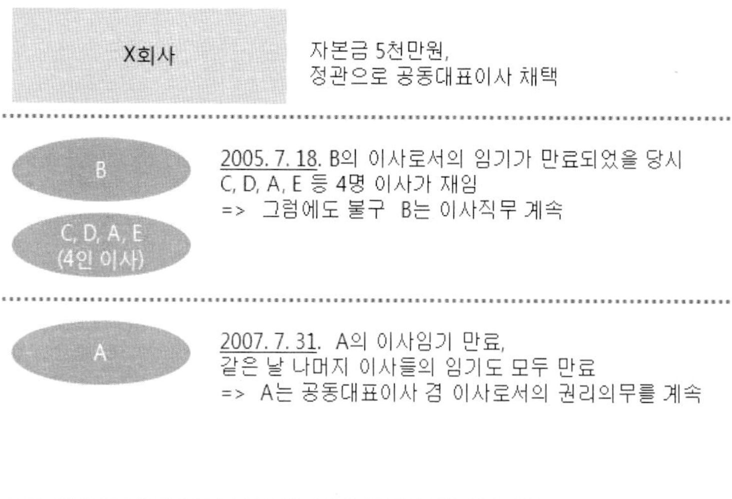

(Q1) C 등의 위 주장은 정당한가?

Issue & Rule

(1) 위 사건에서 쟁점이 되는 사항은 ① 상법 제386조 제1항에 따라 이사의 권리의무를 행하고 있는 퇴임이사를 상대로 그 직무집행의 정지를 구하는 가처분신청을 할 수 있는지 여부, ② 퇴임할 당시 법률 또는 정관에 정한 이사의 원수가 충족되어 있음에도 불구하고 퇴임이사가 여전히 이사로서의 권리의무를 실제로 행사하고 있는 경우 그 직무집행정지를 구하는 가처분신청을 할 수 있는지 여부 등이다.

(2) 위 쟁점사항에 관한 적용법조는 상법 제386조 제1항 · 제2항; 민사집행법 제300조 등이다.

Analysis & Conclusion

1. 퇴임이사의 지위

(1) 판례법리

상법 제386조 제1항은 법률 또는 정관에 정한 이사의 원수를 결한 경우에는 임기의 만료 또는 사임으로 인하여 퇴임한 이사(퇴임이사)로 하여금 새로 선임된 이사가 취임할 때까지 이사의 권리의무를 행하도록 규정하고 있다. 위 규정에 따라 이사의 권리의무를 행사하고 있는 퇴임이사로 하여금 이사로서의 권리의무를 가지게 하는 것이 불가능하거나 부적당한 경우 등 필요한 경우에는 상법 제386조 제2항에 정한 일시 이사의 직무를 행할 자(일시이사)의 선임을 법원에 청구할 수 있다.[138] 그러므로 이와는 별도로 상법 제386조 제1항에 정한 바에 따라 이사의 권리의무를 행하고 있는 퇴임이사를 상대로 해임사유의 존재나 임기만료 · 사임 등을 이유로 그 직무집행의 정지를 구하는 가처분 신청은 허용되지 않는다.

(2) 사건에의 적용

① X회사는 자본금의 총액이 10억원 미만이어서[139] 이사의 수를 1인 또는 2인으로 할 수 있는데(383조 1항 단서), 그 정관에서 공동대표이사제도를 규정하고 있어서 X회사에 필요한 이사의 최저인 원수는 2명이다. X회사의 공동대표이사 겸 이사인 A는 2007. 7.

---

138) 대법원 2000. 11. 17. 자 2000마5632 결정 등 참조.

139) 이 사건 당시의 상법에서는 자본금의 총액이 5억원 미만인 주식회사에서 이사를 1인 또는 2인 둘 수 있도록 하였다. 그 이후 상법이 개정되어 10억원 미만인 주식회사로 그 적용범위가 확대되었다.

31.에 그 임기가 만료되었으나 같은 날 나머지 이사인 B들의 임기도 모두 만료되어 정관에 정한 이사 최저인원수(2인)를 채우지 못하게 됨에 따라 현재까지 X회사의 공동대표이사 겸 이사로서의 권리의무를 계속하여 행사하고 있는 사실을 알 수 있다.

② A는 임기만료 당시 필요한 이사의 원수를 결한 경우로서 상법 제386조 제1항에 정한 바에 따라 임기만료 후에 공동대표이사 및 이사로서의 권리의무를 행사하고 있는 퇴임이사에 해당한다. 이러한 퇴임이사를 직무에서 배제하기 위하여 필요한 경우에는 상법 제386조 제2항에 정한 일시 이사의 직무를 행할 자의 선임을 법원에 청구할 수 있음은 별론으로 하고, 이와 별도로 그 직무집행의 정지를 구하는 가처분 신청은 허용되지 않는다.

2. 퇴임 당시 법률 또는 정관에 정한 이사의 원수가 충족되어 있음에도 퇴임이사가 여전히 이사로서의 권리의무를 행사하고 있는 경우, 그 직무집행정지를 구하는 가처분신청을 할 수 있는지 여부

(1) 판례법리

상법 제386조 제1항의 규정에 따라 퇴임이사가 이사의 권리의무를 행할 수 있는 것은 법률 또는 정관에 정한 이사의 원수를 결한 경우에 한정된다. 그러므로 퇴임할 당시에 법률 또는 정관에 정한 이사의 원수가 충족되어 있는 경우라면 퇴임하는 이사는 임기의 만료 또는 사임과 동시에 당연히 이사로서의 권리의무를 상실하는 것이다. 그럼에도 불구하고 그 이사가 여전히 이사로서의 권리의무를 실제로 행사하고 있는 경우에는 그 권리의무의 부존재확인청구권을 피보전권리로 하여 직무집행의 정지를 구하는 가처분신청이 허용된다.

(2) 사건에의 적용

B가 2005. 7. 18. 이사로서의 임기가 만료되었을 당시에 X회사에는 C, D, A, E 등 4명의 이사가 재임 중이었으므로 B는 퇴임이사로서의 직무를 수행할 필요성이 없음에도 불구하고 계속하여 X회사의 이사회 운영 및 업무집행에 관여하여 온 사실이 인정된다. 그러므로 그 지위 내지 권한의 부존재확인 청구권을 피보전권리로 하여 위 B의 직무집행정지를 구할 보전의 필요성이 인정된다.

Comments

(1) 이사의 원수는 최저 3인 이상이어야 한다(383조 1항 본문). 다만 자본금 총액이 10억원 미만의 소규모주식회사의 경우는 1인 또는 2인의 이사를 두어도 무방하다(383조 1항 단서). 위 사건에서처럼 소규모주식회사인 경우에는 이사를 1인만 두어도 무방하나 공동대표이사를 채택하고 있기 때문에 이사의 수가 최소 2인 이상이어야 한다. X회사는 이러한 법정 인원 이상의 이사를 두어야 하며 정관에 의하여 이사의 수를 정할 수 있다.

(2) 법률 또는 정관에서 정한 이사의 수를 결한 이사의 결원상태가 발생한 경우 새로이 주주총회를 열어 그 결원을 조속히 메워야 하겠으나, 그럴 수 없는 사정이 있는 경우 중단 없는 기업경영을 위하여 결원이 충원될 때까지 임시방편으로 상법에서는 퇴임이사(386조 1항)와 일시이사(386조 2항)에 관한 규정을 두고 있다. 퇴임이사와 일시이사는 직무대행자와는 달리 이사가 통상적으로 갖는 모든 권리와 의무를 갖는다.[140)]

140) 대법원 1968. 5. 22. 자 68마119 결정.

(3) 민법상 위임이 종료한 경우 '급박한 사정이 있는 때'에는 후임자가 인계하여 위임사무를 처리할 수 있을 때까지 그 사무처리를 계속하여야 하고(민 691조), 급박한 사정이 없으면 긴급사무처리의 의무가 없다. 그러나 상법에서는 급박한 사정의 존부를 불문하고 '임기의 만료 또는 사임으로 인하여' 퇴임하는 이사는 자신의 퇴임으로 결원상태가 생기는 경우 새로 선임된 이사가 취임할 때까지 이사로서의 권리의무가 있다고 규정하고 있다(386조 1항). 이러한 경우 회사와의 위임관계가 계속적으로 존속되는 것과 동일한 효과가 인정되므로, 이사의 권리의무를 행하고 있는 퇴임이사를 상대로 그 직무집행의 정지를 구하는 가처분신청을 할 수 없다. 그러나 퇴임할 당시 법률 또는 정관에 정한 이사의 원수가 충족되어 있는 경우에는 임기 만료된 이사로 하여금 이사로서의 직무를 계속해서 수행하게 할 필요가 없다. 그럼에도 불구하고 여전히 퇴임이사로서의 권리의무를 계속해서 행사하고 있는 경우에는 그 직무집행정지를 구하는 가처분신청을 할 수 있다.

(4) 퇴임한 이사로 하여금 이사로서의 직무를 계속하여 수행하게 하는 것이 불가능하거나 부적당한 때에는 이사의 결원을 메우기 위하여 일시이사(임시이사)를 선임할 수 있도록 하고 있다(386조 2항). 법문의 해석과 관련하여 (i) 법원이 일시이사를 선임할 수 있는 결원의 발생사유를 임기만료 또는 해임으로 인하여 퇴임한 경우에 한정할 필요는 없다는 견해가 있는가 하면,[141] (ii) 동조 제2항에서 '제1항의 경우'란 임기만료 또는 사임의 경우만을 말하는 것이 아니라 널리 법률 또는 정관의 정원을 결한 경우를 말하므로 결원의 원인이 이사의 사망·해임 등 무엇이든 일시이사를 선임할 수 있다고 해석하는 견해가 있다.[142] (iii) 생각건대,

141) 이철송, 642면.
142) 송옥렬, 887면; 최준선, 400면.

위 양설은 결과에 있어서는 동일하나 현행법의 해석론으로는 후자가 더욱 타당하다. 법문언과 법문구조상 상법 제386조 제2항의 '제1항의 경우'란 동조 제1항의 '법률 또는 정관에 정한 이사의 원수를 결한 경우'을 지칭하는 것이기 때문이다. 동조 제2항의 일시이사는 동조 제1항의 퇴임이사를 보충하는 제도이기 때문에 퇴임이사로 하여금 직무를 수행하도록 하는 것이 불가능하거나 부적당한 경우에 한해서만 일시이사를 선임할 필요성이 인정된다. 퇴임이사가 다른 주주나 이사와 분쟁상태에 있다는 것만으로는 퇴임이사에 갈음하여 일시이사를 선임하여야 할 사유가 되지 못한다.[143)]

《관련문헌》

이철기, "퇴임이사에 대한 직무집행정지 가처분 : 대법원 2009. 10. 29. 선고 2009마1311결정에 대한 평석", 「성균관법학」 제22권 제3호(2010).

143) 대법원 2000. 11. 17. 자 2000마5632 결정.

18. 이사직무대행자의 권한, 정관변경의 효력발생

[대법원 2007. 6. 28. 선고 2006다62362 판결]

Facts

(1) X회사(피고)는 2000. 11. 3. 설립되었으며, 2003. 2. 12. X주식회사로 상호가 변경되었다. 2003. 12. 31. 당시 X회사의 자본금은 7억원, 발행주식총수는 액면이 5,000원인 보통주 140,000주이었으며, X회사의 주주명부에는 X회사의 발행주식 중 A(원고; B와 1994. 12. 20. 혼인)가 32,000주(지분율 22.86%), C가 28,000주(지분율 20%), D가 38,000주(지분율 27.14%), E가 16,000주(지분율 11.43%), F가 26,000주(지분율 18.57%)를 각 소유하고 있는 것으로 등재되어 있었고, A와 E가 이사로, D가 이사 및 대표이사로, F가 감사로 법인등기부에 등재되어 있었다. E는 A의 모이고, C, F는 B의 자녀로서 B와 G 사이에서 출생하였다.

(2) A가 2004. 3. 20. X회사의 대표이사로 취임한 이래 A와 B 사이에 불화가 심화되어 이혼 지경까지 이르게 되었다. 당시 이사이던 D는 2004. 9. 22. 소집절차를 생략하고 본인(D)과 감사 F만이 출석한 가운데 임시이사회를 개최하여 공금횡령 및 업무수행능력 부족을 이유로 A를 대표이사직에서 해임하기 위하여 임시주주총회를 소집할 것을 결의한 다음 2004. 9. 24. 주주인 A를 비롯한 E, C, F에게 "일시 : 2004. 10. 8. 14시, 장소 : 서울 서초구 서초동 회의실, 안건 : 대표이사 해임건, 골프연습장 매각

건"으로 하는 임시주주총회 소집통지서를 보냈다. 위 일시·장소에서 개최된 임시주주총회에서 출석한 주주 C(28,000주), F(26,000주), H(38,000주, D로부터 양수)의 전원 찬성으로 A 및 E를 공금횡령과 업무수행능력 부족을 이유로 이사직에서 해임하고, B의 형인 I, J를 이사로 선임하며, 골프연습장을 매각한다는 내용의 결의(이하 '이 사건 제1 주주총회결의')를 하였다. 위 주주총회결의에 의하여 선임된 이사들이 모여 같은 날 15:00 같은 장소에서 I를 대표이사로 선임하는 내용의 이사회 결의를 하였으며 그에 따라 2004. 10. 11.자로 대표이사 및 이사 변경등기가 마쳐졌다.

(3) A가 I와 J를 상대로 신청한 대표이사 등 직무집행정지 가처분 사건(의정부지방법원 2004카합696)에서 위 법원은 2004. 12. 7. 가처분 사건의 본안판결의 선고시까지 I는 X회사의 대표이사 및 이사의 직무를, J는 이사의 직무를 집행하여서는 아니 되고, 위 직무집행정지기간 중 K를 이사 겸 대표이사 직무대행자로 선임하는 결정을 하였다. 또한, 위 법원은 임시이사 선임신청 사건에서 이사 수의 부족으로 X회사의 업무수행에 지장이 있음을 인정하여 X회사의 2005년 정기주주총회시까지 임시이사로 L을 선임하는 결정을 하였다.

(4) 한편, B는 2004. 12. 30.경 X회사에 대하여 자신이 2002. 4. 11.경 기존의 주주 M으로부터 X회사의 주식 16,000주를 8,000만원에 양수하고 다만 편의상 E 명의로 주주명부에 등재하였을 뿐이므로 위 주식은 자신의 소유라고 주장하며 주주명의 변경신청을 하였다. 그에 따라 E에서 B로 주주명의가 변경된 결과 2004. 12. 31. 당시 X회사의 주주명부에는 A가 32,000주(22.86%), C가 28,000주(20%), J가 38,000주(27.14%), B가 16,000주(11.43%), F가 26,000주(18.57%)를 소유한 주주로 기재되어 있고, 그 후 아래 정기주주총회일인 2005. 2. 14.까지 그 변동이 없었다.

(5) 2005. 1. 27. 14:00 의정부시에서 대표이사 직무대행자 K, 임시이사 L, 이사 D, A가 출석한 가운데 정기주주총회의 소집결

의를 위한 이사회를 개최하여 이사 D의 발의와 A를 제외한 위 3명의 이사의 찬성으로 정기주주총회의 일시·장소를 2005. 2. 14. 14:00 위 장소로, 안건을 2004년도 결산승인안(1호 의안), 골프연습장 매각건 추인안(2호 의안), 전 대표이사 및 이사의 해임승인안(3호 의안), 대표이사 및 이사 선임안(4호 의안), 주주 긴급발의안으로 하는 결의가 이루어졌다. X회사의 대표이사 직무대행자 K는 2005. 1. 28. A 및 E에게 위 일시·장소 및 안건을 기재한 정기주주총회소집 통보서를 보냈고, 2005. 2. 14. 위 장소에서 주주 C(대리인 I), F(대리인 H), J, B가 출석한 가운데 이 사건 제1주주총회결의사항을 추인하고 N, O를 이사로, F를 감사로 선임하는 등의 결의(이하 '이 사건 제2 주주총회결의')를 하고, 그에 따라 2005. 2. 17.자로 이사 및 감사 변경등기가 마쳐졌다.

(6) X회사의 정관에 의하면, 대표이사가 주주총회의 의장이 되고 다만 대표이사 유고시에는 이사회에서 선임한 다른 이사가 의장이 되며(동 정관 제18조), 이사회 소집은 대표이사 또는 이사회에서 따로 정한 이사가 있는 때에는 그 이사가 회일의 소집일 전에 각 이사 및 감사에게 통지하여 소집하되 이사 및 감사 전원의 동의가 있는 때에는 소집절차를 생략할 수 있다(동 정관 제27조). 한편, X회사의 설립 당시의 정관에 주주총회의 결의는 법령 또는 정관에 다른 규정이 있는 경우를 제외하고는 출석한 주주의 의결권의 과반수와 발행주식총수의 2/3 이상의 수로써 한다고 규정되어 있었으나(동 정관 제19조), 2000. 12. 8.경 이후로는 출석한 주주의 의결권의 과반수와 발행주식총수의 1/2 이상의 수로써 하는 것으로 변경되었다.

(7) 의정부지방법원이 대표이사 등 직무집행정지 가처분 사건(의정부지방법원 2004가합696)에서 대표이사의 직무집행정지기간을 본안판결 선고시까지로 한정한 결과, 위 법원이 2005. 10. 6. 위 가처분 사건의 본안판결을 선고함으로써 대표이사 직무대행자인 K의 권한은 소멸하였다.

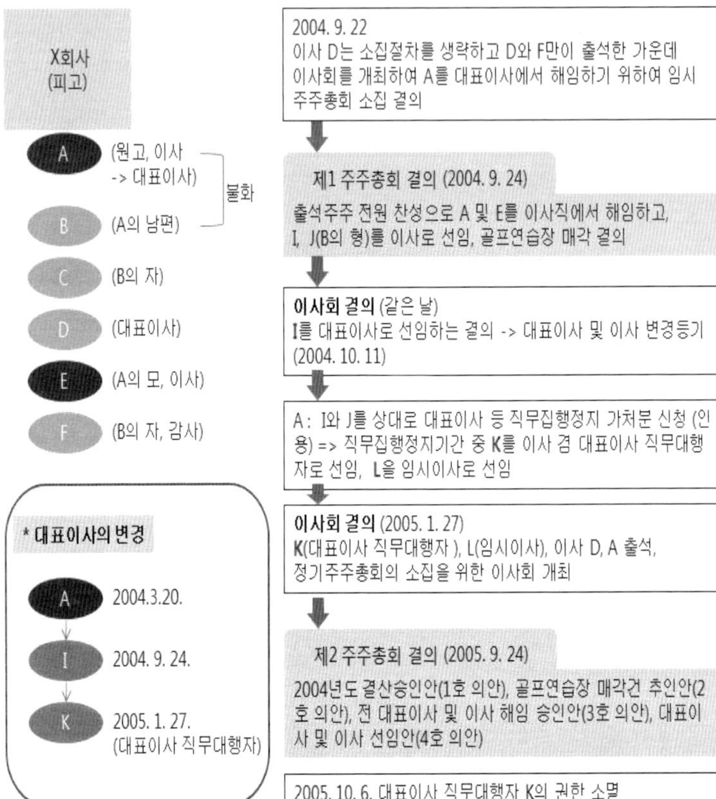

(Q1) 직무대행자인 K가 위 제2 주주총회에서의 안건 결의를 위하여 주주총회를 소집한 것은 적법한 권한 범위 내의 것인가?

(Q2) 위 제2 주주총회의 결의 중 제2호~제4호 의안에 대한 결의는 유효한가? 만약 그 결의에 하자가 있다면 그 논거는 무엇인가?

(Q3) 위 제2 주주총회의 결의 중 제1호 의안에 대한 결의는 유효한가? 이에 적용되는 결의요건은?

Issue & Rule

(1) 위 사건에서 쟁점이 되는 사항은 ① 상법 제408조 제1항이 직무대행자의 권한으로 규정하고 있는 회사 '상무'의 의미, ② 대표이사 직무대행자가 회사의 경영 및 지배에 영향을 미칠 수 있는 사항이 안건으로 포함된 정기주주총회를 법원의 허가 없이 소집하여 결의한 경우 결의 취소사유에 해당하는지 여부, ③ 주주총회의 특별결의에 의하여 정관변경이 이루어진 경우, 정관변경의 등기 내지 공증인의 인증 여부와 관계없이 정관변경의 효력이 발생하는지 여부 등이다.
(2) 위 쟁점사항에 관한 적용법조는 상법 제376조 제1항, 제407조 제1항, 제408조 제1항, 제292조, 제433조 등이다.

Analysis & Conclusion

1. 직무대행자의 권한범위

(1) 판례법리

① 이사직무대행자의 권한범위인 회사의 상무라 함은 일반적으로 회사에서 일상 행해져야 하는 사무, 회사가 영업을 계속함에 있어서 통상 행하는 영업범위 내의 사무 또는 회사경영에 중요한 영향을 주지 않는 통상의 업무 등을 의미한다고 할 것이다. 어느 행위가 구체적으로 이 상무에 속하는가 하는 것은 당해 회사의 기구, 업무의 종류·성질, 기타 제반 사정을 고려하여 객관적으로 판단되어야 할 것이다.

② 이러한 법리에 따른다면 직무대행자가 정기주주총회를 소집함에 있어서도 그 안건에 이사회의 구성 자체를 변경하는 행위나 상법 제374조의 특별결의사항에 해당하는 행위 등 회사의 경영 및 지배에 영향을 미칠 수 있는 것이 포함되어 있다면 그 안건의 범위에서 정기총회의 소집이 상무에 속하지 않는다고 할 것이다.
③ 직무대행자가 정기주주총회를 소집하는 행위가 상무에 속하지 아니함에도 법원의 허가 없이 이를 소집하여 결의한 때에는 소집절차상의 하자로 결의 취소사유에 해당된다.

(2) 사건에의 적용

① 원칙적으로 정기주주총회의 소집 자체는 대표이사 직무대행자의 통상업무에 속한다고 보아야 할 것이다. 그러나 이 사건 제1 주주총회결의의 효력 여부에 관한 쟁송이 진행되고 있는 상황에서 제1 주주총회결의를 추인하는 내용의 전 대표이사 및 이사 해임 승인안, 대표이사 및 이사 선임 승인안, X회사 존속의 기초가 되는 중요재산인 골프연습장 매각건 추인안, 새로운 이사 선임안과 X회사 존속의 기초가 되는 중요재산인 골프연습장 매각으로 인한 매매대금을 포함하여 여유자금을 포괄적으로 투자하는 것을 승인하는 안을 주주총회의 의제로 삼아 주주총회를 소집한 것은 회사의 상무에 속하는 행위라고 할 수 없다
② X회사의 대표이사 직무대행자가 상무에 속하지 아니한 사항이 포함된 내용을 안건으로 하여 정기주주총회를 소집함에 있어 법원의 허가를 받은 바 없으므로 이 사건 제2 주주총회결의 중 상무에 속하는 행위라고 보이는 의안을 제외한 나머지 의안에 관한 결의는 소집절차상 하자가 있는 주주총회에서 이루어진 결의로서 취소사유가 있다.

2. 정관변경의 효력발생요건

(1) 판례법리

주식회사의 원시정관은 공증인의 인증을 받음으로써 효력이 생긴다. 그러나 일단 유효하게 작성된 정관을 변경할 경우에는 주주총회의 특별결의가 있으면 그때 유효하게 정관변경이 이루어지는 것이고, 서면인 정관이 고쳐지거나 변경 내용이 등기사항인 때의 등기 여부 내지는 공증인의 인증 여부는 정관변경의 효력발생에는 아무 관련이 없다.[144)]

(2) 사건에의 적용

X회사의 설립 당시의 정관에 주주총회의 결의는 법령 또는 정관에 다른 규정이 있는 경우를 제외하고는 출석한 주주의 의결권의 과반수와 발행주식총수의 2/3 이상의 수로써 한다고 규정(동 정관 제19조)되어 있었으나, 2000. 12. 8.경 이후로는 출석한 주주의 의결권의 과반수와 발행주식총수의 1/2 이상의 수로써 하는 것으로 변경되었다.

Comments

(1) 특정 이사(위 사건의 경우 I)의 지위에 대하여 다툼이 있어 향후 이사의 지위를 박탈당할 가능성이 있는 경우 그 이사의 계속적인 직무수행을 막기 위하여 가처분으로 이사로서의 직무수행권한을 정지시키는 것이 직무집행정지 가처분제도이다. 이는 쟁의 있는 권리관계에 대하여 임시의 지위를 정하기 위한 민사집행법

144) 대법원 1978. 12. 26. 선고 78누167 판결 참조.

상의 가처분으로 보전소송의 일종이다(민집 200조 2항).[145] 이사직무집행정지의 가처분을 신청하기 위해서는 이사의 지위를 다투는 본안소송이 제기되어 있어야 한다. 위 사건에서는 제1 주주총회에 의한 종전 이사의 해임 및 새로운 이사의 선임결의와 그 후속행위로 이루어진 이사회 결의로 I를 대표이사로 선임한 것에 관해 다투어지고 있다.

(2) 법원은 이사의 직무집행정지 가처분과 함께 직무대행자를 선임할 수 있다(407조 1항 전단). 직무집행정지 가처분이 있다고 하여 반드시 직무대행자를 선임하는 가처분이 수반되어야 하는 것은 아니다. 직무대행자의 선임은 직무집행정지로 인한 이사의 공백을 메울 필요가 있는 경우에 한한다. 직무대행자의 선임은 일시적인 관리업무의 필요에 의한 것이고 주주의 의사에 기하여 선임되는 자가 아니므로 그 권한은 원칙적으로 회사의 상무(常務)에 속하는 행위만을 할 수 있다(408조 1항). 그러나 가처분으로 다른 정함이 있거나 또는 법원의 허가가 있으면 직무대행자도 예외적으로 상무 아닌 행위를 할 수 있다(408조 1항).

(3) '상무'란 회사의 정상적인 운영을 위하여 필요한 최소한의 일상적인 관리업무를 뜻한다. 직무대행자는 직무집행이 정지된 이사의 지위를 대신하여 관리하는 임시적인 지위에 있기 때문에 이러한 제한을 둔 것이다. 판례는 이를 "회사의 영업을 계속함에 있어 통상의 업무범위 내의 사무, 즉 회사의 경영에 중대한 영향을 미치지 않는 보통의 업무"라고 풀이하고 있다.[146] 주주총회의 소집이 상무에 속하는 것인지에 대해서는 아래와 같이 논란이 있다.
(ⅰ) 부정설 - 정기총회의 소집은 상무에 속하나 임시총회의 소집은 상무에 속하지 않는다는 견해이다.[147]

---

145) 대법원 1972. 1. 31. 선고 71다2351 판결.

146) 대법원 1991. 12. 24. 선고 91다4355 판결. 그 의미를 원칙적으로 관리행위는 포함하지만 처분행위는 제외된다는 뜻으로 풀이하기도 한다(송옥렬, 889면).

(ii) 긍정설 - 주주총회의 소집 자체만으로는 회사의 이해에 현실적으로 변화를 주는 바가 없으므로 임시총회이든 정기총회이든 그 소집을 직무대행자의 권한에서 배제할 필요는 없고, 이에 대해서는 주주의 통제로 충분하다는 견해이다.[148]
(iii) 정리 및 사견 - 위의 (ii)의 견해가 타당하다고 생각한다. 판례는 상무에 속하지 아니하여 법원의 허가를 요하는 사항인가에 관하여, 정기총회인지 임시총회인지에 따른 구분은 하지 않고, 단지 그 의안의 내용이 상무에 속하는지의 여부만을 놓고 판단한다.

(4) 직무대행자가 법원의 허가 없이 상무에 벗어난 행위를 한 경우 회사는 선의의 제3자에 대하여 책임을 진다(408조 2항). 그러나 이는 거래의 안전을 위한 것이므로, 위 사건과 같이 거래의 안전과 무관한 사항에 대해서는 적용되지 않는다. 직무대행자는 회사와 위임관계에 있는 것은 아니지만 상법 제399조와 제401조를 유추적용하여 회사와 제3자에 대하여 이사와 동일한 책임을 진다고 본다.[149]

(5) 정관변경은 정관의 기재사항을 수정·삭제·추가함으로써 그 내용을 변경하는 것이다. 정관은 규범내용 그 자체를 뜻하기도 하고(실질적 의미의 정관), 이를 서면화한 것을 뜻하기도 하는데(형식적 의미의 정관), 정관변경에 있어서는 전자의 의미로 보는 것이 통설과 판례이다. 정관변경은 주주총회의 특별결의에 의하여야 하고(433조 1항, 434조), 종류주주총회의 결의를 필요로 하는 경우도 있다(435조). 정관이 자치법규로서 구성원간에 구속력을 갖는 이유는 구성원의 집단적 의사에 의하여 스스로 구속되기로 한 자기결정에 기초한 것이다. 따라서 정관변경의 효력은 효력발생시기에 관하여 별도로 정함이 없는 한 주주총회의 결의에 의하여 즉

147) 정동윤, 603면; 최준선, 398면.
148) 이철송, 802~803면.
149) 최준선, 399면.

시 효력이 발생하는 것이 원칙이다.[150] 그 이후 이를 서면화하거나, 주주총회의사록을 작성하거나, 변경된 정관내용에 따라 등기를 하는 것은 정관변경의 효력발생과는 무관하다. 다만 설립시의 원시정관의 경우는 그 효력발생 여부를 명확히 하고 증명하기 위하여 공증인의 인증을 효력발생요건으로 한다(292조 본문).[151] 그러나 회사설립 이후에는 공증인의 인증이 정관변경의 효력발생요건이 아니다.

《관련문헌》

이흥주, "직무집행정지 가처분으로 직무집행이 정지된 대표이사가 한 행위의 효력", 「민사판례연구」 제32집(2010).

송인권, "직무집행정지 가처분의 효력 : 선임절차의 하자를 원인으로 하는 경우를 중심으로", 「법조」 제58권 제7호(2009).

150) 김정호, 701~702면; 이철송, 914면; 최준선, 681면.

151) 다만 자본금이 10억원 미만인 소규모주식회사를 발기설립에 의하여 설립하는 때의 원시정관의 경우는 공증인의 인증이 효력발생요건이 아니다(292조 단서, 공증 66조의2 1항 단서).

19. 이사의 의결권 대리행사, 이사회 결의의 하자

[대법원 1982. 7. 13. 선고 80다2441 판결]

Facts

(1) X회사(신청인)는 망(亡) K가 단독 출자하여 설립한 회사인데 K가 1976. 4. 8 갑자기 사망하여 회사의 운영이 어려워짐에 따라 당시의 이사들이었던 J(K의 처), B(대표이사), G(K의 아우) 등은 회사부채 3억여 원의 정리를 위하여 회사 재산을 처분하려 하였으나 여의치 않고 사태가 급박해지자 J와 G는 피신을 가면서 사후수습을 X회사의 업무부장인 L(피신청인)에게 맡겼다.

(2) L은 그들의 위임에 따라 J를 대표이사로 선임하는 내용의 이사회의사록을 작성하고 J를 대표이사로 하는 등기를 마쳤다. 당시 X회사의 이사들은 모두 피신을 하여 이사회가 사실상 소집 개최된 일도 없는데 L이 단지 이사인 J, G의 위임에 의하여 J를 대표이사로 선임하는 내용의 이사회의사록만을 작성하고 이에 따라 J를 대표이사로 등기를 하였다.

(3) 그 후 J로부터 제소전 화해 신청을 위한 대리인 선임권한을 위임받은 J의 친아버지인 J2가 변호사 J3을 소송대리인으로 선임하여 제소전 화해를 하였다.

(4) X회사의 정관 제25조에는 이사는 이사회를 조직하고 대표이사 및 회장의 선임과 회사업무 집행에 관한 중요사항을 의결하고, 이사회는 회장 또는 대표이사인 사장이 소집하고 대표이사가

유고시에는 상무이사가 이를 대행하고, 이사회를 소집함에는 회일을 정하고 그 3일 전에 각 이사에 대하여 통지서를 발송한다고 되어 있다.

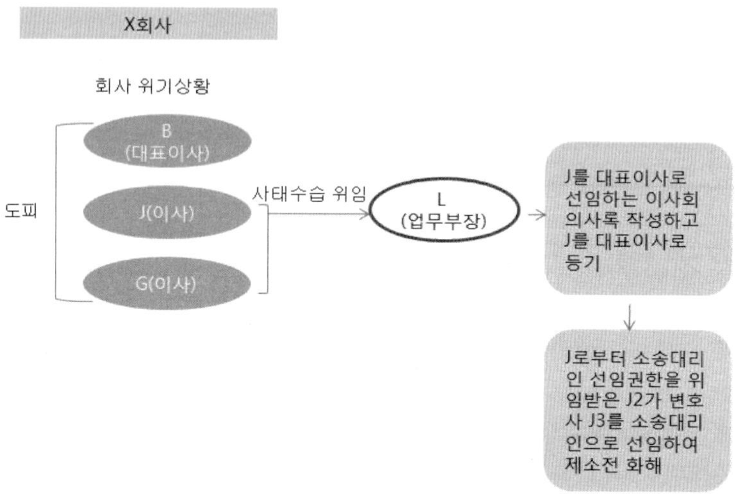

(Q1) 위 사안에서 J를 대표이사로 선임한 이사회 결의는 유효한가?

(Q2) 위 이사회 결의의 효력을 다투는 방법은?

(Q3) J가 X회사의 대표이사로서 변호사 J3을 소송대리인으로 선임하고 그를 통하여 제소전 화해를 한 행위는 유효한가?

Issue & Rule

(1) 위 사건에서 쟁점이 되는 사항은 의결권 위임에 의한 이사회 결의의 효력 등이다.

(2) 위 쟁점사항에 관한 적용법조는 상법 제390조, 제391조 등이다.

Analysis & Conclusion

1. 이사회결의에서 의결권 위임의 허부

(1) 판례법리

주식회사의 이사회는 주주총회의 경우와는 달리 원칙적으로 소집권 있는 이사가 다른 이사 전원에 대하여 이사회의 소집통지를 하여야 하고 이사 자신이 이사회에 출석하여 결의에 참가하여야 하며 대리인에 의한 출석은 인정되지 않는다. 따라서 이사 개인이 타인에게 출석과 의결권을 위임할 수도 없는 것이니 이에 위배된 이사회의 결의는 무효이다.

(2) 사건에의 적용

① 당시 X회사의 이사들은 모두 피신을 하여 이사회가 사실상 소집 개최된 일도 없는데 L이 단지 이사인 J, G의 위임에 의하여 J를 대표이사로 선임하는 내용의 이사회 의사록만을 작성하고 이에 따라 J를 대표이사로 등기를 하였다는 것이니, 이와 같은 이사회의 결의는 당연 무효(오히려 부존재)로서 그 하자가 치유될 수도 없다.
② 따라서 이러한 이사회의 결의 형식을 통하여 대표이사로 선임된 J는 적법한 대표이사가 될 수는 없다. 따라서 J로서는 대표이사로서 이 건 제소전 화해신청을 위한 소송대리인을 선임하거나, 그 선임을 위임할 만한 아무런 권한도 없다.
③ J의 위임에 따라 변호사 J3이 선임되었다 하더라도 J3은 X회사로부터는 적법한 소송대리권을 위임받음이 없이 제소전 화해를 한 것이다. 이는 이른바 민사소송법 제422조 제1항 제3호 전단

의 소송대리권의 흠결이 있는 때의 재심사유에 해당되고, 이 경우에는 같은 법 제427조에 의하여 재심 제기기간의 제한을 받지 아니한다.

2. 이사회 결의의 하자를 다투는 방법

(1) 판례법리

이사회 결의의 무효임을 주장하는 방법에는 아무런 제한이 없다. 이해관계인은 언제든지 또 어떠한 방법에 의하던 그 무효를 주장할 수 있다.

(2) 사건에의 적용

위 사건의 경우 이사회 결의가 무효임을 전제로 이를 기초로 하는 후속행위(소송대리권의 위임과 그에 의한 제소전 화해)의 효력을 다툴 수 있다.

Comments

(1) 주주의 의결권은 인적 회사의 사원권과는 달리 비개성적 성질을 지니며, 일신전속적으로 행사하여야 할 필요성이 적고, 주주들의 의결권행사를 보다 용이하게 하고, 또한 대리행사를 허용함으로써 주주총회에서 정족수 확보를 용이하게 하는 부수적 효과를 얻을 수 있다. 이 때문에 주주총회에서의 의결권의 대리행사를 명문으로 규정하고 있다(368조 3항). 그러나 이사회의 경우 이사의 의결권행사는 일신전속적 성격이 강하여 대리나 위임에 친하지 않다(판례 · 통설). 이사회 결의에서 이사는 단순히 찬반 의

사표시를 하는 데 그치지 않고 각 이사들이 전문적 식견을 주고 받아 최선의 결정을 향하여 수렴해나가는 토론과정을 거쳐야 하기 때문이다. 원격통신이사회를 허용하면서도 그 요건으로 음성을 동시에 송수신하는 기계적 장치에 의할 것을 요하는 것(391조 2항)도 같은 취지이며, 주주총회의 경우 서면투표를 인정하지만(368조의3), 이사회 결의에서는 구체적인 회합을 요하고 서면투표를 인정하지 않는 것도 같은 이유에서이다.[152] 또한 이사는 자신의 의결권 행사에 대하여 주주와는 달리 책임을 지므로 주주의 의결권행사와는 그 성격과 의미가 다르다.

(2) 민법상 수임인의 복임권은 제한됨이 원칙이다(민 682조 1항). 위임은 당사자간의 특별한 신뢰를 기초로 한 것이므로 수임인 자신이 스스로 위임사무를 처리하여야 할 자기복무의무를 지기 때문이다. 그러나 '위임인의 승낙이 있거나 부득이한 사유가 있는 경우'에는 제3자로 하여금 자기에 갈음하여 위임사무를 처리하게 할 수 있다(민 682조 1항). 이사는 회사와 위임관계에 있지만 이사회에서의 의결권을 다른 이사에게 위임할 수 없다고 보아야 한다. 그 이유는 위의 (1)에서 본 바와 같다. 이와 동일한 이유에서 이사회 결의에 불참한 이사가 사후적으로 추인하는 것도 허용될 수 없고, 다만 새로운 결의로 볼 수 있는 경우에만 가능하다.[153]

(3) 이사 상호간에 의결권행사의 위임이 허용되지 않는다고 보는 터인데, 이사가 이사 아닌 자에게 의결권을 위임하는 것은 당연

---

152) 이사회 결의에서 서면결의를 인정하지 않는 것이 다수설이다. 그러나 이에 대해서는 이사의 의결권행사는 주주와는 달리 상법 제399조 제2항에 따른 책임이 수반되므로 이를 부정할 이유가 없다는 반대견해가 있다(송옥렬, 900면). 입법론으로 일본 회사법(370조)에서와 같이 명문의 규정이 필요하다는 견해가 있다(권기범, 765면).

153) 이사회의 소집절차나 결의방법에 하자가 있는 경우에는 결의 내용에 하자가 있는 경우와는 달리 추인이 가능하나, 이러한 때에도 추인의 효력은 소급하지 않고 새로운 결의가 있는 것으로 보아야 한다는 것이 판례의 입장이다(대법원 2011. 6. 24. 선고 2009다35033 판결).

히 허용되지 않는다. 위 사건에서 J 등의 이사로부터 의결권을 위임받은 L은 이사도 아닌 자(업무부장)로 보인다. 그러나 L이 설령 이사라 하더라도 다른 이사의 의결권을 수임받아 행사할 수 없다는 점에서는 달라지는 것이 없다.

(4) 대표이사의 선임권은 정관에 의하여 주주총회에서 선정하도록 하고 있지 않는 한 원칙적으로 이사회에 있다(389조 1항). 위 사건에서 J는 적법한 이사회로 볼 수 없는 것에 의해 마치 X회사의 대표이사로 선임된 것처럼 등기까지 되어 있다. 그러나 선임권한 없는 자로부터 선임된 J가 X회사의 대표이사가 될 수 없음은 지극히 당연하다. 따라서 대표이사로서 권한이 없는 J가 X회사의 대표이사로서 J3을 소송대리인으로 선임하고 그를 통하여 제소전 화해를 한 행위는 원인 무효가 된다.

(5) 이러한 경우 표현대표이사에 관한 상법규정(395조)이 적용될 수 있는가? 전무이사가 한 소의 취하를 표현대표이사의 행위로 본 판례가 있다.[154] 그러나 외관을 신뢰한 제3자를 보호하는 점에서 취지를 같이 하는 상법 제14조의 표현지배인에 관한 규정에서는 재판상의 행위에 대해서는 그 적용을 배제하는 명시적 규정을 두는 점에 비추어 표현대표이사에 관한 규정은 소송행위에 대해서는 적용되지 않는다고 보는 견해가 지배적이다.[155] 표현대표이사제도는 거래의 안전을 염두에 둔 것이므로 위 사건에서와 같이 거래의 안전과는 무관한 소송행위에 대해서는 적용되지 않는다고 보는 것이 타당하다.

(6) 이사회 결의에 하자가 있는 경우 이를 다투는 방법에 관하여 주주총회에서와는 달리 상법에 아무런 규정이 없다. 따라서 일반

---

154) 대법원 1970. 6. 30. 선고 70후7 판결.

155) 권기범, 798면; 송옥렬, 920면; 이철송, 701면; 정동윤, 623면; 정찬형, 948면; 최준선, 451면.

민사소송법의 원칙에 따라 소의 이익이 있는 한 누구나, 언제든지, 어떠한 방법으로도 그 하자를 다툴 수 있다.[156] 다만 하자 있는 이사회 결의에 기하여 후속행위가 행해진 경우 이를 다투는 방법에 대해서는 다음 몇 가지로 나누어 보아야 한다.

(i) 후속행위를 다투는 소에 대하여 별도의 규정을 두고 있는 경우에는(예컨대, 이사회의 결의에 기한 신주발행의 경우 신주발행 무효의 소(429조) 등) 이사회 결의의 하자는 이에 흡수되어 그 후속행위의 하자로 다투어야 한다(흡수관계).

(ii) 대표이사가 이사회 결의를 위반하거나 하자 있는 이사회 결의에 기하여 업무를 행한 경우 그 행위의 효력에 대해서는, ⓐ 단순히 회사 내부적인 것에 그치는 경우에는 무효가 되나(예컨대, 지점설치에 관한 승인 등), ⓑ 대외적 거래인 경우에는 상대방이 이사회 결의가 없거나 무효라는 사실을 알았거나 알 수 있었는지의 여부에 따라 무효로 되기도 하고 또는 유효로 되기도 한다(전단적 대표행위).

《관련문헌》

유인의, "대리인에 의한 출석과 위임에 의한 주식회사 이사회의 결의의 효력", 「대법원판례해설」 통권 제1호(1987).

김문환, "대리인에 의한 이사회 출석", 「판례월보」 제150호(1983).

---

156) 민사소송법상 무효확인의 소에 의하거나 다른 소에서 공격방법으로 주장할 수도 있다.

20. 중요자산의 처분, 전단적 대표행위와 대표권남용

[대법원 2005. 7. 28. 선고 2005다3649 판결]

Facts

(1) U개발은 2002. 12. 23. S회사(피고)의 대표이사인 R로부터 S회사 소유의 서울 영등포구 양평동 소재 공장용지 3,154.7㎡, 같은 동 소재 공장용지 1,515㎡, 같은 동 소재 공장용지 3,256.5㎡ 및 위 3필지 지상의 건물('이 사건 부동산')과 위 각 토지 및 건물에 부착·설치된 부속설비 일체를 매매대금 160억 6,400만원에 매수하되, 매매대금 중 계약금 10억원은 2002. 12. 23.에, 중도금 6억 640만원은 같은 달 24.에, 잔금 144억 5,760만원은 2003. 3. 24.에 각 지급하고, U개발이 매수인 명의를 변경하고자 할 경우에는 사전에 S회사의 동의를 받기로 하는 내용의 매매계약('이 사건 매매계약')을 체결하였다.

(2) 이 사건 매매계약을 체결한 S회사의 대표이사 R은 S회사에 대한 회사정리절차가 진행 중이던 2002. 11. 12. 서울지방법원으로부터 이사선임허가를 받았고, 같은 해 12. 10. 대표이사로 취임하였다.

(3) U개발은 이 사건 부동산을 이용한 개발사업을 추진하기 위하여, 아○상사를 인수한 후 2002. 12. 27. 위 회사의 상호를 'A산업개발 주식회사'(원고)로 변경하였고, U개발의 요청으로 U개발과 S회사는 같은 달 28. 이 사건 매매계약의 매수인 명의를 U개발에

서 A로 변경하기로 하고, 매수인을 A로 하는 매매계약서를 매매일자를 2002. 12. 23.자로 소급하여 작성하였다.

(4) 2002. 12. 24. 이 사건 매매계약에 따라 U개발은 S회사에게 계약금 10억원을 지급하였고, A가 같은 달 30. 중도금 6억 640만원을 지급하였다.

(5) S회사는 1998. 9. 10. 서울지방법원으로부터 회사정리절차 개시결정을 받았다가 2002. 11. 19. 회사정리절차 종결결정을 받았다.

(6) 이 사건 부동산은 S회사에 대한 회사정리절차 진행 당시 보유자산 처분계획 대상에 포함되어 있지 아니하였다.

(7) S회사의 이사회규정(2002. 12. 24.자로 개정되기 전의 것)은 이사회에 부의할 사항으로 '자본금의 30% 이상에 상당한 주요 자산의 취득, 임대차 또는 처분(제11조 제3항 제10호)'을 규정하였다가, 그 후 위 조항을 '최근 사업연도 말 자산총액의 10% 이상에 상당한 주요 자산의 취득, 임대차 또는 처분'으로 개정하였다(2002. 12. 24.자).

(8) S회사의 자본금은 2001. 12. 31. 현재 16억 3,217만원이고, 2002. 12. 31. 현재 1,199억 804만원이며(다만, 위 회사정리절차 종결 이후 이 사건 매매계약 체결 이전에 S회사는 유상증자 등을 통하여 이미 자본금이 위와 같이 1,199억 804만원에 이르렀다.), 대차대조표상 자산총계는 2001. 12. 31. 현재 321,107,717,000원이고, 2002. 12. 31. 현재 276,980,648,000원으로서, 이 사건 부동산은 그 매매가격을 기준으로 할 때 2001년 말 자산총액의 5% 상당이고, 2002년 말 자산총액의 5.8% 상당이다.

(9) S회사는 이 사건 매매계약을 체결함에 있어 S회사 이사회의 결의를 거치지 아니하였다.

(10) 이 사건 부동산의 매매에 관한 협상이 진행되고 매매대금 등 계약내용에 관한 합의가 되어 매매계약을 체결함에 있어 S회사의 실무담당자들(총무팀 및 재경팀의 직원들)이 직접 검토 및 기안을 하거나 관여를 하지 않았고, 매매계약은 당시 S회사의 전무이사이던 전◎엽과 대표이사인 R이 주로 그 협상 및 체결을 주

도하였다. 일반적으로 S회사 소유의 부동산을 매도할 경우 그 관련 업무를 실무적으로 담당하게 되는 당시 S회사 소속 재경팀의 팀장인 조○삼도 이 사건 부동산의 매도에 관하여는 이 사건 매매계약 체결 이후에 전◎엽으로부터 그 사실을 통보받고 그 계약금의 수령 등 매매계약의 이행을 위한 실무사항에 관한 업무만을 처리하였다.

(11) U개발은 이 사건 매매계약 체결 전이나 체결 당시에 매매계약이 S회사 이사회의 결의를 필요로 하는 사항인지 여부, 또는 S회사 이사회의 결의가 있었는지 여부 등을 S회사측에 문의한 적이 없었고, 다만 매매계약을 체결한 후인 2002. 12. 26. 매매계약 체결사실이 한국증권거래소(현, 한국거래소)의 전자거래공시사항으로 공시되었는지 여부를 확인한 결과 공시되지 아니한 것으로 확인되자, S회사에게 매매계약 체결사실이 공시되지 아니한 이유에 관하여 문의를 하였다.

(12) 이 사건 부동산은 경인고속도로 서울기점, 양화대교, 올림픽대로, 서부간선도로, 경인로 등 주요 간선도로에 인접하고, 지하철 2호선과 5호선의 환승역인 영등포구청역, 지하철 5호선 양평역도 매우 가까운 거리에 있는 등 교통이 편리하고, 대형할인점, 목동아파트단지, 여의도, 영등포역 등도 가까워 입지조건이 매우 우수한 장방형의 면적 합계 7,926.2㎡의 토지와 그 지상건물이며, 이 사건 부동산이 소재하고 있는 지역은 준공업지역이고, 이 사건 부동산 중 토지들의 지목은 모두 공장용지이다.

(13) 이 사건 부동산의 시세와 관련하여 종래 몇 차례 전문감정평가기관의 감정이 이루어진 적이 있는바, 이 사건 부동산의 시기별 시세는, ① 1998.경 S회사의 의뢰에 의하여 이루어진 가△감정평가법인의 감정 결과에 의하면 약 362억여 원 정도이고, ② S회사에 대한 회사정리절차가 진행 중이던 당시에 삼□회계법인의 의뢰에 의하여 이루어진 대◇에셋감정평가법인의 감정 결과에 의하면 약 122억여 원(가격 기준시점 2001. 8. 10.)이며, ③ S회사의 의뢰로

이루어진 하◎감정평가법인의 감정 결과에 의하면 약 158억여 원(가격 기준시점 2002. 12. 24.)이고, ④ S회사에 대한 피고보조참가인의 의뢰에 의하여 이루어진 나□감정평가법인의 감정 결과에 의하면 약 221억여원(가격 기준시점 2003. 3. 18.)이다. 또한, 부동산 중개 관련 인터넷 사이트 등에서 확인되는 이 사건 부동산과 인접한 서울 영등포구 양평동 및 당산동 지역 토지들(다만, 지목이 공장용지가 아니라 대지이다.)의 시세는 2003. 6.경을 기준으로 대부분 평당 1,000만원을 상회한다.

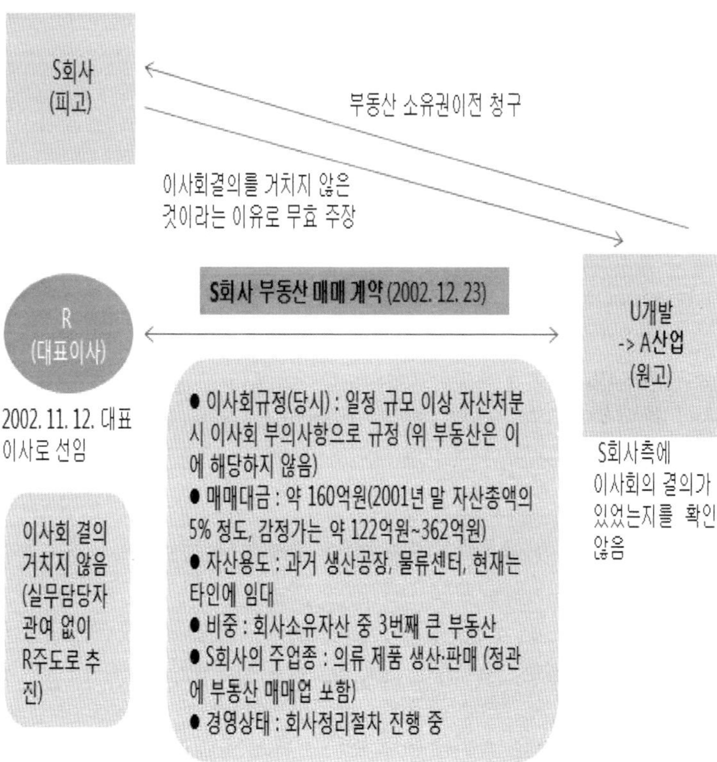

(Q1) S회사는 이 사건 매매계약에 대하여 S회사의 이사회 결의가 필요한데도 이사회의 결의를 거치지 아니하였으니 무효라고 주장하면서 위 부동산에 대한 소유권 이전을 구하고 있다. 이러한 주장은 정당한가?

(Q2) S회사는 S회사의 대표이사 R이 대표권을 남용하여 이 사건 매매계약을 체결하였다는 이유를 들어 위 부동산에 대한 소유권 이전을 구하고 있다. 이러한 주장은 정당한가?

Issue & Rule

(1) 위 사건에서 쟁점이 되는 사항은 ① 회사부동산을 매각하는 것이 상법 제393조 제1항에 규정된 '중요한 자산의 처분'에 해당하는지 여부의 판단 기준, ② '중요한 자산의 처분'에 해당하는 경우 이사회규정상 이사회 부의사항으로 정해져 있지 않더라도 이사회의 결의를 거쳐야 하는지 여부, ③ 주식회사의 대표이사가 이사회의 결의를 거쳐야 할 대외적 거래행위에 관하여 이를 거치지 아니한 경우 그 거래행위의 효력 및 거래의 상대방이 이사회의 결의가 없었음을 알았거나 알 수 있었음에 관한 증명책임의 소재, ④ 주식회사의 대표이사가 대표권의 범위 내에서 개인적인 이익을 위하여 그 권한을 남용한 행위의 효력 등이다.

(2) 위 쟁점사항에 관한 적용법조는 상법 제393조 제1항, 제209조, 제389조 제3항 등이다.

Analysis & Conclusion

1. 이사회 결의를 요하는 '중요한 자산의 처분'에 해당하는지 여부의 판단기준

(1) 판례법리

① 상법 제393조 제1항은 주식회사의 중요한 자산의 처분 및 양도는 이사회의 결의로 한다고 규정하고 있다. 여기서 말하는 중요한 자산의 처분에 해당하는지 아닌지는 당해 재산의 가액, 총자산에서 차지하는 비율, 회사의 규모, 회사의 영업 또는 재산의 상황, 경영상태, 자산의 보유목적, 회사의 일상적 업무와의 관련성, 당해 회사에서의 종래의 취급 등에 비추어 대표이사의 결정에 맡기는 것이 상당한지 여부에 따라 판단하여야 할 것이다.
② 중요한 자산의 처분에 해당하는 경우에는 이사회가 그에 관하여 직접 결의하지 아니한 채 대표이사에게 그 처분에 관한 사항을 일임할 수 없는 것이므로, 이사회규정상 이사회 부의사항으로 정해져 있지 아니하더라도 반드시 이사회의 결의를 거쳐야 한다.

(2) 사건에의 적용

① 이 사건 매매대금이 160억 6,400만원이고, S회사는 1998. 9. 10. 서울지방법원으로부터 회사정리절차 개시결정을 받았다가 이 사건 매매계약 체결 직전인 2002. 11. 19. 회사정리절차 종결결정을 받았으며, S회사의 대차대조표상 자산총계는 2001. 12. 31. 현재 321,107,717,000원이고, 2002. 12. 31. 현재 276,980,648,000

원으로서 이 사건 부동산은 그 매매가격을 기준으로 할 때 2001년 말 자산총액의 5% 상당이고, 2002년 말 자산총액의 5.8% 상당하고, S회사는 의류제품의 생산·판매를 주된 사업으로 하는 회사로서 사업목적에 부동산 매매업이 포함되어 있기는 하나, 부동산 매매는 특별한 경우에 한하여 행하였던 사실, S회사는 2002. 10. 10.까지 자본금이 16억 3,217만원에 불과하였으나, 이 사건 매매계약이 있기 약 두 달 전인 같은 달 11.과 12.의 증자로 인하여 자본금이 1,199억 804만원으로 급증하였던 사실, S회사의 자산 중 유형자산은 2001. 12. 31. 기준으로 토지는 43,300,247,000원, 건물은 38,334,349,000원 상당이었고, 2002. 12. 31. 기준으로 토지는 43,300,247,000원, 건물은 38,335,350,000원 상당으로서 이 사건 부동산은 그 매매가격을 기준으로 할 때 2001년 및 2002년 말 부동산 총액의 각 19.7%인 사실, 이 사건 부동산은 과거 생산공장으로 사용하였으나, 그 후 물류센터로 일시 사용하다가 이 사건 매매 당시는 제3자에게 대부분 임대하고, 극히 일부만을 S회사가 창고와 지역영업부 사무실로 사용하던 상태였는데, 회사정리절차의 종결을 앞두고 수립되었던 S회사의 자구계획상 매각대상 부동산에 포함되지 아니하였던 사실, 이 사건 부동산은 S회사 소유의 부동산 중 전북 익산시 소재 공장과 서울 강남구 논현동 소재 본사의 부동산에 이어 세 번째로 규모가 큰 부동산인 사실을 인정할 수 있다.

② 위 법리에 의하면, 이 사건 부동산의 가액, 총자산에서 차지하는 비율, S회사의 규모, 영업 또는 재산의 상황, 경영상태, 일상적 업무와의 관련성 등에 비추어, 이 사건 부동산에 대한 처분을 이사회의 결의 없이 S회사의 대표이사의 결정에 맡기는 것은 상당하다고 보이지 아니하므로 이 사건 매매계약은 S회사의 중요한 자산의 처분에 해당하여 이사회의 결의를 거쳐야 한다고 할 것이다. S회사의 이사회규정이 이 사건 매매계약과 같은 경우를 이사회의 부의사항으로 정하지 아니하였다고 하더라도 마찬가지이다.

2. 전단적 대표행위의 효력

(1) 판례법리

① 주식회사의 대표이사가 이사회의 결의를 거쳐야 할 대외적 거래행위에 관하여 이를 거치지 아니한 경우라도, 이와 같은 이사회 결의사항은 회사의 내부적 의사결정에 불과하다 할 것이다. 그러므로 그 거래 상대방이 그와 같은 이사회결의가 없었음을 알았거나 알 수 있었을 경우가 아니라면 그 거래행위는 유효하다.
② 이 경우 거래의 상대방이 이사회의 결의가 없었음을 알았거나 알 수 있었음은 이를 주장하는 회사측이 주장·입증하여야 한다.[157)]

(2) 사건에의 적용

① 이 사건 매매계약에 대하여 이사회의 결의가 없었음을 U개발이 알았거나 알 수 있었다는 S회사의 주장에 대하여, 이 사건 매매계약에 이르게 된 협상과정과 체결경위, U개발이 이 사건 매매계약 후 그 체결사실이 한국거래소의 전자거래공시사항에 공시될 것으로 생각하고 있다가 공시가 되지 아니하자 그 이유를 S회사의 전무 전◎엽에게 묻자, 위 전◎엽이 S회사의 이사회규정을 제시하면서 S회사의 이사회규정상 자산총액의 10% 이하에 해당하는 자산의 처분에는 이사회결의를 요하지 아니하므로 이 사건 매매계약 체결사실이 공시되지 아니한 것이라는 취지의 설명을 하였던 점, 회사의 거래에 있어서 대표이사는 내부적으로 필요한 의사결정절차를 거쳐서 유효하게 회사를 대표하여 법률행위를 하는 것이 일반적인 점, 대표이사의 대표권에 제한이 있는지

157) 대법원 1999. 10. 8. 선고 98다2488 판결; 대법원 2003. 1. 24. 선고 2000다20670 판결 등 참조.

여부에 관하여 거래 상대방이 적극적으로 확인할 의무가 있다고 보기 어려운 점 등에 비추어 U개발이 이 사건 매매계약 당시 S회사 이사회의 결의가 없었다는 사실을 알았거나 알 수 있었다고 인정하기에 부족하다.

② 위를 종합하면, 이 사건 매매계약은 S회사의 중요한 자산의 처분에 해당하여 이사회의 결의를 거쳐야 함에도 이를 거치지 아니한 채 체결된 것이기는 하나, 거래의 상대방인 U개발이 이 사건 매매계약의 체결에 관하여 S회사의 이사회 결의가 없었다는 사실을 알았거나 알 수 있었다고 인정할 수 없는 이상, 이 사건 매매계약은 유효하다.

3. 대표권 남용행위의 효력

(1) 판례법리

주식회사의 대표이사가 그 대표권의 범위 내에서 한 행위는 설사 대표이사가 회사의 영리목적과 관계없이 자기 또는 제3자의 이익을 도모할 목적으로 그 권한을 남용한 것이라 할지라도 일단 회사의 행위로서 유효하다. 다만 그 행위의 상대방이 대표이사의 진의를 알았거나 알 수 있었을 때에는 회사에 대하여 무효가 되는 것이다.[158)]

(2) 사건에의 적용

이 사건 매매계약 당시 S회사의 대표이사인 R이 회사의 영리 목적과 관계없이 자기 또는 제3자의 이익을 도모할 목적으로 그 권한을 남용하여 이 사건 매매계약을 체결하였다. 그러나 U개발이 이 사건 매매계약의 협상 및 체결 과정에서 이 사건 매매계약

---

158) 대법원 1997. 8. 29. 선고 97다18059 판결; 대법원 2004. 3. 26. 선고 2003다34045 판결 등 참조.

이 R의 대표권 남용행위에 해당한다는 점을 알았거나 알 수 있었다고 인정할 증거가 없으므로 유효하다.

Comments

(1) 회사 자산의 처분이나 자금의 차입 중 사안이 경미하고 일상적인 업무에 해당하는 경우에는 대표이사가 이사회 결의 없이도 전결적으로 할 수 있다. 그러나 중요한 자산을 처분하거나 대규모의 자금을 차입하는 경우에는 이사회의 결의를 요한다(393조 1항). 이에 해당하는 자산의 처분이 동시에 상법 제374조 제1항 제1호의 영업양도에 해당하는 때에는 이사회 결의 외에 주주총회의 특별결의도 거쳐야 한다.[159] 결국 처분하는 자산의 중요도와 비중에 따라 크게 3분되는데, 이를 도식화하면 아래와 같다.

① 일상적인 자산처분 : 대표이사 전결(專決) 및 이행 ② 중요자산의 처분 : 이사회 결의 → 대표이사 이행 ③ 중요자산 처분이 상법 제374조 제1항 제1호에 해당하는 경우 : 이사회 결의 → 주주총회 특별결의 → 대표이사 이행

(2) 대표이사의 대표권은 회사의 영업에 관한 한 재판상·재판외의 모든 행위에 미치는 것이 원칙이다(389조 3항, 209조 1항). 그러나 법률에 의하여 대표권이 제한되는 경우와 회사 내부적으로 대표권을 제한하는 경우가 있다. 대표권에 대한 이러한 제한을 위반한 행위를 專斷的 대표행위라 한다. 그 효력에 관해서는 아래와 같이 나누어 살펴보아야 한다.

① 법률상 주주총회의 결의를 요하는 행위를 대표이사가 주주총회 결의 없이 한 경우에는 무효라는 것이 통설이다.

159) 이철송, 660면.

② 법률상 이사회의 결의를 요하는 경우(예컨대, 393조 1항의 자산 처분)에 해당함에도 불구하고 이사회 결의 없이 대표이사가 행하는 대표행위의[160] 효력에 대해서는 유효설,[161] 무효설(소수설), 상대적 무효설(다수설)이 있다. 판례는 거래의 안전을 고려하여 거래상대방이 이사회 결의가 없었음을 알았거나 알 수 있었을 경우라면 무효이지만, 그렇지 않다면 그 거래행위는 유효라는 입장을 취하고 있다(상대적 무효설). 상대방의 악의 또는 과실 있는 선의의 존재에 대해서는 회사가 증명하여야 한다.[162]

③ 이사회의 결의가 필요한 경우를 그것이 법률상의 요건인 경우와 단순히 정관이나 이사회 결의 등에 의한 내부적 제한인 경우를 구분하여 양자에 차이를 둘 필요가 있는가? 이에 대하여 (i) 판례는 양자를 구분하지 않고 거래상대방이 이사회 결의가 없었음을 알았거나 알 수 있었을 경우가 아니라면 거래는 유효하다는 입장을 취하고 있다.[163] 학설상으로도 둘 중 어느 것에 해당하는지가 확실하지 않으므로 거래의 안전을 위하여 양자를 구분하지 않는 것이 타당하다는 견해가 있다(불구분설).[164] (ii) 이에 대해서는 양자에 대한 비난의 정도가 다르다고 하여, 이사회 결의를 요하는 것으로 내부적으로 제한한 경우에는 이사회 결의의 흠결에 관하여 과실 있는 선의도 보호되지만, 이사회 결의가 법정요건인 경우에는 과실 없는 선의이어야 보호받을 수 있다는 견해가

---

160) 전단적 대표이사의 행위가 내부적으로만 미치는 경우에는 무효이고, 대외적·채권적 거래인 경우에는 선의의 제3자에게 대항하지 못한다(389조 3항, 209조 2항). 이사회결의를 거치지 않고 대표이사가 신주나 사채를 발행한 경우 무효사유가 된다는 견해(대법원 2010. 4. 29. 선고 2008다65860 판결; 이철송, 888면)와 집단적 행위로 거래의 안전을 위하여 제3자의 선의·악의를 불문하고 유효라는 견해(대법원 2007. 2. 22. 선고 2005다77060·77077; 정동윤, 619면)가 있다. 해당 대표이사의 행위가 내부적으로만 미치는 것인지, 외부적으로도 미치는 것인지, 단체법적 획일적 처리가 필요한 것인지의 여부를 비교형량하여 유효·무효를 판단하여야 한다.

161) 현재 유효설을 취하는 견해는 없다.

162) 대법원 2005. 7. 28. 선고 2005다3649 판결 등.

163) 대법원 1995. 4. 11. 선고 94다33903 판결; 대법원 1996. 1. 26. 선고 94다42754 판결 등.

164) 송옥렬, 911면; 정동윤, 618~619면; 정찬형, 933~934면; 최준선, 428~429면.

있다(구분설).[165] (iii) 생각건대, 논리적으로는 양자에 차이를 두는 것이 옳겠으나, 현실적으로 상대방 입장에서는 그 구분이 어려운 점을 감안할 때 불구분설이 타당하다고 본다. 통상적인 경우 거래상대방은 이사회 결의를 거쳤는지에 대하여 확인할 의무가 없으나,[166] 이러한 절차를 거쳤을 것이라고 신뢰하기 어려운 특별한 사정이 있음에도 불구하고 그 확인을 게을리 한 것으로 인정되는 때에는 이를 확인하지 않은 상대방에게 과실이 있는 것으로 보아야 할 것이다.[167]

(3) 대표권의 남용이란 대표이사의 대표행위가 형식적으로는 대표권의 범위 내에 속하지만 주관적으로는 자기 또는 제3자를 위하여 행하는 것을 말한다. 대표권남용의 대외적 효력에 대해서는 상대방이 남용행위임을 안 때에는 무효이고 알지 못한 때에는 유효라는 것이 통설과 판례이다. 다만, 그 법리 구성에 대해서는 권리남용설(다수설),[168] 내부적 제한설,[169] 이익형량설,[170] 비진의의사표시설(판례)[171] 등으로 견해가 나누어진다. 위 판례는 민법 제107조 제1항 단서의 취지를 유추적용하여 상대방이 대표이사의 진의를 알았거나 알 수 있었을 때에는 회사에 대하여 무효가 된다는 비진의의사표시설을 취하고 있다.[172] 어느 설을 취하건 선의

---

165) 이철송, 686면.

166) 대법원 1999. 10. 8. 선고 98다2488 판결 등.

167) 대법원 2009. 3. 26. 선고 2006다47677 판결.

168) 권기범, 782면; 손주찬, 786면; 이기수 외, 382면; 이철송, 689~690면; 정동윤, 618면; 정찬형, 936면; 최준선, 433면; 홍복기 외, 332면.

169) 정진세, 318면.

170) 회사와 상대방의 이익형량에 따라 해결하여야 한다는 것으로, 선의의 상대방에 대해서는 유효하나, 악의 또는 이에 준하는 중과실 있는 자에 대해서는 무효라고 한다(안택식, 329면).

171) 서헌제, 832면; 채이식, 535면; 최기원 639면. 권리남용설과 비진의의사표시설을 구체적인 사안에 따라 탄력적으로 적용하는 것이 바람직하다는 견해도 있다(김정호, 422면). 한편, 대표이사의 의사를 어떻게 해석하더라도 진의가 없었다고 보기 어렵기 때문에 심리유보설에 기초한 판례는 이론적으로 받아들이기 어렵지만, 다만 대표이사가 회사의 이익을 염두에 두지 않고 자기 또는 제3자의 이익을 위하여 행동한 것을 강조한 것으로 이해할 수 있다는 견해가 있다(송옥렬, 912면).

의 상대방에 대해서는 유효하고 악의의 상대방에 대해서는 무효라는 점에서는 동일하다. 상법에서는 중과실을 악의로 취급하기 때문에 상대방이 대표권남용을 중과실로 알지 못한 때에는 어느 설에 의하건 무효로 된다는 점에서는 차이가 없다. 다만 비진의 의사표시설에 의하면 상대방이 대표권남용행위에 대하여 선의이지만 과실이 있는 경우에는 악의와 동일하게 취급한다는 점에서 다른 견해와 차이가 있다. 대표권남용이 민법 제107조의 '비진의'에 해당하는지는 의문이 있다. 그렇다고 신의칙이라는 일반적인 기준에 만연히 의존하는 것도 바람직하지 않다. 적법한 대표이사라 하더라도 대표권이 남용된 부분에 대해서는 무권리자이므로 무권대리에 의하거나 또는 대표권이 있는 것 같은 외관을 띤 경우에는 표현대리(민 130조 이하, 125조, 126조 등) 또는 표현대표이사의 규정(395조)에 의하여 처리하는 것이 옳을 것으로 생각한다.

(4) 전단적 대표행위와 대표권남용에 대하여 상대방에게 악의 또는 과실 있는 선의가 인정되어 거래가 무효이더라도 그것이 대표이사의 불법행위를 구성하는 경우에는 그 대표이사와 회사는 상대방에 대하여 연대하여 손해배상책임을 진다(389조 3항, 210조).[173)]

---

172) 판례는 대표권남용에 대하여 과거 권리남용설을 취한 적이 있었으나(대법원 1987. 10. 13. 선고 86다카1522 판결; 대법원 1990. 3. 13. 선고 89다카24360 판결), 현재는 비진의의사표시설을 취하고 있다.

173) [불법행위책임을 인정한 판례] 대법원 2009. 3. 26. 선고 2006다47677 판결: 대표이사가 상법이 정한 이사회결의의 절차를 거치지 아니하여 채권자와의 보증계약이 효력을 갖지 못하게 한 사례에서, 이는 업무의 집행자로서의 주의의무를 다하지 못한 과실행위이고, 그 대표이사가 위와 같이 이사회결의의 절차를 거치지 아니하여 그 보증계약이 무효임에도 불구하고 그 보증이 유효한 것으로 오신한 채권자로 하여금 그 거래를 계속하게 하여 손해를 입게 한 경우에, 이는 주식회사의 대표이사가 그 업무집행으로 인하여 타인에게 손해를 가한 때에 해당하므로 당해 주식회사는 상법 제389조 제3항에 의하여 준용되는 상법 제210조에 의하여 그 대표이사와 연대하여 손해를 배상할 책임이 있고, 위와 같은 경우 이사회결의의 부존재를 이유로 주식회사에 대한 보증계약의 효력을 부정하면서 회사의 손해배상책임을 인정한다고 하여 상법 제393조 제1항의 취지를 몰각하였다고 볼 수는 없다고 판시하였다.

《관련문헌》

권오성, "대표권남용행위의 효력", 「판례연구」 제23집 제1호(2009).

김지평, "이사회의 승인이 없는 경우 신주발행계약의 효력과 회사의 책임", 「인권과 정의」 390호(2009).

이동원, "이사회 결의를 요하는 중요자산 처분에 해당하는지의 판단기준", 「대법원판례해설」 제57호(2006).

21. 무권 공동대표행위의 효력과 추인

[대법원 2010. 12. 23. 선고 2009다37718 판결]

Facts

(1) M회사(피고)는 경기도 안산시 소재 롯○플라자 상가 빌딩('이 사건 건물')의 관리회사이다.
(2) M회사는 2004. 6. 29. 당시 단독 대표이사이던 A가 사임하고, 공동대표규정을 설정하면서 A와 B가 공동대표이사로 취임하여 그 다음날 그 등기를 마쳤고, 그 후 2005. 2. 1. A가 사임하고, C가 공동대표이사로 취임하여 2005. 2. 3. 그 등기를 마쳤으며, 그 후 2005. 8. 8. B가 사임하면서 공동대표규정을 폐지하고 2005. 8. 19. 그 등기를 마쳐 C가 M회사의 단독 대표이사가 되었다.
(3) D는 2000. 11. 30. M회사와의 사이에, 당시 노후화되어 있던 이 사건 건물 내, 외부의 주차장('이 사건 주차장')에 관하여 D가 위 주차장에 일정 시설을 투자하는 등으로 위 주차장을 유지 · 보수 · 관리하면서 이 사건 건물에 출입하는 차량으로부터 주차비를 징수받아 취득할 권한을 갖고, 그 대신 위 주차장의 사용료조로 M회사에 월 100만 원을 지급하며, 또한 D가 건물에 관한 경비용역의 업무를 수행하고, 경비용역비로 M회사로부터 월 350만원을 지급받는 것을 주요 내용으로 계약기간을 2003. 11. 30.까지로 하는 주차장 관리 및 건물경비 용역계약('이 사건 1차 계약')을 체결하였다.

(4) P(원고)는 2001. 10. 13. 이 사건 주차장에 투자된 시설비 및 권리금 등의 명목으로 1억 1,000만원을 주고 D로부터 이 사건 1차 계약의 계약자로서의 지위를 인수한 후 주차장관리 및 건물경비업무를 수행하였다.
(5) P는 2003. 11. 30. M회사와 사이에 이 사건 1차 계약의 계약기간을 2004. 11. 30.까지로 연장하되, M회사가 P에게 지급하는 경비용역비는 월 250만원으로 감액하는 내용의 계약('이 사건 2차 계약')을 체결하였다.
(6) P는 2004. 11. 30. 당시 M회사의 공동대표이사 중 1인인 B와 사이에 이 사건 2차 계약의 계약기간을 2006. 11. 30.까지로 연장하는 내용의 계약('이 사건 3차 계약')을 체결하였다.
(7) 이 사건 건물의 구분소유자들 중 일부는 이 사건 2차 계약기간이 만료될 무렵부터 M회사에게 P와의 주차장관리 및 건물경비용역계약을 더 이상 연장하지 말 것을 요구하였고, 이 사건 3차 계약이 체결된 후에도 위 계약을 인정할 수 없다며, P로 하여금 주차장 관리업무 등을 중단하고 이 사건 건물에서 퇴거하도록 할 것을 요구하였다.
(8) 2005. 8. 8. M회사의 단독 대표이사가 된 C는 위 구분소유자들의 거듭된 요구에 따라 2005. 10. 17. P에게, "이 사건 3차 계약이 무효임을 이유로 P는 주차장관리 및 건물경비업무를 중단하고 2005. 10. 18.까지 이 사건 건물에서 퇴거할 것"을 요구하는 내용의 내용증명우편을 발송하였고, 위 내용증명은 그 무렵 P에게 송달되었다.
(9) P는 M회사의 위 통지에도 불구하고 이 사건 3차 계약이 유효하다고 주장하며 주차장관리 및 건물경비업무를 계속하여 수행하던 중, 2006. 3. 7. 위 업무수행을 중단하였다.

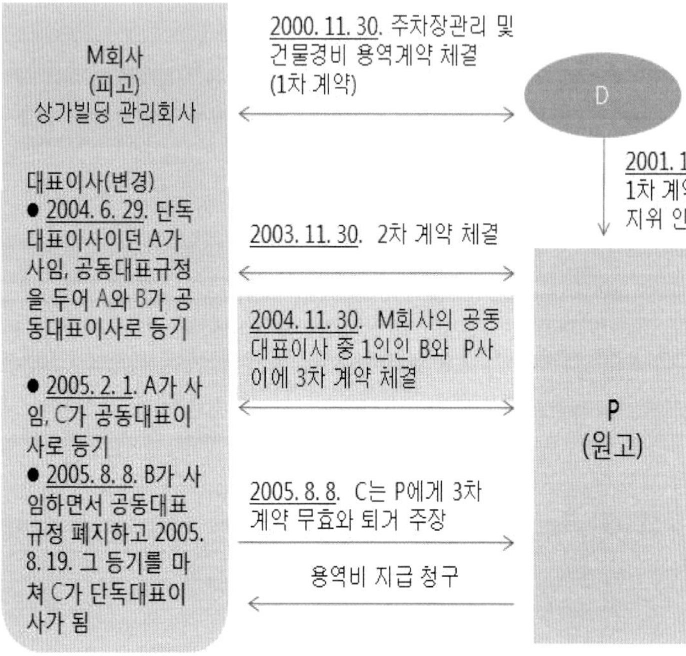

(Q1) P와 M회사의 아래와 같은 주장의 당부를 판단하시오.

① P는 이 사건 각 계약에 따라 2006. 3. 7.까지 주차장 관리 및 건물경비업무를 수행하였음에도 불구하고, M회사가 2003. 8. 이후의 용역비 지급을 지체하고 있으므로 M회사는 P에게 매월 150만원(건물경비용역비 250만원에서 P가 지급하여야 할 주차장 사용료 100만원을 뺀 금액이다) 상당의 금원 및 이에 대한 지연이자를 지급할 의무가 있다고 주장한다.

② 이에 대하여 M회사는, 이 사건 3차 계약은 당시 공동대표이사 중 1인에 불과한 B와 P 사이에 체결된 것인 이상 이는 M회사에 대하여 무효이므로 2004. 12. 1. 이후의 용역비 청구는 부당하다고 주장한다.

Issue & Rule

(1) 위 사선에서 쟁점이 되는 사항은 ① 공동대표이사가 단독으로 한 행위의 효력, ② 무권대표행위나 무효행위를 묵시적으로 추인하였는지 여부의 판단방법 등이다.
(2) 위 쟁점사항에 관한 적용법조는 상법 제389조 제2항; 민법 제130조, 제139조 등이다.

Analysis & Conclusion

1. 공동대표이사 중 1인이 단독으로 한 대표행위의 효력

(1) 판례법리[174]

① 주식회사에 있어서의 공동대표제도는 대외관계에서 수인의 대표이사가 공동으로만 대표권을 행사할 수 있게 하여 업무집행의 통일성을 확보하고, 대표권 행사의 신중을 기함과 아울러 대표이사 상호간의 견제에 의하여 대표권의 남용 내지는 오용을 방지하여 회사의 이익을 도모하려는데 그 취지가 있는 것이다.[175]
② 그러므로 공동대표이사는 공동으로만 회사를 대표할 권한이 있고, 다른 공동대표이사로부터 특정사항에 관한 대표권 행사를 개별적으로 위임받았다는 등의 특별한 사정이 없는 한, 공동대표이시 중 1인이 회사를 대표하였다고 하더라도 그 행위는 당연히 무권대표행위가 되어 회사에 대하여는 무효로 된다.

174) 이는 원심(서울고법 2009. 4. 9. 선고 2008나25611 판결)의 판결내용이다.
175) 대법원 1989. 5. 23. 선고 89다카3677 판결 참조.

(2) 사건에의 적용

이 사건 3차 계약이 체결된 2004. 11. 30. 당시 M회사는 공동대표이사로 B와 함께 A가 있었음이 분명하므로 공동대표이사 중 1인에 불과한 B가 단독으로 P와 사이에 체결한 이 사건 3차 계약은 M회사에 대하여는 그 효력이 없다.

2. 추인으로 인정하기 위한 요건

(1) 판례법리

① 무권대표행위나 무효행위의 추인은 무권대표행위 등이 있음을 알고 그 행위의 효과를 자기에게 귀속시키도록 하는 단독행위로서 그 의사표시의 방법에 관하여 일정한 방식이 요구되는 것이 아니므로 명시적이든 묵시적이든 묻지 않는다.
② 묵시적 추인을 인정하기 위해서는 본인이 그 행위로 처하게 된 법적 지위를 충분히 이해하고 그럼에도 진의에 기하여 그 행위의 결과가 자기에게 귀속된다는 것을 승인한 것으로 볼 만한 사정이 있어야 한다. 이를 판단함에 있어서는 관계되는 여러 사정을 종합적으로 검토하여 신중하게 하여야 한다.[176]

(2) 사건에의 적용

M회사는 제2차 계약기간이 만료된 이후 7개월이나 경과된 시점에서 제2차 계약의 기간만을 연장한 제3차 계약의 체결사실을 인식하고 있으면서도 P에게 기간이 만료된 제2차 계약의 계속적인 이행을 요구하는 통고서를 발송하여 제3차 계약의 효과가 M회사에게 귀속되는 것을 승인함으로써 제3차 계약을 묵시적으로 추인하였다고 봄이 상당하다.

---

176) 대법원 2009. 9. 24. 선고 2009다37831 판결 등 참조.

Comments

(1) 대표이사는 그 수가 수인인 때에도 각자 대표권을 행사하는 단독대표가 원칙이다. 그러나 수인의 대표이사가 공동으로만 회사를 대표할 수 있도록 하는 제도가 공동대표이사제도이다. 이는 수인의 대표이사가 공동으로 대표권을 행사하도록 함으로써 대표이사의 전횡을 막기 위한 제도이다. 공동대표이사를 정한 때에는 그 사항을 등기하여야 한다(317조 2항 10호). 공동대표이사 중 1인이 단독으로 한 대표행위는 상대방의 선의·악의를 불문하고 무효로 된다.[177] 공동대표이사가 단독으로 하는 무권능동대표행위는 조직법상 회사의 완성된 대표행위를 구성하지 못하기 때문이다.[178]

(2) 공동대표이사 중 일부가 다른 공동대표이사에게 대표권을 포괄적으로 위임하는 것은 공동대표이사제도의 취지에 정면으로 반하는 것이어서 허용되지 않는다는 것이 판례와 통설이다.[179] 한편, 개별적 위임이 허용되는가에 대해서는 (i) 전면적 부정설,[180] (ii) 전면적 허용설(백지위임설),[181] (iii) 공동대표이사간에 내부적 합의만 있으면 그 의사표시는 단독으로 할 수 있도록 위임할 수 있다는 설(절충설, 다수설),[182] (iv) 절충설과 기본적으로 같은 입장이나 다만 대외적으로 위임관계를 현명(표시)하여야 한

177) 선의의 제3자에 대해서는 대항할 수 없는 대표권의 내부적 제한과는 차이가 있다.
178) 이철송, 693면.
179) 대법원 1989. 5. 23. 선고 89다카3677 판결. 異說: 일정한 종류의 사항에 관하여 이사 전원의 동의가 있으면 그 결정과 집행을 일부의 이사에게 포괄적으로 위임할 수 있다는 견해가 있다(정동윤, 620면).
180) 채이식, 536면.
181) 현재 이 견해를 취하는 학자는 없는 것으로 보인다.
182) 손주찬, 788면; 송옥렬, 914면; 최준선, 436면; 홍복기 외, 335면.

다는 설(표시행위위임설)로 나뉜다.[183] 생각건대, 공동대표이사 중 1인이 단독으로 하는 행위는 상대방의 선의·악의를 불문하고 무효로 된다는 점을 감안할 때 절충설(다수설)이 타당하다고 본다. 표시행위위임설에 의하면 공동대표이사간에 위임에 관하여 내부적으로 합의가 있더라도 이를 대외적으로 표시하지 않으면 무효가 된다고 하는데, 이는 거래상대방에게 지나치게 불리하고 거래안전을 해친다.

(3) 공동대표이사 중 1인이 다른 공동대표이사로부터 적법한 위임 없이 단독으로 대표권을 행사한 경우 무효로 되나, 무효행위의 추인규정(민 139조)에 따라 추인할 수 있다.[184] 추인은 나머지 공동대표이사가 하여야 하며, 추인의 상대방은 거래의 상대방 또는 단독의 대표행위를 한 대표이사이다.[185] 명시적 추인은 물론이고 묵시적 추인도 가능하다. 다만 묵시적 추인으로 인정하기 위해서는 위 판례가 제시하고 있는 바와 같이 추인의 의사를 객관적으로 추론할 수 있어야 한다. 위 사건의 경우 공동대표이사가 단독으로 한 무효인 행위를 토대로 한 후속행위에 대하여 회사가 이를 알면서도 용인한 경우에는 묵시적 추인이 있는 것으로 인정하였다. 추인이 있으면 하자가 치유되어 유효하게 되고, 추인한 때부터 새로운 법률행위를 한 것으로 보는 것이 원칙이다(민 139조 단서). 다만, 당사자간에 한하여 소급효를 인정할 수 있다는 것이 통설이다.[186]

(4) 공동대표이사 중 1인이 단독으로 대표권을 행사하여 무효로 될 경우에 상대방 보호를 위해서는 표현대표이사에 관한 규정(395조)에 의하거나,[187][188] 공동대표이사가 월권하여 단독으로 대

183) 이철송, 695~696면.
184) 권기범, 789면.
185) 대법원 1992. 10. 27. 선고 92다19033 판결 참조.
186) 김준호, 378면.

표하는 행위가 불법행위를 구성하는 경우 불법행위책임을 묻거나 (389조 3항, 210조), 공동대표이사 개인에 대하여 상법 제401조에 기하여 손해배상책임을 묻는 방법 등이 있다.

《관련문헌》

채동헌, "주식회사 공동대표이사의 무권대표행위에 대한 회사의 추인여부", 「상장」 (2011).

---

187) [표현대표이사의 책임을 인정한 판례] 대법원 1993. 12. 28. 선고 93다47653 판결: 회사가 수인의 대표이사로 하여금 공동으로 회사를 대표할 것을 정하고 이를 등기한 경우에도, 공동대표이사 중의 1인이 대표이사라는 명칭을 사용하여 법률행위를 하는 것을 용인하거나 방임한 때에는, 그 공동대표이사가 단독으로 회사를 대표하여 한 법률행위에 관하여 회사는 선의의 제3자에 대하여 상법 제395조에 따른 책임을 진다.

188) 표현대표이사의 성립을 위해서는 거래상대방의 선의만으로 족하고 무과실을 요하지 않기 때문에 공동대표이사가 문제되는 대부분의 경우 선의의 제3자에게 대항할 수 없는 결과가 될 것이라는 견해가 있다(송옥렬, 915면).

22. 표현대표이사의 요건

[대법원 2009. 3. 12. 선고 2007다60455 판결]

Facts

(1) X회사(피고)는 2004. 2.경 당시 A의 장남인 B가 대표이사, 처인 C와 2남인 D가 각 이사, A는 감사로 각각 재직하고 있는 A의 가족들로 구성된 가족회사이다.
(2) X회사는 이 사건 부동산에서 주유소 영업을 해오고 있었는데, B 등을 비롯한 A의 가족들이 직간접적으로 주유소 운영에 관여하면서 위 주유소를 생활의 터전으로 삼고 있었다.
(3) X회사는 위 주유소를 다른 사람에게 임대하기 위해 X회사의 주주총회에서 정관을 변경하여 그 목적 사업에 임대업을 추가하기로 하고, 이를 위해 X회사의 주주들인 A의 장남 B(대표이사)와 처 C와 2남 D(이사) 등이 그들의 인감도장과 인감증명서 등을 A에게 교부하는 등으로 A에게 위 정관변경작업을 위임하였다.
(4) A는 이를 기화로 X회사의 목적 사업에 임대업을 추가하는 외에 자신을 대표이사로 선임하였다는 내용의 2004. 2. 14.자 정기주주총회의사록과 이사회회의록을 작성하여 그 법인변경등기까지 마쳤다. 이러한 점에 비추어 A가 위 의사록 등의 작성 이전부터 X회사를 사실상 운영하여 왔던 것으로 짐작된다.
(5) 더욱이 위 의사록 등의 작성 직후인 2004. 2. 15. B가 아닌 A가 X회사의 대표이사로서 Y와 A 가족들의 생활 터전인 위 주

유소에 관한 임대차계약을 체결하였고, 이에 대하여 X회사의 대표이사이던 B 등을 비롯하여 X회사의 운영에 관여하던 다른 가족들이 아무런 이의를 제기하지 않은 채 위 임대차계약에 기한 차임을 수령하고 있었다.

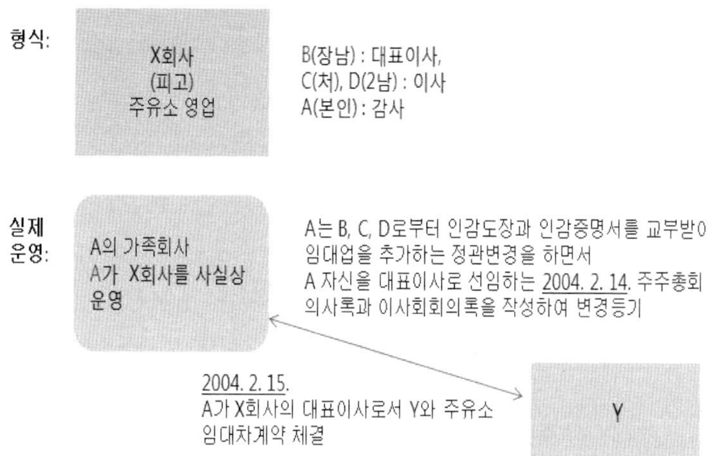

(Q1) A는 X회사의 대표이사가 아님에도 불구하고 대표이사 행세를 하면서 Y와 A 가족들의 생활 터전인 위 주유소에 관한 임대차계약을 체결하였는데, 이에 의한 임대차계약은 유효한가?

Issue & Rule

(1) 위 사건에서 쟁점이 되는 사항은 ① 이사의 자격이 없는 표현대표이사의 행위에 대한 상법 제395조의 유추적용 여부, ② 주주총회의 개최 없이 의사록만을 작성한 주주총회 결의로 대표자로 선임된 자의 행위에 대하여 회사에게 상법 제395조에 따른

책임을 묻기 위한 요건 등이다.
(2) 위 쟁점사항에 관한 적용법조는 상법 제395조 등이다.

Analysis & Conclusion

1. 이사 자격 없는 자의 행위에 대한 상법 제395조의 유추적용 여부

(1) 판례법리

① 상법 제395조의 규정은 표시에 의한 금반언의 법리나 외관이론에 따라 대표이사로서의 외관을 신뢰한 제3자를 보호하기 위하여 그와 같은 외관의 존재에 관하여 귀책사유가 있는 회사로 하여금 선의의 제3자에 대하여 그들의 행위에 관한 책임을 지도록 하려는 것이다.
② 회사가 이사의 자격이 없는 자에게 표현대표이사의 명칭을 사용하게 허용한 경우는 물론, 이사의 자격도 없는 사람이 임의로 표현대표이사의 명칭을 사용하고 있는 것을 알면서도 아무런 조치를 취하지 아니한 채 그대로 방치하여 소극적으로 묵인한 경우에도 위 규정이 유추적용된다.[189]

(2) 사건에의 적용

위 사건의 경우는 A(감사)는 대표이사의 전제자격이 되는 이사의 자격이 없는 자이나 이러한 경우에는 상법 제395조의 적용대상이 된다.

189) 대법원 1998. 3. 27. 선고 97다34709 판결 등 참조.

2. 주주총회 개최 없이 의사록만을 작성한 주주총회 결의로 대표자로 선임된 자의 행위에 대하여 회사에 상법 제395조의 책임을 묻기 위한 요건

(1) 판례법리

주주총회를 소집·개최함이 없이 의사록만을 작성한 주주총회 결의로 대표자로 선임된 자의 행위에 대하여 의사록 작성으로 대표자격의 외관이 현출된 데에 대하여 회사에 귀책사유가 있음이 인정될 경우 상법 제395조에 따라 회사에게 그 책임을 물을 수 있다.[190] 이 경우 의사록을 작성하는 등 주주총회 결의의 외관을 현출시킨 자가 사실상 회사의 운영을 지배하는 자인 경우와 같이 주주총회 결의 외관 현출에 회사가 관련된 것으로 보아야 할 경우에는 회사에 귀책사유가 있다고 인정할 수 있다.

(2) 사건에의 적용

① X회사의 대표이사이던 B와 다른 이사들은 A가 자신을 X회사의 대표이사로 하는 내용의 법인변경등기를 마침으로써 마치 A가 X회사의 대표이사인 것과 같은 외관을 현출하는 데에 대하여 귀책사유가 있거나 적어도 A가 X회사의 대표이사로서 행위를 하는 것을 알면서도 아무런 조치를 취하지 아니한 채 그대로 방치하여 소극적으로 묵인하였다고 인정할 여지가 충분히 있다.

② 위와 같은 X회사의 인적 구성이나 그 운영 형태, A가 위 2004. 2. 14.자 정기주주총회의사록 등을 작성하게 된 경위, 이 사건 매매계약 체결 이선에 A가 X회사의 대표이사 자격으로 행한 임대차계약의 체결 경위와 이에 대한 B 등의 대응태도 등에 관하여 심리하여 본 후에 A의 이 사건 매매계약 체결과 이에 따른 매매대금 수령행위에 대하여 X회사가 상법 제395조에 의한

190) 대법원 1992. 8. 18. 선고 91다14369 판결 등 참조.

책임을 부담할 것인지의 여부를 판단하여야 한다.[191]

Comments

(1) 상법 제395조의 표현대표이사는 대표이사가 아니면서도 대표이사인 듯 한 명칭을 신뢰하고 거래한 상대방을 보호하기 위한 제도이다. 영미법상의 금반언(estoppel)의 법리와 독일법의 외관이론에 그 뿌리를 두고 있고, 민법상의 표현대리, 상법상의 표현지배인 등과 맥을 같이한다.[192] 상법 제395조가 적용되기 위해서는, (i) 대표이사로서의 권한이 없는 자가 회사를 대표할만한 권한이 있는 것으로 인정할만한 명칭을 사용할 것(외관의 존재), (ii) 그 표현적 명칭의 사용을 회사가 명시적 또는 묵시적으로 허용하였을 것(회사귀책), (iii) 표현대표이사가 대표이사의 권한 내에 속하는 대표행위를 할 것(대표행위), (iv) 제3자가 선의일 것(보호할 가치가 있는 신뢰)을 요한다. 이상의 요건을 모두 갖추면 무권대표행위도 유효한 것으로 취급되어 회사는 거래상의 책임을 진다. 대표이사에 관한 사항은 등기할 사항이고(317조 2항 9호), 상법 제37조에 의하면 등기할 사항이 등기된 후에는 정당한 사유가 없는 한 그 사항에 관하여 제3자의 악의가 의제되지만, 법 제395조가 적용되는 경우에는 상법 제37조가 적용되지 않는다.[193]

(2) 표현대표이사로 인정되기 위하여 갖추어야 할 요건 중에서 대표이사로서의 표현적 명칭이 존재하느냐의 여부가 핵심이 되는데, 이에 관한 판단은 거래의 건전한 상식에 의한다. 예컨대, 회

191) 원심(서울고법 2007. 7. 25. 선고 2006나65790 판결)을 파기환송.

192) 상법 제395조의 표현대표이사의 요건은 거래의 안전을 위하여 민법상의 표현대리보다 더욱 완화되어 있다.

193) 상법 제395조(표현대표이사)와 제37조(상업등기의 대항력)는 차원을 달리하는 서로 다른 제도이다(대법원 1979. 2. 13. 선고 77다2436 판결). 사안에 따라서는 양자가 각각 별개로 또는 중첩적으로 적용될 수도 있다.

사의 '경리담당이사'라는 명칭을 사용하여 회사의 이름으로 자금을 차용한 사건에서, '경리담당이사'는 회사를 대표하여 자금을 차용할 권한이 있는 것으로 거래계에서 믿을만한 명칭에 해당하지 않는다고 판시한 바 있다.[194] 이는 결국 당해 명칭에 대한 거래계의 오신 가능성 여부를 기초로 하여 구체적으로 판단하여야 한다.

(3) 상법 제395조가 적용되기 위해서는 대표이사는 아니더라도 적어도 이사의 자격을 가질 것을 요하는가? 상법 제395조의 법문에 의하면 최소한 '이사'로서의 자격을 가질 것을 요하는 것으로 해석할 소지가 있다. 위 사건에서 A는 대표이사이기는커녕 이사로 선임된 사실조차 전혀 없는 자인데(A는 원래 감사로 등기되어 있는 자이다), 이러한 경우에도 상법 제394조를 유추적용하고 있다. 무권한의 표현적 명칭을 신뢰한 상대방을 보호하기 위한 표현대표이사제도의 취지를 감안할 때, 그리고 이사 자격의 존부와 무관하게 대표이사로서의 표현적 지위를 형성하는 것이 가능하기 때문에 판례와 같이 상법 제395조의 적용요건으로 이사의 자격을 요하지 않는다고 보는 것이 타당하다. 더욱이 위 사건에서는 A의 대표이사 선임에 하자가 있음에도 불구하고 대표이사로 선임된 것으로 주주총회의사록을 작성하고 이를 등기한 것이므로,[195] 그 선임이 무효이더라도 표현적 명칭(외관)이 엄연히 존재한다.

(4) 상법 제395조를 적용하기 위해서는 회사가 표현적 명칭의 사용을 허용하는 등 회사에 책임을 돌릴 수 있는 사유(귀책사유)가 존재하여야 한다. 대표이사 아닌 자가 무권대표행위를 하고 있음을 회사가 알고 있음에도 불구하고 이를 방치하고 있으면

194) 대법원 2003. 2. 11. 선고 2002다62029 판결.

195) 선임이 무효인 대표이사의 행위에 대하여 상법 제39조의 부실등기의 문제로 취급하여 선의의 제3자에게 대항하지 못한다고 판시한 것이 있다(대법원 2004. 2. 27. 선고 2002다19797 판결).

묵시적으로 그 명칭 사용을 허용한 것으로 인정되어 회사에 귀책사유가 인정된다. 위 사건에서처럼 A가 대표이사로 행위를 하는 것을 알면서도 X회사가 아무런 조치를 취하지 아니한 채 그대로 방치한 것은 소극적으로 묵인하였다고 인정할 만한 충분한 사유가 된다. 그러나 일방적인 참칭의 경우에는 회사에 책임을 돌릴 수 없다.[196)]

(5) 상법 제395조는 선의의 제3자에 대해서만 적용된다. 여기에서의 '제3자'에는 표현대표이사가 한 행위의 직접적인 상대방뿐만 아니라 표현적 명칭을 신뢰한 자 모두를 포함한다는 것이 다수설과 판례의 입장이다.[197)] 여기서 '선의'란 대표권이 없다는 것을 알지 못함을 뜻한다. 이에 대한 증명책임은 회사에 있다. 이때 상대방의 무과실을 요하지 않는다는 것이 판례의 입장이다.[198)] 그러나 중과실이 있는 때에는 악의로 취급된다.[199)]

《관련문헌》

채동헌, "무권한자가 표현대표이사의 명칭을 사용한 경우 회사의 책임", 「상장」(2010).

김상수, "표현대표이사가 한 소송행위의 효력", 「경영과 법」 제1권(2007).

김재범, "회사법률관계에서 표현대리와 표현대표이사제도의 적용", 「경영법률」 제17집 제2호(2007).

정찬형, "표현대표이사의 어음행위에 대한 회사의 책임", 「고려법학」 제42호(2004).

---

196) 김정호, 429면.

197) 대법원 2003. 9. 26. 선고 2002다65073 판결. 표현대표이사가 발행한 어음을 믿고 취득한 모든 제3취득자가 이에 의하여 보호를 받는다.

198) 대법원 1973. 2. 28. 선고 72다1907 판결.

199) 대법원 2009. 9. 10. 선고 2009다34160 판결.

제3장

임원의 의무와 책임

23. 이사의 선관주의의무

[대법원 2011. 10. 13. 선고 2009다80521 판결]

Facts

(1) T상호저축은행(주식회사)은 상호신용금고법에 의하여 1983. 2. 22. 신용부금 업무 등을 목적으로 설립된 금융회사인데, 금융감독위원회(현, 금융위원회)로부터 2007. 1. 19.에는 부실금융기관으로 결정되어 영업정지명령을 받고, 같은 해 5. 25.에는 경영개선명령 불이행에 따라 T상호저축은행의 자산과 부채 및 그 발생의 기초가 되는 계약을 예◇름상호저축은행 및 정리금융공사에 이전하는 결정을 받고 영업인가가 취소되었다. 광주지방법원은 2007. 8. 3. T상호저축은행에 대하여 파산선고를 하고, 같은 날 P(예금보험공사, 원고)가 파산관재인으로 선임되었다. D(피고)는 2005. 5. 27.부터 2007. 1. 19.까지 T상호저축은행의 여신업무 등을 총괄하는 이사로 근무하였다. T상호저축은행의 여신취급에 관한 주요 규정들은 아래와 같다.

> ① 대출은 채무자의 신용상태 및 상환능력, 자금의 용도 등을 고려하여 대출의 건전성 및 수익성을 유지할 수 있어야 한다(상호저축은행 표준 대출규정('대출규정') 제3조)
> ② 대출을 취급할 때에는 담보를 취득하거나, 채무자의 사업성, 수익성, 자산, 신용상태 등을 종합적으로 검토하여 채권회수에 지장

> 이 없다고 인정되는 자에 한하여 신용으로 취급할 수 있다(대출규정 제8조 제1항).
> ③ 리스크관리위원회는 순여신 잔액기준 1인당 담보 5억원, 신용 1억원 이상의 여신심사, 신규 여·수신 상품의 취급 등의 사항을 심의한다(리스크관리규정 제7조 제5호).

(2) A종건에 대한 대출 ('이 사건 1 대출')

① 이 사건 1 대출금의 사용용도는 A종건이 서울 중랑구 면목동 소재 지하철 7호선의 역세권에서 공정률 90% 상당으로 건축 중인 주상복합 아파트에 대하여 준공검사를 받기 위한 위 아파트 대지상의 권리관계 정리에 소요되는 자금이다.

② 2005. 6.경 위 아파트 건물 및 대지는 외부 감정평가법인에 의하여 20,075,580,000원의 담보가치가 있는 것으로 평가되었고, 위 아파트의 분양대금으로 입금될 잔액이 약 9,700,000,000원에 상당한다.

③ H상호저축은행은 2005. 6. 27.경 위 아파트의 대지에 관하여 담보신탁 1순위 수익권증서를 담보로 제공받고 준공검사 완료 후 분양대금 미납 및 미분양 아파트에 관하여 담보처분신탁을 하는 등의 조건으로 A종건에게 10,000,000,000원을 대출하는 내용에 대하여 여신심사를 하였다.

④ T상호저축은행은 A종건으로부터 이 사건 1 대출금에 대한 담보로 서울 중랑구 면목동 소재 부동산에 관하여 후순위 근저당권을 설정받고, A종건이 자체 분양받은 주상복합 아파트에 대한 각 분양계약서 원본을 징구하는 한편, A종건의 주주들이기도 한 대표이사 A2와 이사 A3, A4를 연대보증인으로 입보시켰다.

⑤ T상호저축은행 리스크관리위원회는 2005. 9. 15. 이 사건 1 대출에 대한 여신심사 결과를 승인하였다.

⑥ A종건은 2004. 12. 31.을 기준으로 하여 자본총액이 -448,810,000원인 반면 2004년도 매출액이 7,464,986,000원으로

매출액 증가율이 약 40.29%였다.

⑦ 금융감독원이 2006. 3. 13.부터 2006. 6. 16.까지 T상호저축은행에 대하여 실시한 부문검사 결과 자기자본비율(BIS)이 크게 하락하여 개선되지 않는 원인으로 소액신용대출의 부실이 지적되었다.

(3) 경산시 아파트 신축사업 관련업체에 대한 대출 ('이 사건 2 대출')

① T상호저축은행의 이사인 D는 2005. 6. 30.경 경산시 중방동 공동주택 신축사업('경산시 아파트 사업') 관련업체인 주식회사 B 등 5개 사업자(이하 'B 등')가 신청한 공동주택 신축사업 부지매입을 위한 계약금 용도의 일반자금대출 5건 합계 8,400,000,000원의 이 사건 2 대출을 취급하였다.

② 이 사건 2 대출 취급 당시 B 등이 공동주택을 신축하고자 하는 부지 대부분은 주식회사 U주택이 2004. 매매계약을 체결하였다가 중도금 및 잔금을 지불하지 못하여 토지소유자들이 U주택에 매매계약의 해제를 통지하였거나 U주택을 상대로 매매잔대금의 지급을 구하는 소송을 진행하고 있던 중이었으므로, 사업추진을 위한 부지매입 가능성조차 불확실한 상황이었음에도 불구하고, 물적 담보의 취득이나 연대보증인의 입보도 없이 신용대출을 하였다.

③ 한편으로, T상호저축은행은 B 등이 토지대금 계약금만 마련하면 시공예정회사인 S기업이 토지대금 및 기타 경비 조달 목적으로 제1금융권에서 일으킨 프로젝트 파이낸싱을 통하여 토지계약금을 상환받는 계획으로 이 사건 2 대출을 실행하였다. 주식회사 S은행은 경산시 아파트 사업에 관하여 시공사인 S기업의 책임준공 및 시행사의 부도, 파산, 기한이익의 상실 등 사유발생시 대출금 채무인수 등의 조건으로 110,000,000,000원을 대출하겠다는 의향서를 제출하였다. S기업은 시행사에서 토지 소유권을 확보하고 점유자 이주를 완료하는 등의 조건으로 경산시 아파트 사업에 참여하겠다는 확약서를 제출하였다.

④ T상호저축은행이 이 사건 2 대출을 실행하는 당일 경산시 아파트 사업부지의 소유권 문제와 관련하여 변호사로부터 B 등이 토지 소유자들과 새로운 매매계약을 체결함에 있어 법률상 문제는 없으나 토지 소유자들과 U주택과 사이의 매매계약의 효력을 다투는 법적 쟁송이 예상되므로 U주택과의 합의 내지 U주택이 취할 수 있는 조치에 대한 대응으로 사업부지상에 발생할 수 있는 법률적 장애요소를 근원적으로 제거하는 것이 바람직하다는 법률의견서를 제출받았다.
⑤ T상호저축은행은 B 등으로부터 각 액면 2,184,000,000원의 약속어음, 사업시행권 포기각서, 사업시행권 양수도 확인 각서, 사업권 양도양수 계약서, 경영권포기 및 경영권이전 각서, 건축주명의변경 동의서, 보충권 수여증서, 유치권포기 각서를 각 공증하여 제출받았다.
⑥ T상호저축은행 리스크관리위원회가 이 사건 2 대출에 대한 각 여신심사 결과를 승인하였다.
⑦ T상호저축은행은 이 사건 2 대출금에서 수수료 2,286,800,000원, 선이자 1,008,000,000원을 공제하였다.
⑧ 그러나 B 등은 사업부지에 대한 매매계약 체결은 물론 아파트 신축사업 자체를 진행하지 못하여 대출금은 장기간 연체되었으며, 일부 차주사는 아예 폐업까지 하였다. 이에 의하여 T상호저축은행에게 2007. 3. 30. 기준 위 대출금 전액인 8,400,000,000원을 회수하지 못하도록 하는 손해를 입게 하였고, 위 대출채권은 2007. 5. 25. 정리금융공사에 2,102,175,769원에 매각되었다.
⑨ 금융감독원이 2006. 3. 13.부터 2006. 11. 10.까지 T상호저축은행에 대하여 실시한 특별검사에서 T상호저축은행은 이 사건 2 대출에 대하여 여신취급시 사업성 검토 소홀을 이유로 금융기관검사 및 제재에 관한 규정에 기하여 주의사항(기관) 조치를 받았다.

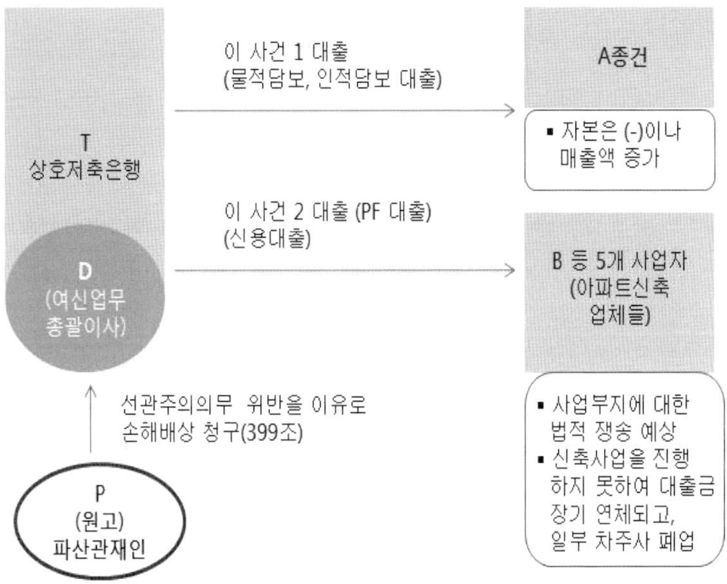

(Q1) 위 사안에서 P(원고, 파산자 T상호저축은행의 파산관재인 예금보험공사)는 T상호저축은행의 위 대출업무 이사였던 D(피고)를 상대로 금융기관의 이사로서의 주의의무를 위반한 채무불이행을 이유로 손해배상을 청구하고 있다. P(원고)의 이러한 청구의 당부를 판단하시오.

Issue & Rule

(1) 위 사건에서 쟁점이 되는 사항은 ① 금융기관의 임원이 대출과 관련하여 선량한 관리자로서의 주의의무를 위반하였는지에 관한 판단기준, ② 금융기관에 미회수금 손해가 발생하였다는 결과만으로 대표이사나 이사의 임무 해태로 인한 채무불이행 사실이

추정되는지 여부, ③ 금융기관 이사가 이른바 프로젝트 파이낸스 대출을 하면서 단순히 회사의 영업에 이익이 될 것이라는 일반적·추상적인 기대하에 일방적으로 임무를 수행하여 회사에 손해를 입힌 경우, 이러한 이사의 행위가 허용되는 경영판단의 재량범위 내에 있다고 할 수 있는지 여부 등이다.
(2) 위 쟁점사항에 관한 적용법조는 상법 제382조 제2항, 제399조; 민법 제681조 등이다.

Analysis & Conclusion

1. 금융기관의 임원이 대출과 관련하여 선량한 관리자로서의 주의의무를 위반하였는지에 관한 판단기준

(1) 판례법리

① 금융기관의 임원은 소속 금융기관에 대하여 선량한 관리자의 주의의무를 지므로, 그 의무를 충실히 한 때에야 임원으로서의 임무를 다한 것으로 된다고 할 것이지만, 금융기관이 그 임원을 상대로 대출과 관련된 임무해태를 내세워 채무불이행으로 인한 손해배상책임을 물음에 있어서는 임원이 한 대출이 결과적으로 회수곤란 또는 회수불능으로 되었다고 하더라도 그것만으로 바로 대출결정을 내린 임원에게 그러한 미회수금 손해 등의 결과가 전혀 발생하지 않도록 하여야 할 책임을 물어 그러한 대출결정을 내린 임원의 판단이 선량한 관리자로서의 주의의무 내지 충실의무를 위반한 것이라고 단정할 수 없다.
② 대출과 관련된 경영판단을 함에 있어서 통상의 합리적인 금융기관 임원으로서 그 상황에서 합당한 정보를 가지고 적합한 절차에 따라 회사의 최대이익을 위하여 신의성실에 따라 대출심사를

한 것이라면 그 의사결정과정에 현저한 불합리가 없는 한 그 임원의 경영판단은 허용되는 재량의 범위 내의 것으로서 회사에 대한 선량한 관리자의 주의의무 내지 충실의무를 다한 것으로 볼 것이다.

③ 금융기관의 임원이 선량한 관리자의 주의의무에 위반하여 자신의 임무를 해태하였는지의 여부는 그 대출결정에 통상의 대출담당임원으로서 간과해서는 안 될 잘못이 있는지의 여부를 대출의 조건과 내용, 규모, 변제계획, 담보의 유무와 내용, 채무자의 재산 및 경영상황, 성장가능성 등 여러 가지 사항에 비추어 종합적으로 판정해야 한다.[200]

④ 대표이사나 이사를 상대로 주식회사에 대한 임무해태를 내세워 채무불이행으로 인한 손해배상책임을 물음에 있어서는 대표이사나 이사의 직무수행상의 채무는 미회수금 손해 등의 결과가 전혀 발생하지 않도록 하여야 할 결과채무가 아니라, 회사의 이익을 위하여 선량한 관리자로서의 주의의무를 가지고 필요하고 적절한 조치를 다해야 할 채무이다. 따라서 회사에게 대출금 중 미회수금 손해가 발생하였다는 결과만을 가지고 곧바로 채무불이행사실을 추정할 수도 없다.[201]

(2) 사건에의 적용 (이 사건 1 대출에 대한 판단)

T상호저축은행은 이 사건 1 대출로 인하여 발생하는 모든 채무에 관하여 담보제공 및 연대보증을 받는 등 채권보전조치를 취하였고, A종건의 경우 성장성 및 활동성의 지표인 매출액 증가율이 40.29%에 이르고 있었던 사정을 고려하여 A종건의 대출상환능력을 판단하였으며, 특히 H상호저축은행이 여신심사 결과 승인한 A종건에 대한 대출금 10,000,000,000원으로 이 사건 1 대

200) 대법원 2002. 6. 14. 선고 2001다52407 판결; 대법원 2006. 11. 9. 선고 2004다41651, 41668 판결 등 참조.

201) 대법원 1996. 12. 23. 선고 96다30465, 30472 판결 참조.

출금을 상환받을 계획이었던 점, T상호저축이 A종건으로부터 이 사건 1 대출채무의 담보로 이 사건 분양계약서를 징구한 이후 A종건으로부터 이중으로 분양계약서를 교부받은 제3자가 가처분을 하고 소유권이전등기를 하는 바람에 이 사건 분양계약서가 담보로서 실효성을 상실하게 된 점, 금융감독원에서 2005. 8. 31.부터 2007. 5. 30.까지 T상호저축은행에 파견된 감독관이 상시 업무를 수행하는 기간 취급된 이 사건 1 대출에 대하여 감독관의 대출서류 관리 결과 어떠한 지적도 없었으며, 금융감독원이 2006. 2. 13.부터 같은 달 24.까지 및 2006. 3. 13.부터 2006. 11. 10.까지 실시된 각 특별검사에서도 이 사건 1 대출 취급 부주의 등의 지적이 전혀 없었던 점 등을 종합하여 보면, D의 이 사건 1 대출에 관한 의사결정 과정 및 내용이 현저히 불합리하였다고 보이지는 아니한다. 그러므로 결과적으로 A종건에 대한 대출금을 회수하지 못하게 되었다고 하더라도 D가 선량한 관리자의 주의의무 내지 충실의무에 위반하여 자신의 임무를 해태하였다고 볼 수는 없다.

2. 금융기관의 이사가 PF대출을 하면서 단순히 회사의 영업에 이익이 될 것이라는 일반적 · 추상적인 기대하에 일방적으로 임무를 수행하여 회사에 손해를 입힌 경우, 허용되는 경영판단의 재량범위 내에 있다고 할 수 있는지 여부

(1) 판례법리

① 프로젝트 파이낸스(project finance, 이하 PF라 함)[202] 대출은 부동산 개발 관련 특정 프로젝트의 사업성을 평가하여 그 사업에서 발생할 미래의 현금흐름을 대출원리금의 주된 변제재원으로 하는

202) 프로젝트 파이낸스란 은행 등 금융기관이 특정사업의 사업성과 장래의 현금흐름을 보고 사업자금을 지원하는 금융기법이다.

금융거래이다. 그러므로 대출을 함에 있어서 이루어지는 대출상환능력에 대한 판단은 그 프로젝트의 사업성에 대한 평가에 주로 의존하게 된다.
② 이러한 경우 금융기관의 이사가 대출 요건으로서의 프로젝트의 사업성에 관하여 심사함에 있어서 필요한 정보를 충분히 수집·조사하고 검토하는 절차를 거친 다음 이를 근거로 금융기관의 최대 이익에 부합한다고 합리적으로 신뢰하고 신의성실에 따라 경영상의 판단을 내렸고, 그 내용이 현저히 불합리하지 아니하여 이사로서 통상 선택할 수 있는 범위 안에 있는 것이라면, 비록 사후에 회사가 손해를 입게 되는 결과가 발생하였다고 하더라도 그로 인하여 이사가 회사에 대하여 손해배상책임을 부담한다고 할 수 없다.
③ 금융기관의 이사가 이러한 과정을 거쳐 임무를 수행한 것이 아니라 단순히 회사의 영업에 이익이 될 것이라는 일반적·추상적인 기대하에 일방적으로 임무를 수행하여 회사에 손해를 입게 한 경우에는 필요한 정보를 충분히 수집·조사하고 검토하는 절차를 거친 다음 이를 근거로 회사의 최대 이익에 부합한다고 합리적으로 신뢰하고 신의성실의 원칙에 따라 경영상의 판단을 내린 것이라고 볼 수 없으므로, 그와 같은 이사의 행위는 허용되는 경영판단의 재량범위 내에 있는 것이라고 할 수 없다.[203]

(2) 사건에의 적용 (이 사건 2 대출에 대한 판단)

(가) 원심[204]

PF 대출은 장래의 사업에서 발생할 미래의 현금흐름을 대출원리금의 주된 변제재원으로 하는 점, 부동산개발을 전제로 한 토지

---

203) 대법원 2008. 7. 10. 선고 2006다39935 판결 참조.
204) 서울고법 2009. 9. 10. 선고 2008나118674 판결.

매입자금 대출인 브리지 론(bridge loan)은[205] 제2금융권인 상호저축은행이 취급하는 대표적인 PF 대출의 한 형태로서, 이 사건 2 대출금 역시 제1금융권인 주식회사 S은행의 대출을 통하여 상환되는 브리지 론으로 취급된 점, PF 대출에서는 대출상환능력을 판단함에 있어 해당 부동산개발 프로젝트의 사업성 평가가 상당한 비중을 차지하며 물적 또는 인적 담보만이 채권회수의 유일한 방법이 아닌 점, 이사가 임무를 수행함에 있어서 선량한 관리자의 주의의무를 위반하여 임무해태로 인한 손해배상책임을 면할 수 없고 경영판단의 원칙이 적용될 여지가 없는 법령에 위반한 행위라고 할 때 말하는 '법령'은 일반적인 의미에서의 법령, 즉 법률과 그 밖의 법규명령으로서의 대통령령, 총리령, 부령 등을 의미하는 것인바, 이 사건에서 금융감독원의 T상호저축은행에 대한 주의사항(기관) 조치의 근거로 보이는 상호저축은행업감독규정, 상호저축은행표준업무방법서, 대출규정, 상호저축은행여신거래기본약관 등은 이에 해당하지 아니하는 점, 금융감독원의 위 주의사항 조치는 T상호저축은행에 대한 기관경고일 뿐 D에 대하여 T상호저축은행의 이사로서의 책임을 묻는 징계에 해당하지 아니하는 점, 경산시 아파트 사업은 U주택과의 법적 문제 때문이 아니라 일부 토지소유자의 알박기 행태로 인하여 진행이 불가능하게 된 것으로 보이는 점 등을 종합하여 보면, D의 이 사건 2 대출에 관한 의사결정 과정 및 내용이 현저히 불합리하였다고 보이지는 아니한다. 그러므로 결과적으로 B 등에 대한 대출금을 회수하지 못하게 되었다고 하더라도 D가 선량한 관리자의 주의의무 내지 충실의무에 위반하여 자신의 임무를 해태하였다고 단정할 수는 없다고 판단하였다.

---

205) 브리지 론(bridge loan)이란 자금이 급히 필요할 때 일단 단기차입으로 자금을 조달하기 위하여 도입되는 자금을 말한다.

(나) 대법원

① D는 이 사건 2 대출 당시 B 등으로부터 경산시 중방동 공동주택 신축사업 부지 매입을 위한 계약금 용도로 합계 84억원이나 되는 거액의 대출을 신청받으면서 그 사업부지에 관하여 토지소유자들과 U주택과 사이에 매매계약의 효력을 다투는 법적 쟁송이 예상된다는 취지의 법률의견서를 제출받았다는 것이므로, D로서는 최소한 법적 쟁송으로 인해 위 사업부지의 매입이 상당기간 지연될 가능성에 대해서는 인식하였던 것으로 보인다.
② 또한 D가 B 등과 U주택 사이에 작성된 'U주택이 대상부지 매입권을 스폰◯◯에스에게 매도하고 개발계획을 돕는다'는 내용의 양해각서 및 이에 첨부된 매입토지조서를 제출받았으나, 위 양해각서는 그 유효기간이 2004. 8. 5.까지였으므로 이 사건 2 대출 당시인 2005. 6. 30.경에는 위 양해각서는 이미 그 유효기간이 만료된 후 한참의 시간이 경과한 상태였던 사실, 이 사건 2 대출 당시 사업부지 대부분은 U주택이 2004년 매매계약을 체결하였다가 중도금 및 잔금을 지불하지 못하여 계약자들 중 일부는 U주택에 매매계약의 해제를 통지하였고 일부 계약자들은 U주택과의 매매계약이 여전히 유효함을 전제로 U주택을 상대로 매매잔대금의 지급을 구하는 소송을 진행하고 있기까지 하였던 사실, 이 사건 2 대출 취급 후 얼마 지나지 않아 B 등은 당초의 주택사업을 포기하고 주식회사 시엘◯◯건설과 천안시에 공동주택 신축사업을 새로 추진하기로 투자약정을 체결하여 위 대출금 중 62억원을 위 사업을 위한 주식양수대금으로 사용해 버린 사실, 이 사건 2 대출 당시 위 회사들은 사업부지의 계약금조차 전액 대출받을 정도로 자금력이 없었으며, 채무의 상환을 확보할 수 있는 확실한 인적·물적 담보를 제공하지도 못한 사실을 인정할 수 있다.
③ 이 사건 2 대출은 시공사가 제1금융권에서 일으킨 프로젝트

파이낸싱을 통하여 대출금을 상환받을 것이 예정된 브리지 론 대출로서, 당시 주식회사 S은행은 '시공사인 S기업의 책임준공' 등을 조건으로 대출의향서를 제출하였고, 시공예정사인 S기업은 '시행사에서 토지 소유권을 확보하고 점유자 이주를 완료하는 등 사업 진행에 문제가 없다고 판단될 것을 조건으로' 위 사업에 참여할 계획이었으므로, 시행사인 B 등으로서는 통상적으로 부지 매입에 소요되는 기간 내에 사업부지의 소유권을 확보하지 못하는 경우에는 사업부지의 소유권 확보를 전제로 한 S기업의 사업 참여나 이를 전제로 한 제1금융권의 프로젝트 파이낸싱을 기대하기 어려워 사업추진 자체가 불가능해질 수도 있었던 것으로 보인다.

④ 그리고 가사 사업추진이 가능하더라도, 이처럼 막대한 자금을 제2금융권인 상호저축은행으로부터 고율의 이자약정하에 대출받아 사업을 추진하는 경우, 법적 쟁송 등으로 인해 사업부지 매입이 장기간 지연될 때에는 사업의 수익성이 악화될 수 있고, 이러한 사업 수익성의 악화 또한 대출금의 회수 불능으로 이어질 수 있다.

따라서 이러한 경우 D2로서는 U주택과의 매매계약이 여전히 유효함을 전제로 U주택을 상대로 매매대금 지급청구를 하고 있는 지주들을 포함한 사업부지 내의 지주들이 실제로 B 등에게 토지를 매도할 의사가 있고 B 등이 실제로 사업대상 부지를 매입할 수 있는지, 그리고 사업 부지에 관한 법적 분쟁으로 인하여 부지 매입 작업이 장기간 지연될 가능성은 없는지에 관하여 B 등으로부터 충분한 자료를 제출받아 이를 면밀히 분석한 후, 앞서 본 사정들에도 불구하고 사업이 계획대로 추진되리라고 판단되는 경우에만 대출을 실행할 금융기관 이사로서의 주의의무가 있다 할 것이다. 만약 이러한 절차 없이 이처럼 거액의 대출을 실행하였다면 대출 심사에 관한 주의의무를 다하여 합리적인 판단을 내린 것이라고 보기 어렵다.

⑤ 뿐만 아니라, 대출규정 제121조에 의하면 "대출은 취급시부터

회수시까지 대출의 용도와 유용방지와 채권보전 및 승인조건이 충실히 이행되었는지의 여부를 관리하여야 한다."라고 규정하고 있다. 기록에 의하면 D2는 이 사건 2 대출 취급 후 대출을 받은 B 등 5개사가 당초의 주택사업을 포기하고 위 대출금 중 62억원을 주식회사 시엘○○건설에 대한 주식양수대금으로 사용하였음에도, 당초 예정된 주택사업의 진행 여부 등에 대한 확인 없이 2006. 6. 28. B 등 5개사에 대한 대출금 84억원을 2개월간 기간 연장하여 준 사실을 인정할 수 있다. 이러한 대출 관리를 소홀히 한 점에서도 D의 과실을 인정할 여지가 있다 할 것이다. (원심은 일부 토지소유자의 '알박기' 행태로 인하여 사업 진행이 불가능하게 된 것으로 보이는 점을 D의 과실을 부정하는 하나의 근거로 삼았으나, 이 정도 규모의 신축사업에서 일부 토지에 대한 알박기 행태는 통상 예견되는 것이어서, 이러한 상황에 대처할 능력조차 없었다는 것은 결국 채무자 회사들의 사업추진능력이 부족하였다는 것을 의미하므로, 이를 D의 과실을 부정하는 근거로 삼기는 어려운 것으로 보인다고 판시하였다.)

⑥ 따라서 원심으로서는 D가 이러한 대출과정에서의 심사, 특히 실제로 사업추진 가능성이 있었는지 및 법적 쟁송으로 인해 사업이 장기간 지연될 가능성은 없는지에 대한 심사절차를 제대로 거친 후 이에 근거하여 합당한 판단을 내렸는지, 그 후 대출기간을 연장함에 있어서도 주의의무를 다하였는지(또한 주의의무를 다하지 않은 사실이 인정된다면 그 주의의무 위반으로 인하여 손해가 발생하였는지에 대하여도 심사하여야 할 것이다)에 대한 심리를 더 나아가 진행하여 이 부분 P(원고) 주장의 당부를 살펴보았어야 할 것이다.

그럼에도 불구하고, 원심은 이 부분에 관하여 더 이상의 심리를 해 봄이 없이 D가 이 사건 2 대출을 함에 있어 주의의무를 위반하였다는 점을 인정하기에 부족하다고 단정하고 말았으니, 원심판결에는 금융기관의 임원의 선량한 관리자로서의 주의의무 위반에 관한 법리를 오해한 나머지 심리를 다하지 아니한 위법이 있다.

Comments

(1) 위 사건은 상법 제399조에 근거하여 이사의 임무해태로 인하여 회사에 끼친 손해에 대한 배상책임을 묻고 있다. 이사와 회사는 위임의 관계에 있고 이에 대해서는 민법의 위임에 관한 규정을 준용하므로(382조 2항), 이사는 위임의 본지에 따라 회사에 대하여 선량한 관리자로서의 주의의무를 진다(민 681조). 이사의 선관의무에는 단순히 법령을 준수하는 것에 그치지 않고 영리단체의 경영수임자로서 회사에 적극적으로 최선의 이익을 추구하여야 할 의무까지를 포함한다. 즉, 이사의 선관의무는 적법성에 대한 의무뿐만 아니라 효율성·합목적성에 대한 의무까지를 포함한다. 선관의무는 이사가 회사에 대하여 부담하는 기본적(원천적) 의무이다.[206] 이를 구체화한 것이 감시의무, 이사회출석의무, 경업·회사기회유용·자기거래 금지 등 이익상충금지의무 등이다. 이사의 의무에 관하여 개별 규정에 근거규정이 없는 때에도 선관의무 위반여부를 판단하여야 한다.

(2) 선관의무는 모든 이사에 대하여 부과되며, 상근 여부, 보수 여부, 사내이사·사외이사인지의 여부를 불문한다. 이를 위반하였을 때에는 회사 또는 제3자에 대하여 손해배상책임을 진다(399조, 401조). 집행임원과 감사도 회사와 위임의 관계에 있기 때문에 회사에 대하여 선관의무를 진다는 점에서는 이와는 동일하다(408조의2 2항, 415조).[207]

206) 선관의무를 좋은 기업지배구조를 확보하기 위하여 이사가 부담하는 일반적 행위기준(standard of conduct)이라고 표현하기도 한다(김정호, 443면).

207) 다만 감사의 경우는 업무를 집행하지 않기 때문에 경업금지와 자기거래의 제한을 받지 않는다고 해석한다(이철송, 819면). 그러나 감사 역시 이사회에 참석하고 각종 조사권을 가지고 회사의 내부정보에 쉽게 접근할 수 있는 지위에 있기 때문에 경업금지, 회사기회유용금지, 자기거래제한 등에 있어서 이사에 준하는 취급을 할 필요가 있다고 생각한다.

(3) 이사가 선관의무를 위반하면 채무불이행이 되고 그로 인하여 회사에 발행한 손해를 배상하여야 할 책임을 진다(399조). 이는 불법행위책임(민 750조)과 경합할 수 있다. 악의 또는 중대한 과실로 선관의무를 위반한 때에는 제3자에 대해서도 손해배상책임을 진다(401조). 이사의 선관의무 위반 여부는 개별적 사안에 따라 구체적으로 판단할 수밖에 없는데, 이사가 소속하는 회사의 특성, 대상 업무의 성격에 따라 요구되는 주의의무의 내용이 달라진다(주의의무의 개별화). 위 대법원 판결은 금융기관에서 대출관련 업무를 처리함에 있어서 이사가 기울여야 할 선관의무에 대하여,[208] 대출 1과 대출 2에 관한 업무내용의 차이를 고려하여 각각 다른 주의의무 기준을 적용하고 있다. 이는 사안별로 상이한 주의의무의 기준을 적용함으로써 이사가 기울여야 할 주의의무의 적정한 수준으로 끌어내고 구체적 타당성을 기하기 위함이다.

(4) 상법은 이사에 대하여 선량한 관리자로서의 주의의무와는 별도로 "이사는 법령과 정관의 규정에 따라 회사를 위하여 그 직무를 충실하게 수행하여야 한다"고 하여 충실의무를 명문으로 규정하고 있다(382조의3).[209] 이 때문에 선량한 관리자로서의 주의의무와 충실의무의 관계가 문제된다. 이에 대해서는 견해가 나뉜다.

(ⅰ) 이질설 - 충실의무조항은 위임관계에서 일반적으로 인정되는 선관의무에서 한 걸음 더 나아가 영미법에서처럼 광범한 내용의 충실의무(보통법상의 信認義務; fiduciary duty)를 채택한 것으로 본다.[210]

---

208) 금융기관의 이사에 대해서 판례는 금융기관이 갖는 공공적 성격에 걸맞은 선관의무를 다하여야 할 것이라 하여 금융기관의 공공적 성격을 강조하고 있다(대법원 2002. 3. 15. 선고 2000다9086 판결). 그러나 이에 대해서는 금융기관의 이사라 하여 일반 이사에 적용되는 주의의무와 다른 기준의 주의의무를 적용하는 것은 바람직하지 않다는 견해가 있다(송옥렬, 932면). 이사가 속하고 있는 회사의 업무내용에 따라 상이한 기준의 선관의무를 적용하는 판례의 태도는 기본적으로 타당하다고 본다.

209) 이사의 충실의무조항은 1998년 상법개정에 의하여 도입되었다.

(ii) 동질설 - 충실의무와 선관의무는 결국 같은 내용으로 수렴된다고 한다.[211]

(iii) 판례 - 판례는 선량한 관리자로서의 주의의무와 충실의무를 동일하게 취급하고 있다.

(iv) 정리 및 사견 - 생각건대, 동질설이 타당하다고 본다. 민법 제681조에 근거한 선관의무는 그 자체가 매우 추상적이고 일반적인 기준이어서 해석 여하에 따라서는 매우 광범한 내용을 그 안에 포섭할 수 있기 때문이다. 상법 제382조의3에서 충실의무 조항을 별도로 둔 것은 이사가 회사가 대하여 일반인보다 높은 수준의 선관의무를 진다는 것을 입법자가 특별히 강조한 취지로 그 의미를 부여할 수 있겠다. 이 같은 입법의도는 해석기준으로서 구체적 사안에서 충분히 반영되어야 할 것이다.

《관련문헌》

김대규, "부실대출에 대한 금융기관 이사의 책임과 경영판단의 원칙 : 북해도척식은행 '소피아사건'에 대한 검토", 「상사판례연구」 제23집 제3권(2010).

이무선, "기업경영 과정에서 발생한 회사의 손해에 대한 이사의 책임과 배임죄의 성부", 「선진상사법률연구」 제51호(2010).

정　대, "주식회사의 파생금융상품거래에 관한 이사의 책임에 관한 연구 : 일본의 야쿠르트본사 주주대표소송 항소심 판결을 중심으로", 「상사판례연구」 제23집 제1권 (2010).

권재열, "상법 제382조의3(이사의 충실의무)의 존재의의 : 대법원 판례의 동향에 대한 검토를 중심으로", 「상사판례연구」 제22집 제1권(2009).

210) 안택식, 337면; 이기수 외, 393~394면; 정동윤, 628면; 홍복기 외, 375~376면.

211) 김정호, 462면; 손주찬, 795면; 이철송, 718면; 최기원, 660~661면; 최준선, 453~454면. 다만 동질설을 취하면서도 주의의무규범을 운영함에 있어서 영미법상 신인의무의 규범원리를 원용하는 해석근거로 삼을 여지가 있다는 견해가 있다(이철송, 718면).

24. 이사의 경업금지의무

[대법원 1993. 4. 9. 선고 92다53583 판결]

Facts

(1) X회사는 1971. 6. 17. 콘크리트 제조판매업 등을 목적으로 M, S, B 등 3인의 공동출자에 의하여 설립된 회사로서 설립당시 발행주식은 20,000주(1주당 액면가격 500원)였는데, 그 중 M과 B가 각 40%, S가 20%의 주식을 보유하였다. 그 후 B가 자신의 소유 주식을 M과 S에게 양도하였고, M과 S는 B의 소유주식을 20%씩 양수하여 M과 S의 주식보유비율은 M이 60%, S가 40%로 되었다가, 다시 M이 1976. 8. 31. S에게 X회사의 주식 10%를 양도하여 M과 S의 주식보유비율은 각 50%로 되었고, 그 후 M과 S는 1990. 3. 6. X회사의 발행주식총수 중 각 50%를 소유하되, S가 X회사의 전반에 걸친 업무를 총괄하고, M은 X회사의 실무에 관여하지 않기로 약정하였다.[212)]

(2) X회사는 설립 당시부터 세무상의 편의를 위하여 M과 S의 합의에 따라 주주명부상 X회사의 주식을 분산하기로 하고, X회사의 직원 및 M, S의 친지들의 승낙을 얻어 그 명의를 빌리거나 또는 승낙을 얻음이 없이 그 명의를 차용하여 주주명부를 작성하

212) 이하의 사실관계는 이와는 별건(M의 X회사에 대한 회계장부 등의 열람 및 등사청구)인 서울지법 1998. 4. 1. 선고 97가합68790 판결에 기초하여 보충하였다.

였다. X회사의 주주명부상 주주로 등재된 사람 중 M과 S를 제외한 나머지 사람들은 X회사에 투자하거나, X회사가 발행하는 주식을 인수한 바가 없으므로 X회사의 실질적인 주주가 아니다. 따라서 M과 S만이 실질적인 주주로서 X회사의 주식을 50%씩 소유하고 있다.

(3) M은 1983. 3. 16.부터 S와 함께 X회사의 공동대표이사로서 X회사를 경영하여 오던 중 1990. 3. 5. 주주총회의 승인 없이(상법 제397조 제1항에 의하면 이사회 승인사항임) X회사와 동종영업을 목적으로 하는 Y회사를 설립하고 Y회사의 이사 겸 대표이사가 되어 영업을 위하여 공장부지를 매수하는 등의 영업준비작업을 하여 오다가 S(원고)로부터 항의를 받고 Y회사의 이사 및 대표이사직을 사임하였다. M은 Y회사의 이사 겸 대표이사의 취임 후 1개월 만에 사임하였고 그동안 공장부지를 마련하였을 뿐 제품의 생산을 하지 아니하여 Y회사의 영업활동은 없었다. 그러나 M은 Y회사의 주식 전부를 M의 누이동생의 남편의 동생으로서 콘크리트 제품의 생산 및 판매에 전혀 경험이 없는 J에게 양도하였다. Y회사는 그 후 공장부지정지공사를 M이 대표이사인 U건설회사에게 도급을 주어 완공시키고, U회사에게 Y회사가 생산하는 제품을 납품하고 있었다.

(4) 이에 대하여 S는 M의 이사해임의 건을 상정하여 임시주주총회를 소집하였으나 출석주주가 정족수에 미달하여 임시주주총회가 유회되었다.

(5) 이에 S는 M의 그러한 행위가 상법상 경업금지의무 위반임을 들어 서울민사지방법원에 M에 대한 이사 등 직무집행정지 가처분신청(90카25454호) 및 같은 법원에 M에 대한 이사해임청구의 소(91가합17608호)를 제기하였다.

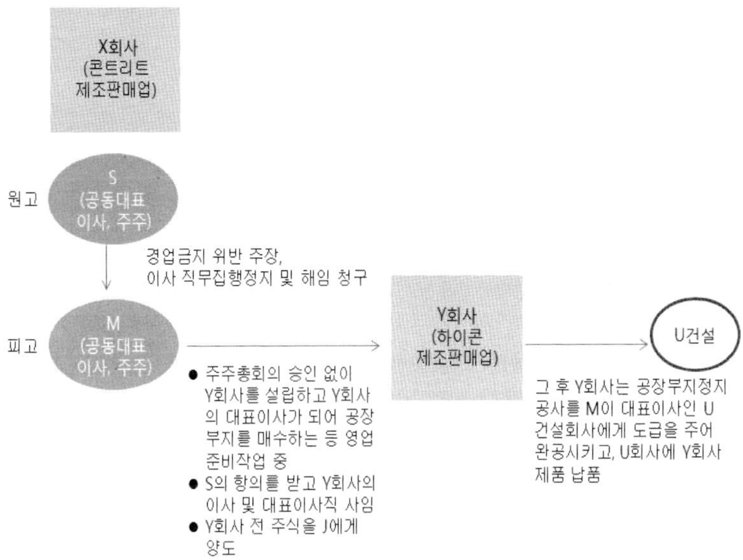

(Q1) M의 위 행위는 X회사에 대한 경업금지의무 위반이 되는가?

(Q2) S는 M의 위와 같은 행위를 이유로 M의 해임을 법원에 청구할 수 있는가?

Issue & Rule

(1) 위 사건에서 쟁점이 되는 사항은 ① 경업의 대상이 되는 회사가 영업을 개시하지 못한 채 영업준비작업을 추진하고 있는 단계에 있는 경우에도 상법 제397조 제1항 소정의 '동종영업을 목적으로 하는 다른 회사'에 해당하는지 여부, ② 회사의 이사가 동종영업을 목적으로 하는 다른 회사를 설립하고 다른 회사의 이사 겸 대표이사가 되어 영업준비작업을 한 경우 이사의 해임에

관한 상법 제385조 제2항 소정의 '법령에 위반한 중대한 사실'이 있는 경우에 해당하는지 여부 등이다.
(2) 위 쟁점사항에 관한 적용법조는 상법 제397조, 제385조 등이다.

Analysis & Conclusion

1. 경업회사의 영업준비를 추진하는 단계에 있는 경우에도 상법 제397조 제1항의 '동종영업을 목적으로 하는 다른 회사'에 해당하는지 여부

(1) 판례법리

① 이사의 경업금지의무를 규정한 상법 제397조 제1항의 취지는 이사가 그 지위를 이용하여 자신의 개인적 이익을 추구함으로써 회사의 이익을 침해할 우려가 큰 경업을 금지하여, 이사로 하여금 선량한 관리자의 주의로써 회사를 유효적절하게 운영하여 그 직무를 충실하게 수행하여야 할 의무를 다하도록 하려는 데 있다.
② 경업의 대상이 되는 회사가 아직 영업을 개시하지 못한 채 공장의 부지를 매수하는 등 영업의 준비작업을 추진하고 있는 단계에 있다 하더라도 상법 제397조 제1항에서 말하는 '동종영업을 목적으로 하는 다른 회사'라 볼 수 있다.

(2) 사건에의 적용

M의 위 행위는 상법 제398조 제1항 소정의 경업금지의무 위반에 해당한다.

2. 이사의 해임을 법원에 청구할 수 있는 사유

회사의 이사가 회사와 동종영업을 목적으로 하는 다른 회사를 설립하고 다른 회사의 이사 겸 대표이사가 되어 영업준비작업을 하여 오다가 영업활동을 개시하기 전에 다른 회사의 이사 및 대표이사직을 사임하였다고 하더라도 이는 상법 제397조 제1항 소정의 경업금지의무를 위반한 행위로서 특별한 다른 사정이 없는 한 이사의 해임에 관한 상법 제385조 제2항 소정의 '법령에 위반한 중대한 사실'이 있는 경우에 해당한다.

Comments

(1) 상법 제397조에서 규정하고 있는 이사의 경업금지의무 조항은 이사가 그 지위를 이용하여 자기 또는 제3자의 계산으로 회사와 경업을 하는 것을 금지함으로써 회사와 이사의 이익상충을 막는 데 그 취지가 있다. 2011년 개정상법에서는 종전의 경업금지와 자기거래금지와는 별도로 회사와 이사의 이익충돌의 제3유형으로 회사기회유용 금지규정을 신설하였다.[213]

---

213) 회사기회의 유용은 경업적 측면과 자기거래적 측면을 아울러 가지며 이사와 회사간의 이익상충 가능성을 막기 위하여 이사의 충실의무로부터 파생되는 의무라는 점에서는 기본적으로 같다. 그런데 개정상법에서 회사기회유용금지조항을 신설하였고 그 위반에 대한 법적 규제내용이 다르므로, 이들 3자의 차이를 규명하고, 이를 바탕으로 각각의 적용대상을 특정지을 필요가 있다. (i) 일종의 회사재산이라 할 수 있는 회사의 영업기회를 유용(횡령, 편취)한다는 점에서는 자기거래와 회사기회유용은 동일하지만, 자기거래는 회사와 거래하는 형태로 행해짐에 반하여 회사기회유용은 회사와 아무런 거래를 하지 않는다는 점에서 차이가 있다. (ii) 경업거래와 회사기회유용은 업무집행과정에서 얻어진 회사정보를 이용한다는 점에서는 양자가 동일하나, 경업거래는 회사의 정보를 이용하여 회사와 경쟁하는 점(경업관계)에 중점을 두고 있음에 비하여, 회사기회유용은 회사의 비용으로 만들어진 일종의 회사재산인 회사정보를 가로챈다는 점(편취관계)에 중점을 두고 있다(송옥렬, 940~941면). 그 결과 경업금지는 동종의 영업을 제한g고 있는 데 비하

(2) 상법 제397조의 적용대상이 되는 경업거래는 '자기 또는 제3자의 계산으로 하는 회사의 영업부류에 속하는 거래'이다. 이사와 회사간의 이익상충의 가능성이 있는 경업거래를 막기 위한 것이 그 취지이므로 이를 제3자의 계산으로 하는 것 역시 동조의 적용대상이 된다. 따라서 위 사건에서와 같이 이사가 다른 회사를 설립하는 준비행위에만 관여하다가 중단한 경우에도 그 다른 회사가 설립되어 회사의 영업부류에 속하는 거래를 함으로써 경업상태에 들어간 이상 동조의 적용대상이 된다.

(3) 경업거래에 대해서는 이사회(자본금 10억원 미만의 소규모주식회사의 경우에는 주주총회)의 사전 승인을 요한다(397조 1항).[214] 경업거래에 대한 이사회 승인을 얻기 위해서는 경업거래의 중요한 내용을 회사에 알려주어야 하는 개시의무를 진다는 것이 판례의 입장이다.[215] 이는 이사회 승인절차의 실질화를 기하기 위함이다. 승인을 구하는 이사는 특별이해관계인이므로 당해 이사회에서 의결권을 행사할 수 없다(391조 3항, 368조 4항).

(4) 경업금지의무를 위반한 이사는 그 위반으로 인하여 회사에 입힌 손해를 배상할 책임을 진다(399조). 경업금지의무를 위반한 거래도 유효하나, 개입권(경제적 탈취권)의 대상이 된다(397조 2항). 상법상 특별배임죄(622조 1항)를 구성할 수도 있다.[216] 경업은 법

여, 회사기회유용은 동종영업으로 제한하지 않는다. 회사기회유용금지조항은 이사의 경업준비 또는 그 예비단계에서도 적용될 수 있고, 이에 의하여 종래 경업거래에 해당하는지가 명확하지 않았던 사항도 규제대상에 포섭될 수 있게 되었다(홍복기 외, 405~406면).

214) 경업거래, 자기거래, 회사기회유용 모두 동질적인 것임에도 불구하고 경업거래에 대한 이사회 승인요건을 자기거래와 회사기회유용의 경우에 비하여 완화된 결의요건을 적용하는 것은 균형을 잃고 있다(이철송, 730면; 최준선, 457면). 원래 정부안은 일반원칙에 따른 과반수 결의로 되어 있었으나, 의원발의안에 있던 재적인원 2/3 이상으로 강화하는 안이 국회논의과정에서 채택된 때문이다(정동윤(감수), 232면).

215) 대법원 2007. 5. 10. 선고 2005다4284 판결.

216) 서울고법 1982. 1. 13. 선고 82노2105 판결.

령을 위반한 중대한 사실(385조 2항)에 해당하므로 주주총회의 결의에 기하여 손해배상 없이 해임할 수 있는 사유가 된다(385조 1항). "이사가 그 직무에 관하여 부정행위 또는 법령이나 정관에 위반한 중대한 사실이 있음에도 불구하고 주주총회에서 그 해임을 부결한 때에" 소수주주가 "주주총회의 결의(해임부결결의)가 있은 날부터 1월 내에" 그 이사의 해임을 법원에 청구할 수 있다(385조 2항). 그런데 위 판례는 이사해임을 안건으로 상정하여 임시주주총회를 소집하였으나 출석주주의 수가 정족수에 미달하여 임시주주총회가 유회된 경우에도 상법 제385조 제2항 소정의 주주총회에서 그 해임을 부결한 경우와 동일하게 취급하여 법원에 이사해임을 청구할 수 있다고 판시하고 있다. 상법 제385조 제2항의 취지는 주주총회에서 해임이 부결되더라도 소수주주의 주도로 이를 시정할 수 있는 기회를 부여하기 위한 데에 있다. 그러므로 법문에 얽매여 주주총회에서 해임안이 부결된 경우에 한하여 법원에 이사의 해임을 청구할 수 있다고 제한적으로 해석할 필요는 없다. 주주총회에서의 해임결의가 무산되어 소수주주에게 이를 시정할 기회를 부여할 필요가 있는 경우까지를 폭넓게 상법 제385조 제2항의 적용대상으로 인정하는 위 판례의 해석은 타당하다.

《관련문헌》

천경훈, "개정상법상 회사기회유용 금지규정의 해석론 연구", 「상사법연구」 제30권 제2호(2011).

이상훈, "이사의 경업금지와 개입권", 좋은기업지배구조연구소(전자문헌)(2007).

최준신, "주식회사 이사의 경업금지의무", 「성균관법학」 제7호(1996).

25. 자기거래에 대한 승인

[대법원 2007. 5. 10. 선고 2005다4284 판결]

Facts

(1) A는 1976년부터 1999년까지 X생명보험회사(원고)의 최대주주(29%)이자 대표이사였다.

(2) A는 개인자격으로 1984년 B학교법인(피고)이 은행에 대하여 부담하고 있던 410억원 상당의 채무에 대한 채무인수약정을 체결하고 B법인을 인수하여 1999년까지 B법인의 이사장직을 맡았다.

(3) X회사는 대표이사인 A의 지시에 따라 1992년부터 1999년까지 B법인에 총 63회에 걸쳐 총 231억원을 기부하였다.

(4) X회사의 이사회에서 재무제표 및 영업보고서의 승인을 위한 주주총회의 개최를 앞두고 위 기부행위의 지출내역이 포함된 기부금명세서 등 결산 관련 서류를 심의·의결한 적이 있다. 그러나 그 과정에서 X회사의 대표이사와 B법인의 이사장을 겸하고 있던 A가 X회사의 B법인에 대한 기부행위에 관하여 자신의 이해관계 및 중요한 사실들을 X회사의 이사회에 개시하고 X회사의 이사회가 그 승인 여부를 구체적인 안건으로 상정하여 기부행위가 이익상반거래로서 공정성을 갖고 있는지 여부를 심의·의결한 바는 없다.

(5) A는 그 후 형사사건에서 X회사로 하여금 B법인 등에 1998년부터 1999년까지 167억원을 기부하도록 한 행위에 대하여 배임죄

의 유죄판결을 받아 확정되었고, 1999. 5. 주주총회의 해임결의에 의하여 해임되었다.

(6) X회사는 위 기부에 대하여 이사회의 승인을 얻지 않은 것이어서 무효라는 이유로 B학교법인을 상대로 부당이득금의 반환을 청구하였다.

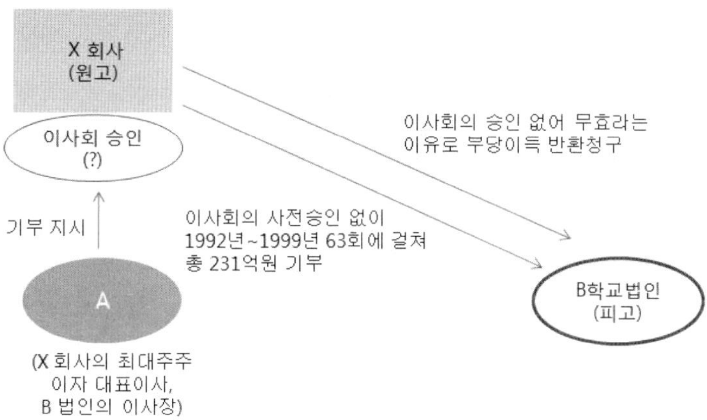

(Q1) A의 위 기부행위에 대하여 적용될 수 있는 상법상의 법조는?

(Q2) A의 위 기부행위에 대하여 면책을 주장하려면 어떤 사실을 주장하고 증명하여야 하는가?

Issue & Rule

(1) 위 사건에서 쟁점이 되는 사항은 ① 상법 제398조 전문이 이사와 회사 사이의 거래에 관하여 이사회의 승인을 얻도록 정한 취지, ② 이사와 회사 사이의 이익상반거래와 관련된 이사는 이사회의 승인 전에 그 거래에 관한 자기의 이해관계 등을 개시할

의무가 있는지 여부 및 위 사항이 이사회에 개시되지 아니한 채 단순히 통상의 거래로서 허용하는 이사회의 결의가 이루어진 경우, 상법 제398조 전문이 규정한 이사회의 승인이 있다고 볼 수 있는지 여부, ③ 이사회의 승인을 받지 못한 이익상반거래에 대하여 주주총회에서 사후적으로 추인 결의가 이루어진 경우 그 거래가 유효하게 되는지 여부 등이다.
(2) 위 쟁점사항에 관한 적용법조는 상법 제398조,[217] 제361조; 민법 제124조, 제130조 등이다.

Analysis & Conclusion

1. 자기거래에 대한 이사회 승인 여부

(1) 판례법리

① 상법 제398조 전문이 이사와 회사 사이의 거래에 관하여 이사회의 승인을 얻도록 규정하고 있는 취지는, 이사가 그 지위를 이용하여 회사와 거래를 함으로써 자기 또는 제3자의 이익을 도모하고 회사 나아가 주주에게 불측의 손해를 입히는 것을 방지하고자 함에 있다.
② 이사회의 승인을 얻은 경우 민법 제124조의 적용을 배제하도록 규정한 상법 제398조 후문의[218] 반대해석상 이사회의 승인을 얻지 아니하고 회사와 거래를 한 이사의 행위는 일종의 무권대리인의 행위로 볼 수 있고 무권대리인의 행위에 대하여 추인이 가

217) 상장회사의 주요주주 및 그 특수관계인, 이사 및 업무집행관여자, 감사 등에 대한 신용공여에 관해서는 특례규정을 두고 있다(542조의9).

218) 개정전 상법 제398조 후문은 이사의 자기거래에 대한 승인이 민법 제124조와는 다른 제도라는 점을 주의적으로 규정한 것에 불과하였다(정동윤(감수), 235면). 그래서 2011년 개정상법에서는 이를 삭제하였다.

능한 점에 비추어 보면, 상법 제398조 전문이 이사와 회사 사이의 이익상반거래에 대하여 이사회의 사전 승인만을 규정하고 사후 승인을 배제하고 있다고 볼 수는 없다.[219)]
③ 이사와 회사 사이의 이익상반거래가 비밀리에 행해지는 것을 방지하고 그 거래의 공정성을 확보함과 아울러 이사회에 의한 적정한 직무감독권의 행사를 보장하기 위해서는 그 거래와 관련된 이사는 이사회의 승인을 받기에 앞서 이사회에 그 거래에 관한 자기의 이해관계 및 그 거래에 관한 중요한 사실들을 개시하여야 할 의무가 있다고 할 것이다.[220)] 만일 이러한 사항들이 이사회에 개시되지 아니한 채 그 거래가 이익상반거래로서 공정한 것인지 여부가 심의된 것이 아니라 단순히 통상의 거래로서 이를 허용하는 이사회의 결의가 이루어진 것에 불과한 경우 등에는 이를 가리켜 상법 제398조 전문이 규정하는 이사회의 승인이 있다고 할 수는 없다.

(2) 사건에의 적용

단순히 X회사의 이사회에서 기부금명세서 등 결산 관련 서류를 심의·의결하였다는 사정만으로 X회사의 이사회가 이 사건 기부행위를 사후적으로 승인하였다고 볼 수 없다.

2. 이사회의 묵시적 추인 여부

(1) 판례법리

회사가 이익상반거래를 묵시적으로 추인하였다고 보기 위해서는

---

219) 2011년 개정상법에서는 이사의 자기거래에 대하여 '미리' 이사회의 승인을 받아야 한다고 규정하고 있다(398조).

220) 2011년 개정상법에서는 이사가 자기거래를 할 경우 이사회에서 해당 거래에 관한 중요사실을 밝힐 것을 명문으로 규정하고 있다(398조).

그 거래에 대하여 승인 권한을 갖고 있는 이사회가 그 거래와 관련된 이사의 이해관계 및 그와 관련된 중요한 사실들을 지득한 상태에서 그 거래를 추인할 경우 원래 무효인 거래가 유효로 전환됨으로써 회사에 손해가 발생할 수 있고 그에 대하여 이사들이 연대책임을 부담할 수 있다는 점을 용인하면서까지 추인에 나아갔다고 볼 만한 사유가 인정되어야 한다.

(2) 사건에의 적용

X회사의 이사회가 위 기부행위와 관련된 A의 이해관계 및 그와 관련된 중요한 사실들을 지득한 상태에서 기부행위의 추인시 원래 무효인 이 사건 기부행위가 유효로 전환됨으로써 X회사에 손해가 발생할 수 있고 그에 대하여 X회사의 이사들이 연대책임을 부담할 수 있다는 점을 용인하면서까지 추인에 나아갔다고 볼 만한 사유를 찾아볼 수 없다. 그러므로 단지 X회사의 이사회나 주주총회에서 재무제표 및 영업보고서의 승인 결의를 한 후 X회사가 그 영업보고서 등을 근거로 세무신고를 하여 법인세 산정시 손금산입 처리를 받았다거나 X회사의 이사, 주주 혹은 감사 등이 기부행위에 대하여 장기간 이의를 제기하지 아니하였다는 사정 등만으로 X회사가 기부행위를 묵시적으로 추인하였다고 보기 어렵다.

3. 주주총회의 승인 내지 사후추인 가부

(1) 판례법리

이사와 회사 사이의 이익상반거래에 대한 승인은 “주주 전원의 동의가 있다거나 그 승인이 정관에 주주총회의 권한사항으로 정해져 있다는 등의 특별한 사정이” 없는 한 이사회의 전결사항이라 할 것이므로, 이사회의 승인을 받지 못한 이익상반거래에 대하여 아무런 승인권한이 없는 주주총회에서 사후적으로 추인 결의를 하였다 하여 그 거래가 유효하게 될 수는 없다.

(2) 사건에의 적용

위 기부행위에 관하여 X회사의 "주주 전원의 동의가 있다거나 X회사의 정관에 이사와 회사 사이의 이익상반거래에 대한 승인이 주주총회의 권한사항으로 규정되어 있다고 볼 만한 자료를 찾아볼 수 없으므로", 설령 위 기부행위에 대하여 X회사의 주주총회에서 사후적으로 추인 결의를 하였다 하더라도 그러한 사정만으로 위 기부행위가 유효하게 될 수는 없다.

Comments

(1) 상법 제398조에서는 이사, 주요주주 및 그 특수관계인, 이들이 50% 이상 지배하는 회사 등(이하 '이사 등')이 자기 또는 제3자의 계산으로 회사와 거래하는 것을 금지하고 있다. 이는 이사의 선관의무 내지 충실의무의 발현으로, 이사 등의 이기적인 사익추구행위로부터 회사재산을 보호하고[221] 그에 의하여 주주 및 회사채권자의 이익을 보호하는 데 그 취지가 있다. 2011년 개정상법에서는 이사 등의 자기거래에 대해 그 적용대상을 더욱 확대하고, 적용요건이 더욱 엄격해졌다. 즉, 상법 제398조의 적용대상을 이사뿐만 아니라 주요주주, 이사 또는 주요주주의 특수관계인, 집행임원 등으로 확대하고,[222] 사전에 이사회의 승인을 받을

221) 자기거래는 회사재산을 빼돌리는 수단으로도 사용될 수 있기 때문에 상법 제398조는 회사채권자의 책임재산을 확보하는 기능도 갖는다.

222) 2011년 개정상법에서는 자기거래금지의 대상을 확대하여 이사의 주변인물도 승인대상에 포함시키고 있다(정동윤(감수), 230면).

것과 이해관계의 개시의무를 명문화하였으며, 이사 전원의 2/3 이상의 찬성으로 승인요건을 강화하고, 거래의 내용과 절차가 공정하여야 할 것을 명시하였다(398조). 또한 민법 제124조를 적용하지 않는다는 종전 규정을 삭제하였다. 이사회의 승인은 이사 등의 자기거래의 절차적 요건에 불과하므로 이를 거쳤다고 하여 이사의 책임이 면제되는 것은 아니다.[223]

(2) 이사 등과 회사간에 실질적으로 이익상충의 염려가 있다면 이사 등과 회사간의 직접적인 자기거래이건, 회사와 제3자간의 거래에 의한 간접적인 자기거래이건 불문한다(통설). 위 사건에서 X회사(비상장회사)의 최대주주(29% 주주)이자 대표이사인 A가 X회사로 하여금 자신이 이사장으로 되어 있는 B법인에 장기간에 걸쳐 거액의 기부를 계속한 행위는 상법 제398조의 이사의 자기거래에 해당한다.[224]

(3) 위의 판례는 이사의 자기거래에 대하여 일종의 무권대리로 보아 사후승인(추인)도 가능하다는 입장이나, 이사회의 사전 승인을 요한다는 것이 종전의 통설이었다. 2011년 개정상법에서는 '미리' 이사회의 승인을 받을 것을 명시하고 있다. (i) 이에 의하여 사후 승인은 입법적으로 불가능해졌다는 견해가 지배적이다.[225] (ii) 그러나 개정법에서 사전 승인이 원칙이지만 예외적으로 사후 승인도 가능하다고 해석하는 견해가 있다.[226] (iii) 생각건대, 법문상으로는 사전 승인이라고 명시되어 있으나 이는 주의적 규정에 그친다고 본다. 사후적으로 중요한 이해관계를 이사회에 개시하여 추인받는 것도 무권대리의 추인규정에 의하여 가

223) 송옥렬, 945면; 이철송, 742면; 정동윤, 635면; 정찬형, 974면.

224) A가 X회사의 대표이사가 아닌 이사라 하더라도 B법인의 이사를 겸임하고 있다면(쌍방대리의 형태), X회사와 B의 거래는 공정을 해할 우려가 있으므로 자기거래에 해당한다고 본다(김정호, 472면; 이철송, 737면; 정찬형, 969면). 이 때 B법인이 영리법인지 비영리법인지는 상관없다.

225) 이철송, 741면; 정동윤, 635면; 정동윤(감수), 233면; 최준선, 471면.

226) 김정호, 473~475면.

능하다고 보아야 할 것이고, 따라서 이에 관한 종전 판례는 법 개정과 관계없이 그대로 유지될 수 있다고 생각한다. 다만 사전 승인을 얻도록 하는 것이 입법의도이므로 사후추인을 유효하다고 하려면 이를 더욱 엄격하게 해석하여야 할 것이다. 승인방법은 원칙적으로 개개의 거래에 관하여 개별적으로 하여야 하나, 반복하여 행해지는 동종의 거래인 경우에는 합리적인 범위를 정하여 포괄적으로 승인하는 것도 가능하다.[227] 이사회의 승인결의에서 자기거래의 당사자인 이사는 특별이해관계인에 해당하므로 의결권을 행사할 수 없다(391조 2항, 368조 4항).

(4) 위의 판례는 자기거래와 관련된 이사는 이사회의 승인을 받기에 앞서 이사회에 그 거래에 관한 자기의 이해관계 및 그 거래에 관한 중요한 사실을 개시(disclose)하여야 할 의무가 있다고 판시하고 있다. 학설상으로도 이사회 승인절차를 실질화하기 위해서는 승인대상인 자기거래의 내용을 이사회가 충분히 알 수 있도록 개시의무가 있다는 해석이 지배적이었다. 2011년 개정상법은 이러한 판례와 다수설의 취지를 수용함으로써 이사 등의 자기거래에 대하여 미리 이사회에서 해당 거래에 관한 중요한 사실을 밝히고 이사회의 승인을 받을 것을 명문으로 규정하였다(398조). 여기서 개시하여야 할 사항은 자기거래에 대하여 이사회가 승인 여부를 결정함에 있어서 필요한 사항이다. 자기거래라는 점을 이사회에 밝히지 않은 채 단순히 거래의 내용만을 개시하는 것은 개시의무를 성실하게 이행한 것으로 볼 수 없다.

(5) 주주총회는 상법 또는 정관에 정하는 사항에 한하여 결의할 수 있다(361조). 상법에서 주주총회의 권한으로 법정되어 있는 사항은 주주총회의 전속적 권한이기 때문에 이를 다른 기관에 이양할 수 없다고 보는 것이 지배적이다. 한편, 법에서 주주총회의

227) 송옥렬, 945면; 이철송, 742면; 정동윤, 635면; 정찬형, 973면; 홍복기 외, 403면.

권한으로 규정하고 있지 않은 사항에 대하여 회사가 정관에 의하여 자치적으로 주주총회의 권한으로 할 수 있는가? 법에서 이사회의 권한으로 하면서 정관에 의하여 주주총회의 권한으로 할 수 있다는 조항(유보조항)을 두고 있는 경우에는 문제가 없으나, 이러한 유보조항이 없는 경우에는 견해가 나뉜다.

(i) 긍정설(판례, 다수설) – 상법에 명문의 규정(즉, 유보조항)이 없는 경우에도 주주총회 소집의 결정과 같이 성질상 주주총회의 결의사항으로 할 수 없는 것을 제외하고는 주식회사의 본질 또는 강행법규에 저촉되지 않는 한 정관에 의하여 이사회의 권한사항을 주주총회의 권한으로 할 수 있다고 한다. 그 논거로 주주총회의 최고기관성과 권한배분에 있어서의 자율성을 들고 있다.[228] 위의 판례는 이사 등의 자기거래에 대하여 이사회의 승인권을 주주 전원의 동의로 대체할 수 있다고 하고, 또 그 승인권을 정관에 의하여 주주총회의 권한사항으로 정할 수 있다고 함으로써 긍정설을 취하는 취지로 풀이된다.

(ii) 부정설(소수설) – 부정설은 주식회사의 각 기관의 권한에 관한 상법규정은 입법정책에 관한 사항이기 때문에 전부 강행규정이라는 것을 그 논거로 한다. 긍정설에 대해서는 소유와 경영의 분리이념에 반하고, 명문의 유보조항이 무의미해지며, 주주총회의 결의에 대해서는 이사회 결의의 경우와는 달리 문책이 곤란하여 채권자 등의 보호에 미흡한 문제점이 있다고 비판한다.[229]

(iii) 정리 및 사견 – 생각건대, '일반론으로서는' 긍정설이 타당하다고 본다. 부정설은 법규정의 완결성 내지 무오류성을 전제로 한 것인데, 명문의 유보조항이 없는 경우에도 정관에 의하여 이사회의 권한을 주주총회의 규정으로 할 필요가 있는 경우가 있

---

228) 권기범, 539~541면; 김정호, 261면; 손주찬, 700면; 송옥렬, 819면; 이기수 외, 450면; 정동윤, 541면; 최기원, 435면; 최준선, 306면. 한편, 이에 대해서는 단순히 주주총회의 최고기관성이나 소유와 경영의 분리와 같은 법리에 의하여 관철할 수 있는 문제라기보다는 입법정책에 관한 문제로, 이에 관한 판단을 상법이 일률적으로 정하는 것보다는 회사가 자치적으로 해결하는 것이 바람직하다는 견해가 있다(송옥렬, 819면).

229) 서헌제, 723면; 이철송, 482면 · 741면; 정찬형, 823면.

다. 또한 소규모의 인적 주식회사와 같이 소유와 경영의 일치현상이 뚜렷한 회사에서는 정관에 의하여 주주총회의 권한을 확대할 필요가 있는 경우도 있다. 따라서 단순히 명문의 유보조항이 없다는 이유만으로 이사회의 권한을 정관에 의하여 주주총회의 권한으로 할 수 없다고 단정하는 것은 옳지 않다. 다만, 이사회와 주주총회간 권한배분에 관한 법규정의 취지가 강행규정에 해당하는 것으로 보아야 할 때에는 유보조항의 유무와 관계없이 이사회의 권한을 정관에 의하여 주주총회의 권한으로 이양할 수 없다. 그러나 이는 정관자치가 강행법규에 의하여 제한된다는 일반론적인 문제일 뿐이다.

(6) 이사 등의 자기거래에 대한 이사회의 승인권을 주주 전원의 동의에 의하여 대체할 수 있는가에 대해서는[230] 견해가 나뉜다.
(ⅰ) 긍정설(판례, 다수설) - 자기거래에 관한 상법규정은 회사 및 주주의 이익보호를 목적으로 하는 것으로 보아 이사회의 승인을 주주 전원의 동의로 대체하는 것이 가능하다고 한다.[231] 다만 주주 전원의 동의를 얻은 경우에도 상법 제399조의 책임만이 면제될 뿐이므로(400조), 이사에 대하여 불법행위를 이유로 손해배상을 청구하는 것은 가능하다고 한다.[232] 판례는 긍정설을 취하고 있다.
(ⅱ) 부정설(소수설) - 자기거래를 제한하는 상법규정의 취지는 주주뿐만 아니라 회사채권자를 보호하는 데에도 그 뜻이 있고, 총주주의 동의로 이사회의 승인을 갈음할 수 있다고 하면 이사와는 달리 주주에 대해서는 책임을 추궁할 수 있는 방법이 마땅히 없다는 문제점이 있다고 한다.[233]
(ⅲ) 정리 및 사견 - 생각건대, 부정설이 타당하다고 본다. 이사

---

230) 이는 유보조항이 없는 경우이다.
231) 김정호, 475~476면; 송옥렬, 944면; 안택식, 343면; 정동윤, 635면; 최준선, 470면.
232) 대법원 1989. 1. 31. 선고 87누760 판결; 정동윤, 617면.
233) 이철송, 741면; 정찬형, 972면.

등의 자기거래에 관한 상법 제398조의 취지는 단순히 주주의 이익을 보호하는데 그치는 것이 아니라 회사의 책임재산을 보호하고 그에 의하여 회사채권자의 이익을 보호하는 데에도 그 취지가 있기 때문이다.[234] 다만 자본금 총액이 10억원 미만인 소규모주식회사에서는 이사회를 두지 않을 수 있기 때문에 부득이 주주총회의 결의사항으로 할 수 밖에 없다(383조 4항). 이때에는 주주총회의 보통결의사항이 되므로 주주 전원의 동의에 의할 필요가 없다.

《관련문헌》

김용재, "이사의 자기거래와 이사회의 사후승인 : 대상판결: 대법원 2007. 5. 10 선고 2005다4284 판결", 「상사판례연구」 제20집 제4권(2007).

김원기, "이사의 자기거래와 사후승인 : 대판 2007. 5. 10, 2005다4284 판결을 대상으로", 「상사판례연구」 제20집 제3권-상(2007).

김정호, "미국회사법상 이사와 회사간 자기거래금지의 법리 : 대판 2007. 5. 10, 2005 다 4284의 평석을 겸하여", 「고려법학」 제49호(2007).

홍복기, "이사회의 자기거래의 추인 : 대법원 2007. 5. 10. 선고, 2005 다 4284 판결", 「상사판례연구」 제20권 제3권-하(2007).

234) 이는 위 (5)에서 다룬 이사회의 권한을 정관에 의하여 주주총회의 권한으로 이양할 수 있는가에 관한 일반론적 문제와는 다른 별개의 것이다.

26. 승인 없는 자기거래의 효력

[대법원 2004. 3. 25. 선고 2003다64688 판결]

Facts

(1) X회사(피고)가 J은행(원고)에 대하여 어음금채무를 부담하여야 할 아무런 원인관계 없이 단지 대표이사인 R2의 개인채무를 담보하기 위하여 어음을 R2 앞으로 발행하여 J은행에게 배서·양도하게 하였다.

(2) J은행의 여신담당직원이었던 H와 L은 회사의 이사 앞 어음발행행위가 회사와 이사간의 이해상반행위로서 이사회의 승인이 없으면 무효가 된다는 점과 X회사의 대표이사로 재직하던 R2가 1999. 2. 25. 대표이사인 자신 앞으로 어음을 발행하여 같은 날 J은행에 배서·양도한 사정을 잘 알고 있었다.

(3) 그럼에도 불구하고, 발행인 란에 X회사의 대표이사로서 종전 대표이사인 R1의 이름이 기재되어 있음을 기화로, 위 어음이 이사회의 승인을 거쳐 발행된 것인지 여부에 관하여 X회사에게는 물론, R2에게도 확인조차 하지 않았다.

(4) J은행은 어음의 할인업무 등 전문적으로 여신을 취급하는 국책은행으로서 R2의 개인적인 연대보증채무를 담보하기 위하여 그 채무와는 별다른 관계가 없는 X회사에 의하여 발행된 위 어음을 취득하였으며, 또한 위 어음의 발행인 란에는 X회사의 종전 대표이사 R1 명의의 명판이 날인되어 있었음에도, J은행은 R2가 대표

이사로 되어 있는 새로운 어음 발행을 요구하지 않은 채 R2의 배서만을 받았다. J은행은 위와 같은 사정을 알면서도 이사회의 승인이 있었는지 여부를 확인해 보지도 않고 취득하였다.

(5) 한국금융연수원을 비롯한 시중 일반 은행들의 여신실무책자나 금융법률실무책자 및 업무연수교재 등에는 이사와 회사간의 이해상반행위의 전형적 사례로서 회사의 이사 앞 약속어음 발행행위를 들면서 "주식회사의 경우에는 이사회의 승인을 요하고, 자기거래에 해당하는 여신거래에 있어 은행이 주의의무를 다하였다고 하기 위해서는 은행이 이사회결의서와 그 결의서에 기명날인한 이사들의 인감증명서까지 징구하여 자기거래에 관한 승인 여부를 확인하여야 한다."고 기재되어 있다.

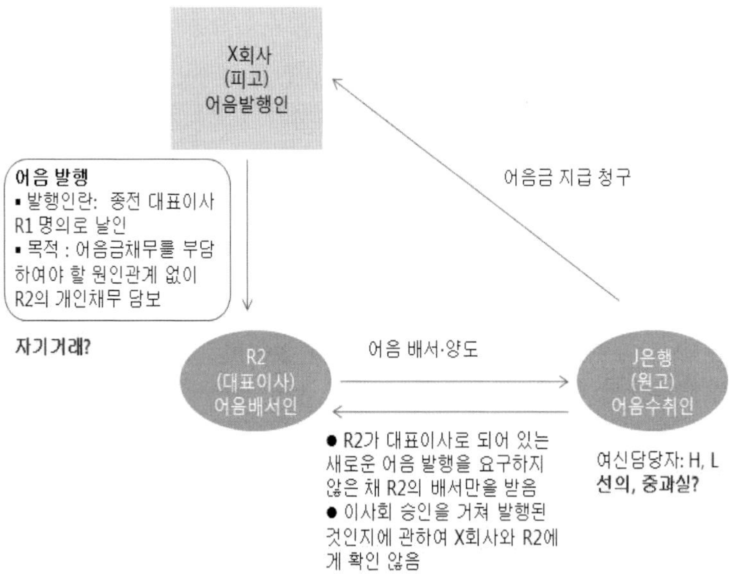

(Q1) X회사의 대표이사인 R2가 개인채무의 부담을 위하여 회사로 하여금 어음을 발행하게 하는 행위는 상법상 어떤 행위에 해당하는가?

(Q2) X회사가 J은행의 어음금 지급청구에 대하여 이를 거절하려면 어떻게 하여야 하는가?

Issue & Rule

(1) 위 사건에서 쟁점이 되는 사항은 ① 이사회의 승인 없는 자기거래의 경우, 중대한 과실이 있는 선의의 제3자에 대한 효력, ② 위의 증명책임 및 '중대한 과실'의 의미 등이다.
(2) 위 쟁점사항에 관한 적용법조는 상법 제398조, 제542조의9 등이다.

Analysis & Conclusion

1. 이사회의 승인 없는 자기거래의 경우, 중대한 과실이 있는 선의의 제3자에 대한 효력과 그 증명책임 및 '중대한 과실'의 의미

(1) 판례법리

① 회사의 대표이사가 이사회의 승인 없이 한 이른바 자기거래는 회사와 이사간에서는 무효이지만, 회사가 위 거래가 이사회의 승인을 얻지 못하여 무효라는 것을 제3자에 대하여 주장하기 위해서는 거래의 안전과 선의의 제3자를 보호할 필요상 이사회의 승인을 얻지 못하였다는 것 외에 제3자가 이사회의 승인 없음을 알았다는 사실을 입증하여야 한다.[235)]

235) 대법원 1984. 12. 11. 선고 84다카1591 판결; 대법원 1994. 10. 11. 선고 94다24626 판결 등 참조.

② 비록 제3자가 선의였다 하더라도 이를 알지 못한 데 중대한 과실이 있음을 입증한 경우에는 악의인 경우와 마찬가지라고 할 것이다.
③ 이 경우 중대한 과실이라 함은 제3자가 조금만 주의를 기울였더라면 그 거래가 이사와 회사간의 거래로서 이사회의 승인이 필요하다는 점과 이사회의 승인을 얻지 못하였다는 사정을 알 수 있었음에도 불구하고, 만연히 이사회의 승인을 얻은 것으로 믿는 등 거래통념상 요구되는 주의의무에 현저히 위반하는 것으로서 공평의 관점에서 제3자를 구태여 보호할 필요가 없다고 봄이 상당하다고 인정되는 상태를 말한다.

(2) 사건에의 적용

① J은행은 일반인의 경우보다 어음거래 및 취득에 있어 더욱 신중하고도 치밀한 대처가 요구되는 금융기관으로서, X회사가 J은행에 대하여 어음금채무를 부담하여야 할 아무런 원인관계가 없이 단지 대표이사인 R2의 개인채무를 담보하기 위하여 어음을 대표이사(R2) 앞으로 발행하여 J은행에게 배서·양도하게 한다는 사정을 알면서도 이사회의 승인이 있었는지 여부를 확인해 보지도 않고 취득하였다고 할 것이므로, J은행은 어음을 취득함에 있어 X회사의 이사회 승인이 없음을 알았거나 또는 적어도 이를 알지 못한 데 중대한 과실이 있었다.
② 따라서 X회사는 어음 발행의 무효로써 어음의 지급을 구하는 J은행에게 대항할 수 있다.

Comments

(1) 상법 제398조에 의하여 금지되는 자기거래는 거래의 성질상

회사와 이사간 이익충돌의 염려가 있는 모든 재산상의 행위를 모두 포함한다.[236] 이사가 회사와 거래의 상대방이 되는 직접거래뿐만 아니라 회사와의 거래로 인한 이익이 이사 등에게 귀속하는 간접거래도 포함된다. 어음행위가 자기거래가 될 수 있는지에 대해서 종래 부정설도[237] 있었으나, 긍정설이 현재의 다수설과 판례이다.[238] 어음행위는 원인관계로부터 절연된 새로운 채무를 발생시키고 항변의 절단, 어음행위 독립성의 원칙 등으로 인하여 어음행위자에게 더욱 엄격한 책임을 지우는 이익상충적 거래에 해당하므로 상법 제389조의 적용을 받는다고 보아야 한다. 다만 예컨대, 이사가 회사에 대하여 어음을 발행하거나 배서하는 것과 같이 회사가 어음채무를 부담하지 않고 회사에 불이익이 없는 경우에는 이익상충이 없으므로 상법 제398조의 규제대상이 되지 아니한다. 위 사건에서처럼 대표이사가 자신의 개인채무를 담보할 목적으로 회사의 이름으로 어음을 발행하는 것은 간접적인 자기거래에 해당하여 상법 제398조의 적용대상이 된다.[239]

(2) 이사 등이 이사회의 승인 없이 자기거래를 한 경우 이사는 회사에 대하여 손해배상책임을 지고, 해임사유가 되며, 불법행위책임을 지게 된다.[240] 이 때 거래행위의 효력에 대해서는 유효설, 무효설, 상대적 무효설로[241] 견해가 나뉜다. 판례와 통설인

---

236) 자기거래를 금지하는 상법 제398조는 회사와 이사의 이익충돌가능성을 미연에 방지하기 위한 일반예방적 조항이다. 따라서 이익충돌의 염려가 있는 한 단순히 결과적으로 회사에 불이익이 없다는 사정만을 가지고는 이사회의 승인을 생략할 수 없다(송옥렬, 943면).

237) 어음·수표행위는 이사회의 승인이 없더라도 그 자체는 유효하고 다만 원인관계가 승인을 얻지 못하여 무효가 되면 인적항변사유가 될 뿐이라고 한다(서돈각 외, 446면).

238) 대법원 1994. 10. 11. 선고 94다24626 판결.

239) 간접적인 자기거래라 하더라도 일방 당사자는 이사 등과 회사가 관련되어야 한다. 이러한 이유에서 이사가 회사의 모회사 또는 자회사와 거래하는 것은 '회사와의 거래'가 아니기 때문에 금지의 대상이 되는 자기거래가 아니라는 하급심판결이 있다(서울중앙지법 2010. 6. 18. 선고 2008가합36393 판결).

240) 대법원 1989. 1. 31. 선고 87누760 판결.

상대적 무효설에 의하면, 회사와 이사간에는 무효이나 자기거래에 관련되는 선의의 제3자에 대해서는 유효하다고 한다. 회사가 자기거래가 무효라고 주장하려면, 이사회의 승인이 없었다는 점과 이에 대하여 상대방이 악의라는 점을 증명하여야 한다.[242] 자기거래라는 것을 알지 못한 데에 중대한 과실이 있는 때에는 악의와 동일하게 취급한다.[243] 상대적 무효설은 회사의 이익과 거래의 안전에 조화를 기할 수 있으므로 타당하다. 한편, 이사회의 승인 없는 자기거래에 대하여 무효를 주장할 수 있는 자는 회사뿐이고, 이사 등이나 제3자는 자기거래를 이유로 무효를 주장할 수 없다.[244]

《관련문헌》

김은정, "이사의 자기거래와 경영판단의 원칙", 「선진상사법률연구」 제54호 (2011).

양명조, 문화경, "2011년 개정 상법상 주식회사 이사의 자기거래에 있어서의 공정성 요건", 「법조」 제660호(2011).

권기범, "이사의 자기거래", 「저스티스」 제119호(2010).

한 승, "이사회의 승인이 없는 이사와 회사간의 자기거래행위의 경우 중대한 과실이 있는 선의의 제3자에 대한 효력", 「대법원판례해설」 제49호 (2004).

---

241) 김정호, 481면; 이철송, 743면; 정동윤, 636면; 정찬형, 975면; 최준선, 473면. 상대적 무효설은 이사회의 승인을 얻지 않은 대표이사의 전단적 대표행위의 효력에 관한 법리와도 논리적으로 부합한다(송옥렬, 947면).

242) 대법원 1973. 10. 31. 선고 73다954 판결.

243) 대법원 2004. 3. 25. 선고 2003다64688 판결.

244) 서울민사지법 1984. 5. 18. 선고 83나292 판결.

27. 이사의 회사에 대한 책임

[서울중앙지법 2010. 2. 8. 선고 2008가합47867 판결]

Facts

H자동차의 주주인 P(원고)들이 H자동차의 이사인 D1, D2(피고)에게 이들이 회사에 끼친 손해에 대한 배상책임을 묻기 위하여 대표소송을 제기한 사건이다.

(1) 회사(H자동차), 원고(P), 피고(D1, D2)에 관한 사항

(가) H자동차는 각종 차량 및 그 부분품의 제조 판매업 등을 목적으로 하는 상장법인으로서, 2008. 5. 현재 자본금은 1,486,979,770,000원이고, 발행주식의 총수는 285,075,954주이다.

(나) D1(피고 1)는 1996. 1.경부터 2000. 6.경까지 H그룹의 회장으로 재직하다가 그 이후부터는 H자동차그룹의 회장으로 재직하면서, H자동차를 비롯하여 그 계열사들인 K자동차, 현○모비스, 위○, 글○비스, 본○ 등의 지배주주로서 위 회사들의 경영을 총괄해 왔고, 1999. 3. 10.부터는 H자동차의 대표이사로 등재되어 있다. D2(피고 2)는 1998년경부터 H우주항공의 대표이사로 근무하다가 2000. 1.경부터는 H자동차의 상용차 담당 사장직을 겸임하였고, 2001. 7.경부터는 H자동차의 대표이사로 재직하고 있다.

(다) P(원고)는 H자동차 주식을 취득한 주주들로서, 2008. 4. 15. H자동차에 대하여 이 사건과 같은 취지의 소를 제기할 것을 요구하기 6개월 전부터 현재까지 계속하여 그 주식을 소유하고 있

고, 그 소유주식수를 합하면 28,665주(0.01%)에 이른다.

(2) H우주항공의 유상증자와 H자동차의 참여

(가) H우주항공은 1999. 8. 12.경 주주배정방식으로 신주 53,292,691주를 1주당 5,000원씩에 발행하는 유상증자(이하 'H우주항공의 1차 유상증자')를 실시하였다. 당시 H우주항공 주식 지분의 17.64%를 보유하고 있던 H자동차는 위 유상증자에 참여하여 위 신주 중 14,108,400주를 705억 4,200만원에 인수하였다.

(나) 그 후 H우주항공은 2000. 4. 25.경 다시 동일한 방식으로 신주 2,000만 주를 1주당 5,000원씩에 발행하는 유상증자(이하 'H우주항공의 2차 유상증자')를 실시하였다. 당시 H우주항공 주식 지분의 25.52%를 보유하고 있던 H자동차는 위 유상증자에 참여하여 신주 중 5,103,346주를 255억 1,673만원에 인수하였다.

(다) H우주항공의 각 유상증자 당시의 상황

① D1이 주도하여 1994. 3.경 미국 항공기 제작회사인 보잉사와 제휴하여 항공기 날개를 제작하는 항공사업과 우주사업을 목적으로 하는 H우주항공을 설립한 후, H우주항공은 3,000억원 이상의 자금을 금융기관으로부터 차입하여 서산공장 건설 등 설비투자를 하였으나, 1997년 말경 IMF 외환위기로 차입금에 대한 이자 부담이 급격히 늘어나고, 항공기 날개의 제작·판매 등 항공사업 부문의 수익성 악화로 손실이 증가하였다. 그러던 중 1998. 하반기에 정부 주도로 항공산업에 대한 소위 빅딜이 추진되어 삼○그룹, 대○그룹, 현○그룹의 항공사업 부문의 자산과 영업 부분을 통합하기로 합의가 이루어짐에 따라 항공산업 통합법인인 한국항공우주산업 주식회사(이하 '한국항공우주산업')가 그 발족을 앞두고 있었다.

② H우주항공은 1997회계연도에 223억원, 1998회계연도에 557억원, 1999회계연도에 2,256억원 등 해마다 당기순손실이 급격히 증가하는 등 경영상태가 열악하였고, 한국항공우주산업에 항공사업 부문의 자산과 일정 비율의 부채만을 양도하고 나면 항공사업 등에서 발생한 막대한 부채를 떠안게 되어 잔존산업 부문인

우주사업과 수익성 없는 상용차용 변속기사업 부문만으로는 금융기관 차입금의 이자조차 제대로 납부할 수 없어 조만간 부도가 날 것이 명백하였다. 당시 항공사업 부문의 빅딜 이후 잔존 사업 부문을 정리한 다음 청산하는 방안이 논의되는 등 H우주항공의 존속 여부가 불투명하였다.

③ H그룹의 각 계열사들은 H우주항공의 채무에 대하여 보증채무를 부담하고 있지 않아 H우주항공의 부도가 나더라도 별다른 영향이 없었던 반면, D1은 개인적으로 H우주항공의 채무에 대하여 약 2,607억원의 보증채무를 부담하고 있었다. 이에 D1은 위와 같은 자신의 보증채무를 해소할 목적 등으로 D2 등에게 향후 H우주항공이 청산될 경우에 대비하여 자신이 경영권을 행사하고 있던 H자동차를 비롯한 계열사들의 회사 자금을 이용하여 H우주항공의 유상증자를 실시하고 이를 통하여 조성한 자금으로 H우주항공의 기존 채무를 변제하여 잔존자산과 채무를 동일한 수준으로 맞출 것을 지시하였고, D2 등은 그에 따라 H우주항공의 유상증자를 진행하였다.

(3) H강관의 유상증자와 H자동차의 우회적 참여

(가) H강관은 1999. 12. 29.경 주주배정방식으로 신주 8,000만주를 1주당 5,000원에 발행하는 유상증자(이하 'H강관의 이 사건 유상증자')를 실시하였다. 위 유상증자 당시 H강관 주식 지분의 19.91%를 보유하고 있던 H자동차는 327억원의 자금을 출자하여 위 유상증자에 참여하였다.

(나) 한편, D1은 H자동차 재경사업부장 김○갑 등 계열사의 임원들과 협의하여 1999. 12. 22.경 조세 피난처인 말레이시아 라부안에 오데마치(Othemachi)라는 펀드를 설립하고, 위 펀드로 하여금 H강관의 이 사건 유상증자에 참여하여 신주 3,648만주를 1주당 5,000원에 인수하게 하였다.

(다) 오데마치 펀드는 위 인수과정에서 H강관의 주식을 기초자산으로 하는 주가연동채권(ELN; Equity-Linked Notes)을 발행하면

서 선순위 주가연동채권(Senior note)과 후순위 주가연동채권(Junior note)으로 나누어 발행하였고, 일본의 미○이상사, 스미○모상사가 각 2,500만 달러, 교○생명이 약 6,400만 달러를 투자하여 선순위 주가연동채권을 인수하고, 홍콩에서 설립된 글로벌호라이즌(Global Horizon) 펀드가 5,000만 달러를 투자하여 후순위 주가연동채권을 인수함에 따라 조성된 약 1억 6,000만 달러로 이 사건 유상증자에 참여하였다.

(라) 그런데 글로벌호라이즌 펀드는 H자동차가 3,900만 달러, 현○중공업이 1,100만 달러를 출자하여 설립된 펀드이므로, 결국 H자동차는 글로벌호라이즌 펀드, 오데마치 펀드를 거쳐 우회적으로 H강관의 유상증자에 참여하여 3,900만 달러를 추가로 출자하게 되었다.

(마) H강관의 이 사건 유상증자 당시의 상황

① H강관은 D1의 결단에 따라 1997년경부터 냉연강판 제조설비 등에 막대한 투자를 하였다가 IMF 사태로 인한 이자율 상승 등으로 심각한 유동성 위기를 겪게 되어 차입금의 자체적인 상환이 어려워지게 되자, 차입금을 상환할 자금을 마련하기 위하여 H강관의 유상증자를 통한 자금 조달을 계획하게 되었다. 그러나 당시 H강관의 재정난 및 경영난으로 향후 전망이 불투명하여 정상적인 방법으로는 유상증자의 성공을 기대하기 어려웠다.

② 이에 D1은 H자동차의 재경사업부장 김○갑 등 계열사들의 임원들과 협의하여 계열사들의 자금으로 해외펀드를 조성한 후 이를 통하여 H강관에 우회 출자하고 그 자본금으로 부채를 상환함과 동시에 해외 투자자들이 H강관의 주식을 대량 취득하는 것처럼 가장하여 H강관을 H그룹 계열사에서 분리시켜 그룹 전체의 부채비율을 낮추면서도 H강관에 대한 자신의 경영권을 계속 유지하고자 하였다.

(4) H자동차의 펀드에 대한 투자 및 그 수익의 처리

(가) H자동차는 2000. 12. 1. 영국령 버진아일랜드에 있는 멜코

(Melco) 펀드에 1,000만 달러를 투자하고, 2001. 1. 31. 굿펠로우즈(Goodfellows) 펀드에 2,000만 달러를 투자하여 2002. 12.경까지 합계 17,601,185달러의 수익을 얻었다. 그런데 위 투자수익은 모두 글로벌호라이즌 펀드에 송금되어 현○중공업과 H자동차가 글로벌호라이즌 펀드, 오데마치 펀드를 통하여 입은 손실을 보전하는 데 사용되었다.

(나) D1은 위와 같이 H자동차의 자금으로 투자한 펀드의 수익을 H자동차에 귀속시켜야 함에도 불구하고 마치 위 각 펀드에 대한 투자로 수익이 전혀 발생하지 않은 것처럼 회계처리를 한 다음, 위 투자수익 합계 17,601,185달러를 글로벌호라이즌 펀드에 송금하여 H자동차와 현○중공업이 H강관의 이 사건 유상증자에 우회적으로 참여하는 과정에서 입은 손실을 보전하였다.

(5) D1, D2에 대한 형사처벌

(가) 2007. 2. 5. 서울중앙지방법원은 D1, D2들이 공모하여 위와 같이 H자동차로 하여금 H우주항공의 각 유상증자에 참여하게 한 행위, D1이 H자동차로 하여금 H강관의 이 사건 유상증자에 우회적으로 참여하게 한 행위, D1이 H자동차의 펀드 투자수익을 H자동차에 귀속시키지 않은 행위에 대하여 특정경제범죄 가중처벌 등에 관한 법률 위반(배임, 횡령)으로 유죄판결을 선고하였다(2006고합474, 609호).

(나) D1, D2(피고)들 및 검사는 이 사건 각 범죄행위에 대한 위 유죄판결에 대하여 서울고등법원에 항소를 제기하였으나, 위 항소심 법원은 2007. 9. 6. 이 사건 각 범죄행위가 유죄라는 제1심의 판단은 유지한 채 양형이 부당하다는 이유로 피고들에 대한 양형만을 변경하는 판결을 선고하였다(2007노586호). D1, D2들의 이 사건 각 범죄행위에 대한 유죄판결은 2008. 6. 11. 최종적으로 확정되었다.

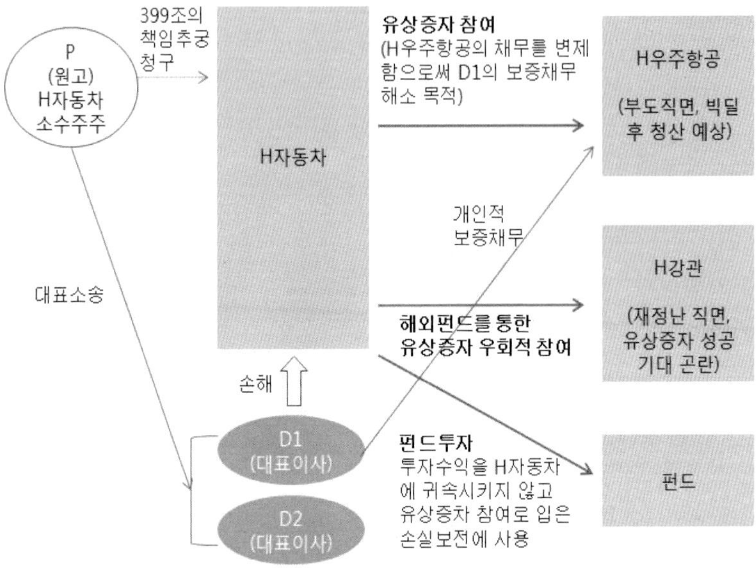

(Q1) 위 사안에서 P는 D1과 D2를 상대로 H자동차에 손해를 배상할 것을 청구하고 있고, 이에 대하여 D1과 D2는 경영판단에 의한 것이었다고 항변하고 있다. 이들 주장의 당부를 판단하시오.

(Q2) P는 위와 같은 대표소송을 제기할 수 있는 원고적격을 가지는가?

Issue & Rule

(1) 위 사건에서 쟁점이 되는 사항은 ① 상법 제399조에서 정한 '법령에 위반한 행위'의 의미 및 이사가 '법령에 위반한 행위'로 회사에 손해를 입힌 경우에도 경영판단의 원칙이 적용될 수 있는지 여부, ② 이사의 회사에 대한 손해배상책임이 인정되는 경우,

당해 이사의 임무위반의 경위 등 제반 사정을 참작하여 손해배상액을 제한할 수 있는지 여부 등이다.
(2) 위 쟁점사항에 관한 적용법조는 구 증권거래법(폐지) 제191조의13 제1항(현행 상법 제542조의6 제6항 참조); 상법 제399조, 제403조 등이다.

Analysis & Conclusion

1. 대표소송의 원고적격

P(원고)들은 H자동차의 주식을 취득한 주주들로서, 2008. 4. 15. H자동차에 대하여 이 사건과 같은 취지의 소를 제기할 것을 요구하기 6개월 전부터 현재까지 계속하여 그 주식을 소유하고 있고, 그 소유주식수를 합하면 28,665주(0.01%)에 이르러 구 증권거래법(2009. 2. 4. 시행된 자본시장과 금융투자업에 관한 법률 부칙 제2조로 폐지) 제191조의13 제1항 소정의 D1, D2(피고)들을 상대로 주주대표소송을 제기할 수 있는 자격을 갖춘 소수주주들이다.

2. 상법 제399조에 정한 '법령에 위반한 행위'의 의미 및 이사가 '법령에 위반한 행위'로 회사에 손해를 입힌 경우에도 경영판단의 원칙이 적용될 수 있는지 여부

(1) 판례법리

① 상법 제399조는 이사가 법령에 위반한 행위를 한 경우에 회사에 대하여 손해배상책임을 지도록 규정하고 있는바, 이사가 회사에 대하여 손해배상책임을 지는 사유가 되는 법령에 위반한 행위는 이사로서 임무를 수행함에 있어서 준수하여야 할 의무를 개별적으로 규정하고 있는 상법 등의 제 규정과 회사가 기업활동을

함에 있어서 준수하여야 할 제 규정을 위반한 경우가 이에 해당된다고 할 것이다.
② 이사가 임무를 수행함에 있어서 위와 같은 법령에 위반한 행위를 한 때에는 그 행위 자체가 회사에 대하여 채무불이행에 해당되므로 이로 인하여 회사에 손해가 발생한 이상, 특별한 사정이 없는 한 손해배상책임을 면할 수는 없다 할 것이다.[245)]

(2) 사건에의 적용

(가) D1, D2들의 H우주항공의 1차 및 2차 유상증자 관련 배임

① D1의 경우 - H우주항공의 1차 유상증자를 실시함에 있어, 위 유상증자는 H우주항공의 청산에 대비하여 그 잔존자산과 채무를 동일한 수준으로 맞출 수 있는 정도의 부채 변제자금을 마련하기 위한 것일 뿐만 아니라 D1이 H우주항공의 부채에 대하여 부담하고 있던 보증채무를 원활히 해소하기 위한 것이며, 항공사업 부문의 빅딜 이후 존속 여부가 불투명한 H우주항공의 정상 운영을 목적으로 한 것이 아니어서, 위 유상증자에 참여할 경우 출자액 상당의 손실이 발생할 위험이 컸고, 주주인 H자동차는 기존 주식 일부만을 소유하고 있었을 뿐 H우주항공의 부채에 대하여 제공한 지급보증은 없어 H우주항공이 부도 처리되더라도 이미 헐값이 되어 버린 보유 주식을 손실 처리하는 외에 위 각 회사의 존립에 영향을 미칠 만한 별다른 사정은 없었다. 따라서 H자동차의 대표이사인 D1은 손실이 발생할 위험성이 높은 반면 이익을 얻을 가능성이 거의 없는 H우주항공의 유상증자에 참여하여 H자동차에 손실을 입히는 행위를 하여서는 아니 됨에도 불구하고, 그 임무에 위배한 채 D2와 공모하여 H자동차로 하여금 위 유상증자에 참여하여 신주 14,108,400주를 705억 4,200만원에 인수하게 하는 배임행위를 하였다. H우주항공의 2차 유상증자

245) 대법원 2005. 10. 28. 선고 2003다69638 판결 등 참조.

관련 D1의 배임행위에 대해서도 동일한 판단을 하고 있다.
② D2의 경우 - H우주항공의 1차 유상증자 관련 배임행위에 관하여 보건대, D2는 위 유상증자 당시 H우주항공의 대표이사로 근무하였을 뿐, H자동차의 이사가 아니었고, 또한 상법 제401조의2 제1항 제1호 내지 제3호 소정의 업무집행지시자 등에 해당한다고 인정할 증거도 없다. 그러므로 D2는 H우주항공의 1차 유상증자 관련 배임행위로 인한 H자동차의 손해에 대하여는 상법 제399조에 따른 손해배상책임을 부담하지 않는다.

(나) D1의 H강관 유상증자 관련 배임 및 펀드 투자수익 관련 횡령

D1의 위 행위는 형법상 범죄행위에 해당하는 것으로서 상법 제399조 소정의 법령에 위반된 행위에 해당한다고 할 것이므로, D1은 H자동차에 배임 및 횡령행위로 인하여 H자동차가 입은 손해를 배상할 책임이 있다.

3. 경영판단의 원칙의 적용 여부

(1) 판례법리

위와 같은 법령에 위반한 행위에 대하여는 이사가 임무를 수행함에 있어서 선관주의의무를 위반하여 임무해태로 인한 손해배상책임이 문제되는 경우에 고려될 수 있는 경영판단의 원칙은 적용될 여지가 없다.[246]

(2) 사건에의 적용

배임죄의 경우는 구성요건 자체에서 임무에 위배하는 행위를 할 것을 요하고 있고, 임무에 위배하였는지 여부에 관한 판단과정에

246) 대법원 2005. 10. 28. 선고 2003다69638 판결 등 다수.

서 경영판단의 원칙이 고려될 수 있는 특성상, 이사가 배임죄를 저질러 법령에 위반하는 행위를 한 경우에는 경영판단의 원칙이 고려될 수 있다고 하더라도, 아래와 같은 사정들에 비추어 보면, D1, D2들이 H자동차로 하여금 H우주항공의 각 유상증자에 참여하게 한 행위와 D1이 H자동차로 하여금 H강관의 이 사건 유상증자에 우회적으로 참여하게 한 행위가 허용된 경영판단의 재량범위 내의 행위라고 보기 어렵다.

(가) H우주항공 각 유상증자 참여 관련

① H우주항공의 각 유상증자는 H우주항공의 중점사업이던 항공사업 부문의 빅딜 이후 그 존속 여부가 매우 불투명한 상황에서 향후 잔존사업 부문을 정리한 다음 청산할 경우에 대비하여 잔존채무가 없는 상태로 청산할 수 있도록 자산과 부채를 동일한 수준으로 맞추기 위하여 계획된 것이어서 위 각 유상증자에 참여할 경우 그 출자액을 전혀 회수할 수 없는 가능성이 농후하였다.
② H우주항공의 각 유상증자 당시 H자동차는 H우주항공의 부채에 대하여 아무런 보증채무를 부담하지 않고 있었던 반면, D1은 H우주항공의 1차 유상증자가 계획될 무렵인 1999. 7. 말경 약 2,107억원에 이르는 보증채무를 부담하고 있었고, 위 각 유상증자를 통하여 조달한 자금의 상당 부분은 H우주항공의 부채상환에 사용된 점, 위 각 유상증자 추진과정에서 D1의 보증채무 해소 방안 등이 논의되기도 한 점 등에 비추어 H자동차 등이 위 각 유상증자에 참여한 주목적은 D1의 보증채무 해소로 판단된다.
③ H우주항공이 부도처리된다고 하더라도 금융기관들이 여신거래약정상의 약관 등에 따라 반드시 H자동차를 비롯한 주주사들에 대하여 여신제재나 금융상의 불이익을 가한다고 볼 수 없고, 오히려 회사들의 재무구조, 사업 전망 등 전반적인 요인들을 종합적으로 고려하여 판단하였을 것으로 보인다.
④ H우주항공의 각 유상증자는 그 잔존 자산과 부채를 동일한

수준으로 맞추는 데 중점을 두어 실시된 것이지 항공사업 부문의 빅딜시까지 부도를 유예하려는 목적이 있었던 것이 아니므로, 빅딜을 원만히 성사시키기 위한 목적으로 실시되었던 것으로 보기 어려울 뿐만 아니라 H우주항공의 2차 유상증자는 빅딜 이후에 실시되어 빅딜과는 무관하다.

(나) H강관의 유상증자 우회적 참여 관련

① H강관은 이 사건 유상증자 당시 금융기관들로부터 대출을 거절당하는 등으로 심각한 재정난을 겪고 있었을 뿐만 아니라 주가가 액면가 미만으로 하락하여 정상적인 투자자들의 유상증자 참여를 기대하기 어려워 유상증자 실시하더라도 대부분 실권될 것으로 예상될 정도로 향후 전망이 불투명한 상황이었다.
② D1은 H강관의 이 사건 유상증자에 정상적인 방법으로 투자자를 모집하기 어려워 H자동차로 하여금 투자회사들에 대하여 일정 비율 이상의 수익을 사실상 보장해 주게 하는 변칙적인 방법으로 투자자를 모집하였다. 이와 같은 수익보장약정은 결국 다른 투자자들이 감수하여야 할 손실위험을 H자동차가 떠안는 결과를 초래하는 것으로 그 자체로도 H자동차에 손해를 입히는 배임행위에 해당한다고 볼 수 있다.
③ H그룹의 재무구조개선을 위한 약정상 H강관은 해외매각 또는 외자유치를 통하여 계열분리를 하여야 할 대상기업이어서 H자동차를 비롯한 주주사들은 우선 외자유치를 통한 재무구조개선을 추진하고 여의치 않을 경우 저가에라도 해외 인수희망자에게 주식을 매각하는 방법으로 계열분리를 통한 전체 그룹의 재무구조개선을 추진할 수 있었다. 그러므로 H자동차를 비롯한 계열사들은 H강관의 유상증자에 참여할 필요, 특히 해외펀드를 통한 편법적 우회 유상증자를 하여야 할 사유가 있었다고 보기도 어렵다.
④ H강관의 이 사건 유상증자를 실시하기 이전에 이미 H자동차, 인○제철, 현○중공업, 현○건설 등의 H강관의 주주사들은

위 유상증자에 각 거액을 출자하기로 예정되어 있던 상황이었다. 그러므로 해외펀드를 통한 우회 출자가 없었더라도 H강관이 곧바로 부도로 이어진다거나 그로 인하여 주주사들이나 계열사에 대하여 채권금융기관의 추가적인 여신제재가 예상되었다고 보기도 어렵다.

⑤ 이 사건 유상증자로 H강관의 경영이 정상화 될 경우 H강관의 주주사이자 계열사인 H자동차는 장기적으로는 H강관의 주식 가치 상승이나 안정적인 냉연강판 공급처의 확보 등으로 유·무형의 이익을 얻을 수 있는 가능성도 없지는 않았다. 그러나 그와 같이 장기적이고 간접적인 이익 실현의 가능성이 있었다고 하여 앞서 본 바와 같은 단기적이고 직접적인 손실의 위험이 감소된다고 볼 수도 없다.

4. 손해의 발생 여부

(1) D1 등의 주장

D1, D2들이 H자동차로 하여금 H우주항공의 각 유상증자에 참여하게 한 행위, D1이 H자동차로 하여금 H강관의 이 사건 유상증자에 우회적으로 참여하게 한 행위가 배임행위에 해당한다고 하더라도, H자동차는 위 각 유상증자에 참여함으로써 금융기관으로부터 여신제재를 받지도 않고, 채권을 출자금으로 전환 받는 금융상의 이익을 제공받았고, 지급보증을 해소하고 계열분리를 달성하는 등으로 재무구조를 개선하였으며, 신용도 상승으로 자금조달이 용이해지고 금융비용이 감소하는 등의 경제적 이익을 얻었을 뿐만 아니라 H강관의 정상화로 냉연강판을 안정적으로 공급받게 되는 무형의 이익도 얻었고, 이와 같은 이익은 H자동차가 위 각 유상증자에 참여한 출자금액을 초과하므로, D1, D2들의 위 각 배임행위로 인하여 H자동차에 손해가 발생하였다고 볼 수 없다고 주장한다.

(2) 법원의 판단

D1, D2들이 주장하는 바와 같은 이익과 H자동차가 위 각 유상증자에 참여한 것 사이에 인과관계가 있다고 보기도 어렵다. 설령 H자동차가 위 각 유상증자에 참여함으로써 D1, D2들이 주장하는 바와 같은 이익을 얻었다고 하더라도, 그와 같은 이익은 간접적이고 부수적인 이익에 불과하여 그러한 이익의 발생을 이유로 H자동차가 손해를 입지 않았다고 볼 수 없다. 손해를 상쇄하는 이익이 있다고 인정되기 위해서는 그 행위와 이익발생 간에 인과관계가 있어야 하고 그 이익이 간접적이거나 부수적인 이익에 그쳐서는 안 된다.

5. 소멸시효의 완성 여부

(1) D1 등의 주장

H자동차가 D1, D2들과 위임계약을 체결한 것은 보조적 상행위에 해당하므로, D1, D2들이 위 위임계약상의 채무를 불이행함으로써 발생한 손해배상채권도 상사채권에 해당하여 5년의 상사시효가 적용되는바, P들의 이 사건 소는 이 사건 각 범죄행위 또는 그로 인한 손해의 확정시로부터 5년이 경과된 이후에 제기되었으므로, 이 사건 각 범죄행위에 대한 손해배상채권은 모두 시효로 소멸하였다고 주장한다.

(2) 법원의 판단

주식회사의 이사의 회사에 대한 임무해태로 인한 손해배상책임은 일반불법행위책임이 아니라 위임관계로 인한 채무불이행책임이다. 그러므로 그 소멸시효기간은 일반채무의 경우와 같이 10년이라고 보아야 할 것이다.[247] P들은 이 사건 각 범죄행위로 인한 각 손해가 발생한 시점으로부터 10년이 경과하기 이전인 2008. 5. 21. 이 사건 소를 제기하였으므로, D1 등의 위 주장은 이유 없다.

6. 배상액의 산정 및 감액

(1) 배상액의 산정

(가) D1, D2들의 H우주항공 각 유상증자 관련 배임으로 인한 손해액

① H우주항공의 각 유상증자는 당초부터 H우주항공이 그 주요사업 부문들을 정리한 다음 청산할 경우에 대비하여 잔존채무가 없는 상태로 청산할 수 있도록 자산과 부채를 동일한 수준으로 맞추기 위하여 계획된 사실, H우주항공은 위와 같은 계획에 따라 주요 사업부문들을 양도한 후 청산절차를 거치면서 잔여재산을 채권자들에게 모두 배당하고 청산을 종료함으로써 H자동차를 비롯한 H우주항공의 주주사들은 보유하고 있던 H우주항공의 주식을 모두 손실처리한 사실을 인정할 수 있다. 이러한 인정 사실들에 비추어 보면, H자동차가 H우주항공의 각 유상증자에 참여하여 출자한 금액 전체를 손해라고 봄이 상당하다.
② 따라서 H자동차가 H우주항공의 각 유상증자에 참여함으로써 입은 손해는 1차 유상증자 당시 출자금 705억 4,200만원, 2차 유상증자 당시 255억 1,673만원 합계 960억 5,873만원(705억 4,200만원 + 255억 1,673만원)이다.

(나) D1의 H강관 유상증자 관련 배임으로 인한 손해액

① ㉠ D1의 H강관의 이 사건 유상증자와 관련한 배임행위의 요지는 단순히 H강관의 주식 또는 그 주식에 연동하는 주가연동채

247) 대법원 1985. 6. 25. 선고 84다카1954 판결; 대법원 2006. 8. 25. 선고 2004다24144 판결 등 참조.

권을 적정가치 보다 높은 가격으로 매수하였다는 데 있는 것이 아니라, 위 유상증자 당시 H강관의 상황, 투자자 모집을 위한 H자동차의 변칙적인 수익보장 약정에 비추어 위 유상증자에 참여하여서는 아니 됨에도 해외펀드를 통하여 편법적으로 위 유상증자에 참여한 데 있는 점, ㉡ D1이 H자동차로 하여금 후순위 주가연동채권을 매수하게 하면서 별도로 선순위 주가연동채권을 매수한 외부투자자들에 대하여 일정 비율 이상의 수익을 보장하는 약정을 하게 함으로써 H자동차는 H강관의 주가 하락으로 인한 외부투자자들의 손실 위험을 모두 떠안게 되었고, 실제 주가가 하락하여 H자동차가 그와 같은 손실까지 모두 부담하는 손해를 입은 점, ㉢ 일반적인 후순위 주가연동채권 보유자는 만기시 잔존하는 금액 중 선순위 주가연동채권 보유자들에 대하여 우선적으로 투자원리금을 반환한 후 남은 금액을 분배받게 되고, 손실이 발생하더라도 최대 투자금 상당의 손실만을 입을 뿐인데, H자동차는 외부 투자자들에 대하여 별도로 수익보장 약정을 함으로써 H강관의 주가가 크게 하락할 경우 후순위 주가연동채권에 대한 투자금 이상의 손실을 떠안게 될 가능성도 있었던 점, ㉣ D1은 H자동차로 하여금 투자자산으로서 H강관의 주식에 연동하는 주가연동채권을 보유하게 하려는 목적으로 거래행위를 한 것이 아니라, 해외 펀드를 통한 편법적인 방법으로 유상증자에 참여하게 함으로써 유상증자 이후에는 최대주주로서의 지위를 가지지 않게 됨에도 불구하고 자신의 경영권을 그대로 유지하려는 목적으로 배임행위를 저지른 점 등에 비추어 보면, D1의 위 배임행위로 인한 H자동차의 손해를 단순히 H자동차가 후순위 주가연동채권을 실제 취득한 가격과 그 적정가치의 차액이라고 볼 수는 없고, H자동차가 후순위 주가연동채권에 투자함으로써 실제 발생하여 현실화된 손해, 즉 후순위 주가연동채권에 투자한 금액에서 회수한 금액을 공제한 금액이라고 보아야 할 것이다.

② 구체적인 손해액에 관하여 보건대, H자동차는 1999. 12. 22.

글로벌호라이즌 펀드에 39,000,000달러를 투자하여 글로벌호라이즌 펀드로 하여금 오데마치 펀드의 후순위 주가연동채권을 매수하게 한 사실, 오데마치 펀드는 2000. 12. 24. 정산하면서 글로벌호라이즌 펀드에 5,100,000달러를 상환하였고, 이로 인하여 H자동차는 위 5,100,000달러 중 글로벌호라이즌 펀드에 대한 투자 비율인 78%(H자동차 투자금 39,000,000달러 / H자동차 및 현○중공업 각 투자금 합계 50,000,000달러)에 해당하는 3,978,000달러를 회수하게 된 사실을 인정할 수 있다. 이러한 인정 사실에 의하면 H자동차가 H강관의 이 사건 유상증자에 우회적으로 참여함으로써 발생한 손해액은 35,022,000달러(39,000,000달러 - 3,978,000달러)라고 봄이 상당하다.

③ 한편, 채무불이행으로 인한 손해배상을 규정하고 있는 민법 제394조는 다른 의사표시가 없는 한 손해는 금전으로 배상하여야 한다고 규정하고 있는바, 위 법조 소정의 금전이라 함은 우리나라의 통화를 가리키는 것이어서 채무불이행으로 인한 손해배상을 구하는 채권은 당사자가 외국통화로 지급하기로 약정하였다는 등의 특별한 사정이 없는 한 채권액이 외국통화로 지정된 외화채권이라고 할 수 없다.[248] 이 사건의 경우 손해배상채권에 대하여 외국통화로 지급하기로 하는 약정이 있었음을 인정할 증거가 없으므로 위 손해배상채권에 대하여는 우리나라 통화로 지급되어야 한다. 그리고 위 손해의 환산의 기준은 손해가 확정되어 그 손해의 배상을 구할 수 있는 2000. 12. 24. 당시 매매기준율에 의하여야 할 것인데, 2000. 12. 24. 당시 매매기준율은 1달러 당 금 1,232.10원인 사실은 이 법원에 현저한 사실이다.

④ 따라서 D1의 위 배임행위로 인하여 H자동차가 입은 손해액은 43,150,606,200원(35,022,000달러 × 1,232.10)이 된다.

---

248) 대법원 1995. 9. 15. 선고 94다61120 판결; 대법원 1997. 5. 9. 선고 96다48688 판결 등 참조.

(다) D1의 펀드투자수익 관련 횡령으로 인한 손해액

① D1은 H자동차가 투자한 멜코 펀드 및 굿펠로우즈 펀드에서 2002. 12.경까지 합계 17,601,185달러의 수익이 발생하였음에도, 위 수익을 H자동차에 바로 귀속시키지 않고 글로벌호라이즌 펀드에 송금한 다음, 글로벌호라이즌 펀드로 하여금 H자동차와 현○중공업에 종전 투자금 손실보전 명목으로 위 17,601,185달러를 각 투자 비율에 따라 나누어 지급하게 하였고, 이에 위 수익 17,601,185달러 중 3,872,260달러는 현○중공업에, 나머지 금액은 H자동차에 지급되었다. 그러므로 D1의 횡령행위로 인하여 H자동차가 입은 손해액은 H자동차의 수익 중 최종적으로 현○중공업에 귀속됨으로써 H자동차의 손해로 확정된 3,872,260달러라고 봄이 상당하다.

② 위 손해배상채권에 대하여도 우리나라 통화로 지급되어야 하고, 그 환산 기준은 위 손해가 확정된 시점을 정확하게 특정할 수 없고 단지 2002. 12.경인 사실만 확인할 수 있으므로 2002. 12. 월평균 매매기준율에 따를 수밖에 없다. 2002. 12. 월평균 매매기준율은 1달러 당 1,208.82원인 사실인 이 법원에 현저한 사실이다.

③ 따라서 D1의 위 횡령행위로 인하여 H자동차가 입은 손해액은 4,680,865,333원(3,872,260달러 × 1,208.82, 원 미만 버림)이 된다.

(라) 배상액의 합계

① D1의 이 사건 각 범죄행위로 인하여 H자동차가 입은 손해액은 143,890,201,533원(H우주항공 각 유상증자 관련 배임으로 인한 손해 96,058,730,000원 + H캉판의 이 사건 유상증자 관련 배임으로 인한 손해 43,150,606,200원 + 횡령으로 인한 손해 4,680,865,333원)이다.

② D2의 H우주항공의 2차 유상증자 관련 배임행위로 인하여 H자동차가 입은 손해액은 25,516,730,000원이다.

(2) 배상액의 제한

(가) 판례법리

이사가 법령 또는 정관에 위반한 행위를 하거나 그 임무를 해태함으로써 회사에 대하여 손해를 배상할 책임이 있는 경우에 그 손해배상의 범위를 정함에 있어서는, 당해 사업의 내용과 성격, 당해 이사의 임무위반의 경위 및 임무위반행위의 태양, 회사의 손해 발생 및 확대에 관여된 객관적인 사정이나 그 정도, 평소 이사의 회사에 대한 공헌도, 임무위반행위로 인한 당해 이사의 이득 유무, 회사의 조직체계의 흠결 유무나 위험관리체제의 구축 여부 등 제반 사정을 참작하여 손해분담의 공평이라는 손해배상 제도의 이념에 비추어 그 손해배상액을 제한할 수 있다.[249]

(나) 사건에의 적용

1) D1의 경우

① H우주항공의 각 유상증자 관련 배임의 경우 - D1은 개인 보증채무를 해소하기 위한 목적 등으로 H자동차로 하여금 위 유상증자에 참여하여 출자하게 함으로써 H자동차에 거액의 손해를 가하였는바, 위와 같은 배임행위의 동기, 경위, 결과 등에 비추어 D1은 위 배임행위로 인한 손해에 대하여는 상당부분 책임을 지지 않을 수 없다. 다만, D1은 IMF 외환위기 상황에서 대기업의 최대주주가 개인적으로 경영에 대한 법적 책임을 공유하도록 유도하는 정부의 정책과 채권금융기관들의 요구에 따라 부득이하게 계열사들이 부담하던 보증채무를 승계하는 등으로 H우주항공의

249) 대법원 2004. 12. 10. 선고 2002다60467, 60474 판결; 대법원 2005. 10. 28. 선고 2003다69638 판결; 대법원 2007. 9. 21. 선고 2005다34797 판결; 대법원 2007. 10. 11. 선고 2006다33333 판결 등 참조.

부채에 대한 보증채무를 부담하게 된 것으로 그 보증경위에 참작할 만한 사정이 있는 점, 정부 주도로 이루어진 항공사업 부문의 빅딜시 통합법인에 최소한의 부채만을 이양하라는 금융감독위원회의 요구조건을 이행하는 과정에서 H우주항공의 잔존채무 부담이 더 커진 점, 1차 유상증자 당시에는 D1 개인도 H우주항공의 주주로서 참여하여 일부 손실을 분담한 점 등을 고려하면 위 배임행위로 인한 손해배상책임을 제한할 여지 또한 있다고 판단된다.

② **H강관의 유상증자 관련 배임의 경우** - D1의 위 배임행위로 인하여 H자동차가 직접적으로는 상당한 투자손실을 입었으나, 결과적으로는 해외 투자자들로부터 대규모의 자금을 유치하여 위 유상증자를 성사시킴으로써 H강관이 정상화되었고, 이에 따라 H강관의 주주인 H자동차는 보유주식의 가치 상승, 배당수익 등을 통하여 위 투자손실을 초과하는 간접적인 이익을 얻은 점, 그 외에도 H자동차는 H강관을 계열사로 유지함으로써 자동차 생산에 필요한 냉연강판 등을 안정적으로 공급받을 수 있는 무형의 이익도 얻게 된 점, H자동차가 후순위 주가연동채권에 투자한 이후 발생한 주식시장의 불황이라는 외적 요인으로 인하여 손해가 확대된 측면도 있는 점, D1은 H그룹이 체결한 재무구조개선약정 중 부채비율 감소, 외자유치 등의 사항의 이행시점이 임박하였음에도 정상적인 방법으로는 위 약정을 이행할 수 없어 부득이하게 위와 같은 배임행위를 저지른 것으로 그 경위에 참작할 만한 사정이 있는 점, 그와 같은 배임행위 과정에서 개인적인 이득을 취득한 바도 없는 점 등을 고려하면, 위 배임행위로 인한 손해배상책임은 상당 부분 제한함이 타당하다고 판단된다.

③ **펀드투자수익 횡령의 경우** - H자동차의 펀드 투자수익을 현○중공업의 손실을 보전한다는 명목으로 횡령한 것으로 D1이 개인적인 이득을 취득하지 않았다는 점 이외에는 특별히 책임을 제한할 만한 사유가 보이지 않는다.

④ **D1의 개인적 사정 등** - 위와 같은 각 행위에 관한 제반 사정들과 함께, D1이 H자동차그룹의 총수로서 H자동차를 직접 경영하면서 IMF 외환위기라는 비상상황을 단기간 내에 극복하였을 뿐만 아니라 H자동차를 세계적인 자동차업체로 급성장시킴으로써 H자동차그룹은 물론 국가경제의 발전에 크게 이바지 한 점, D1은 이 사건 각 범죄행위에 대한 형사재판 과정에서 자신의 행위에 대한 반성의 차원에서 개인 재산 일부를 사회에 환원하기로 약속하였고, 그에 따라 최근까지 합계 약 1,500억원을 사회에 환원한 점 등을 두루 참작하면, H자동차에 D1이 배상하여야 할 금액은 H자동차가 입은 손해 중 금 700억원으로 정함이 상당하다.

2) D2의 경우

D2는 전문경영인으로서 D1의 지시와 승인에 따라 범행을 저지른 것일 뿐 범행에 관한 최종적인 의사결정을 하였다고 볼 수는 없는 점, D2가 H우주항공의 2차 유상증자 관련 배임행위로 인하여 개인적인 이득을 취하였다고 볼 수 없는 점, D2도 H자동차의 주요 임원으로서 H자동차의 성장에 크게 이바지 한 점 등 제반 사정을 참작하면, H자동차에 D2가 배상하여야 금액은 H자동차가 입은 손해 중 50억원으로 정함이 상당하다.

(3) 손익상계

(가) 판례법리

손해배상액의 산정에 있어 손익상계가 허용되기 위해서는 손해배상책임의 원인이 되는 행위로 인하여 피해자가 새로운 이득을 얻었고, 그 이득과 손해배상책임의 원인인 행위 사이에 상당인과관계가 있어야 한다.

(나) 사건에의 적용

① D1, D2들은, H우주항공 및 H강관 관련 각 배임행위로 인하여 H자동차가 금융상의 이익을 제공받고, 재무구조를 개선하였으며, 신용도가 상승하는 등의 이익을 얻었으므로 이러한 이익을 손익상계하여야 한다고 주장한다. 그러나 D1, D2들이 주장하는 바와 같은 이익과 H자동차가 각 유상증자에 참여한 것 사이에 상당인과관계가 있다고 보기도 어려울 뿐만 아니라 위 이익은 간접적이고 부수적인 이익에 불과하여 이를 가지고 손익상계할 수는 없다.
② D1은, H강관의 이 사건 유상증자에 참여한 오데마치 펀드를 청산하기 위하여 NCI(Northport Capital International) 펀드를 설립한 후 H자동차로 하여금 NCI 펀드에 37,000,000달러를 투자하게 하였는데, 위 NCI 펀드는 오데마치 펀드로부터 매수한 현대강관의 주식을 다시 매도하는 과정에서 얻은 투자수익으로 H자동차에 44,390,863달러를 상환하였으므로, H자동차가 오데마치 펀드의 청산을 위하여 설립된 NCI 펀드로부터 얻은 수익 7,389,863달러(44,390,863달러 - 37,000,000달러)는 손익상계되어야 한다고 주장한다. 그러나 D1의 주장에 의하더라도 H자동차가 NCI 펀드로부터 얻은 수익은 D1의 H강관의 이 사건 유상증자 관련 배임행위가 아닌 H자동차의 NCI 펀드에 대한 별개의 투자행위로 인하여 발생한 것이므로 이득과 손해배상책임의 원인인 행위 사이에 상당인과관계가 있다고 볼 수 없다.

Comments

(1) 위 사건에서 대표소송의 대상으로 된 것은 이사가 임무를 해태하여 회사에 끼친 손해에 대한 배상책임(399조)이다. 이사가 고의 또는 과실로 법령 또는 정관을 위반하는 행위를 하거나 그 임

무를 해태한 때에는 회사에 대하여 연대하여 손해를 배상할 책임을 진다(399조). 상법 제399조에 의한 책임의 법적 성격에 대해서는 위임계약의 불이행에 따른 채무불이행책임으로 보는 것이 통설과 판례의 입장으로,[250] 불법행위책임과의 경합을 인정한다. 이사가 임무를 수행함에 있어서 법령·정관에 위반한 행위를 한 때에는 그 행위 자체가 회사에 대하여 채무불이행이 되므로 그로 인하여 회사에 손해가 발생하면, 특별한 사정이 없는 한 손해배상책임을 진다.[251] 임무해태란 이사(선량한 관리자)로서의 주의의무를 다하지 못하여 회사에 손해를 가져온 경우를 뜻한다.

(2) 이사의 행위로 인하여 회사에 손해가 발생한 때에도 경영판단('허용된 재량의 범위')으로 인정되는 경우에는 면책된다는 경영판단의 원칙(business judgement rule)이 판례에 의하여 인정되고 있다. 이에 의하면, "이사가 임무를 수행함에 있어 필요한 정보를 충분히 수집·조사하고 검토하는 절차를 거친 다음, 이를 근거로 회사의 최대 이익에 부합한다고 합리적으로 신뢰하고 신의성실에 따라 경영상의 판단을 내렸고, 그 내용이 현저히 불합리하지 아니하여 이사로서 통상 선택할 수 있는 범위 안에 있는 것이라면, 비록 그로 인하여 사후에 회사가 손해를 입게 되는 결과가 발생하였다고 하더라도 이사가 회사에 대하여 손해배상책임을 부담한다고 할 수 없다"고 한다.[252] 이 원칙의 적용에 의하여 면책되려

---

250) 대법원 1985. 6. 25. 선고 84다카1954 판결. 異說: 이와는 달리 이사의 광범한 권한과 지위의 중요성에 비추어 민법상의 일반책임만으로는 불충분하므로 민법상의 채무불이행책임이나 불법행위책임과는 다른 특수한 책임을 인정한 것으로 보는 견해가 있다(이철송, 747~748면; 홍복기 외, 377~378면).

251) 법령·정관에 위반한 행위는 넓은 의미에서의 임무해태에 해당하나, 상법 제399조는 이를 일반적인 임무해태와 구분하여 따로 규정하고 있다. 그러나 이러한 구분은 그다지 실익이 없다. 선관의무는 법령이나 정관을 준수하여야 할 의무를 당연히 내포하기 때문이다. 2011년 개정상법에서는 법령·정관 위반행위에 대하여 법문에 '고의 또는 과실로'라는 문구를 넣음으로써 임무해태의 경우와 마찬가지로 과실책임이라는 것을 명시하고 있으므로 이러한 구분은 더욱 무의미하게 되었다. 입법론으로 감사에 관한 상법 제414조 제1항과 그 내용을 동일하게 규정하는 것이 바람직하다고 본다.

252) 대법원 2008. 7. 10. 선고 2006다39935 판결. 허용된 경영판단으로 인정하

면 이사의 경영판단이 영리단체의 경영수임자로서 합리적이고 신중하고 숙려된 상태에서 이루질 것, 즉 선량한 관리자로서의 주의의무를 이행할 것을 요한다.[253] 법령을 위반의 경우에는 선관의무를 다한 것이 아니므로 경영판단의 원칙이 적용될 수 없다는 것이 판례의 입장인데, 이는 타당하다.

(3) 상법 제399조 위반에 의하여 이사가 회사에 지는 손해배상책임에 대해서는 상법에서 민법의 특칙을 규정하고 있다. 즉, 법령·정관에 위반한 행위 또는 임무해태가 이사회의 결의에 의한 것인 때에는 그 결의에 찬성한 이사는 모두 연대하여 책임을 지고(399조 2항), 총주주의 동의에 의하여 책임을 면제할 수 있고(400조 1항), 보수액을 기준으로 한 책임의 일부면제가 가능하고(400조 2항),[254] 결산주주총회에서의 재무제표의 승인에 의한 책임의 해제(450조) 등의 특유한 제도를 두고 있다. 상법 제399조에 의한 책임의 법적 성격을 채무불이행책임으로 이해하면, 상법에서 규정하고 있는 이러한 특칙을 제외하고는 배상책의 산정, 손익상계, 과실상계, 소멸시효 등 민법상 손해배상에 관한 일반 규정의 적용을 받는다. 즉, 배상액은 이사의 임무해태와 상당인과관계가 있는 모든 손해가 되고(민 393조 1항, 763조), 이 경우에도 제반사정을 참작하여 손해분담의 공평이라는 손해배상제도의 이념에 비추어 손해배상액을 제한할 수 있고,[255] 그 소멸시효기간은 채권의

여 배상책임을 부정한 사례(대법원 2005. 10. 28. 선고 2003다69638 판결).

253) 경영판단의 과정을 사전에 정보와 자료 등을 준비하는 부분과 이러한 정보와 자료를 근거로 하여 의사결정을 하는 부분으로 구분하여, 주의의무 위반이 문제되는 것은 전자에 국한된다는 견해가 있다(홍복기 외, 427~428면). 그러나 양자 모두에 대하여 주의의무 위반이 문제된다고 보아야 할 것이다.

254) 2011년 개정상법에서는 이사의 배상책임액을 정관에 규정함으로써 1년간 보수의 3배(사외이사의 경우) 또는 6배(사내이사의 경우)로 제한할 수 있다는 규정을 두고 있다(400조 2항 본문). 다만 고의 또는 중과실로 손해를 발생시킨 경우와 경업금지 등의 사익추구행위에 해당하는 경우에는 그 적용이 배제된다(400조 2항 단서).

255) 대법원 2007. 7. 26. 선고 2006다33609 판결 등 다수. 이사의 회사에 대한 손해배상책임에 있어서, "손해분담의 공평이라는 손해배상제도의 이념에 비추어" 법원이 손해배상액을 적절하게 제한할 수 있다는 것이 판례에 의하

일반시효규정(민 162조 1항)에 따라 10년이다.[256]

(4) 대표소송은 회사가 이사 등에 대하여 책임을 추궁하지 않고 방치하고 있는 경우에 주주가 회사를 위해 이사 등의 책임을 추궁하기 위하여 제기하는 소로서(403조), 그 성질은 제3자의 소송담당이다. 제소권자는 발행주식총수의 1% 이상의 주식을 가진 주주이어야 하고, 상장회사의 경우는 발행주식총수의 0.01%로 완화하는 한편 제소 전 6개월 전부터 계속하여 주식을 보유한 자이어야 한다(542조의6 6항). 지주비율요건에서 의결권 없는 주식도 포함하고, 제소요건은 제소시점에 구비하여야 한다. 제소 당시에 제소요건을 충족하면 제소 이후에는 이에 미달하더라도 최소 1주 이상을 보유하고 있는 한 상관없다(403조 5항).

《관련문헌》

심 영, "개정 상법상 이사의 의무와 책임에 관한 소고", 「경영법률」 제21집 제4호(2011).

강희주, "주식회사의 이사의 책임에 관한 판례의 법리", 「증권법연구」 제8권 제2호(2007).

양만식, "현대 주식회사에서의 이사의 책임범위와 신뢰보호", 「기업법연구」 제21권 제3호(2007).

여 인정되고 있다(대법원 2007. 11. 30. 선고 2006다19603 판결 등 다수). 그러나 이러한 책임제한의 법리에 대한 법적 근거가 없고, 책임제한에 관한 기준이 모호하며, 민사사건에서 피해자의 손해배상청구권을 법원이 임의로 처분할 수 있는 권한을 갖지 못하는데 형사사건의 작량감경처럼 이를 제한하는 것은 부당하며, 총주주의 동의로만 책임을 면제할 수 있다는 상법 제400조의 취지에 반할뿐더러, 법원이 입법을 기다리지 않고 법을 창조한 사례라 하여 비판하는 견해가 있다(송옥렬, 954면).

256) 대법원 1985. 6. 25. 선고 84다카1954 판결 등.

28. 감사의 책임 및 겸임금지

[대법원 2007. 12. 13. 선고 2007다60080 판결]

Facts

(1) T건설은 토목, 건축, 도로포장 등을 목적으로 설립된 회사로서 2000. 11. 24. 서울지방법원으로부터 회사정리절차 개시결정을 받았다가, 2001. 5. 11. 서울지방법원으로부터 직권으로 파산선고를 받아, 2002. 5. 30. 안○○가 파산관재인으로 선임되었고, 제1심 소송계속중인 2005. 8. 31. 그 파산관재인이 정○○으로 변경되었으며, 2007. 1. 9. 서울중앙지방법원으로부터 회생절차 개시결정을 받아 P(원고)가 그 관리인으로 선임됨에 따라, 현재 회생절차가 진행 중이다.
(2) D1은 1977. 10. 20.부터 1998. 7. 10.까지 T건설의 이사 또는 대표이사(T그룹 회장)로, ② D8은 1993. 12. 8.부터 1998. 6. 5.까지 T건설의 대표이사로, ③ D9는 1995. 12. 21.부터 1998. 5. 18.까지 T건설의 재무담당 이사로(다만 등기이사로 선임된 것은 1998. 3. 20.이고 그 이전에는 비등기이사이었다), ④ D2는 1994. 3. 12.부터 1998. 5. 18.까지, D3은 1993. 3. 12.부터 1997. 12. 1.까지 각 T건설의 이사로, ⑤ D10은 1993. 3. 12.부터 1998. 3. 20.까지, D4는 1995. 2. 28.부터 1997. 3. 14.까지, D6은 1997. 3. 14.부터 1998. 7. 10.까지 각 T건설의 감사로 재직하였다.
(3) T건설은 1980년대 초반부터 리비아 대수로 공사를 시행해

오면서 중동지역의 경기둔화로 수익구조가 악화되었고, 사업의 다각화를 위하여 동남아, 호주, 미주 지역에 부동산 투자 및 개발회사를 설립하고 국내에서도 계열사를 인수·설립하면서 이에 소요되는 자금의 대부분을 금융기관 차입금으로 충당함으로써 그 차입금 규모가 1995년경에는 약 2조원 대에 이르렀고, 이후 점차 그 규모가 커지면서 1998년경에는 약 4조 4,000억원대로 급증하게 되었다.

(4) T건설은 1983년경부터 1989년경까지 시행한 제1차 리비아 대수로공사 등 해외공사에서 환차손 및 하자보수로 인한 추가비용 등이 발생하여 적자가 누적되는 등 재무구조 및 경영성과가 부실해지기 시작하였으며, 1990년대 중반을 전후하여 국내에서 자체개발사업 및 재개발·재건축 사업을 추진하면서 자금을 집중 투자하였으나, 주택경기의 불황으로 미분양사태가 속출하여 그 투자금 회수기간이 장기화되면서 자금사정이 급속히 악화되었다.

(5) D1 등 동아건설의 경영진들은 T건설의 대외신인도 추락에 따른 공사수주의 차질, 자금조달여건의 악화 등을 모면하기 위하여 198년경 무렵부터 매년 재무제표를 조작하여 누계 수천억원 상당의 당기순이익을 허위로 증가시켜 왔다. 특히 해외부문에서의 분식결산은, 리비아 대수로공사 현지에서는 기말결산에 대하여 매년 1월 하순경(반기결산에 대해서는 7월 말경) 사실대로 결산을 하여 결산서 및 전표를 본사 경리부에 제출하면, 본사 경리부의 해외결산파트에서 본사의 결산정책(매 회계연도의 분식규모 결정, 즉 공표할 이익규모의 결정)에 따라 공사계약 잔여공사 범위 내에서 필요한 금액만큼 과다기성(공사미수금 증액 및 공사수입 증액) 또는 투입원가 중 일부를 재고자산으로 대체하여 원가를 과소 계상하는 방법으로 결산한 후 당초 리비아에서 보내온 전표를 수정하여 금액을 표시하여 리비아현장에 보내거나 본사에서 리비아에 해당 전표번호를 알려주면서 일정한 액수를 증액하여 전표를 재작성하여 보내도록 연락하면, 리비아 현장에서는 본사에서 수정 요구한 대로 전표를 재작성하여 본사로 다시 송부하는 방식으로 이루어졌다.

D3은 1987년경 경리부장이 되었는데 적어도 1986년경부터 동아건설이 적자였음에도 일부 계정을 과대 계상하여 흑자로 끌어오고 있었던 사정을 잘 알고 있었다.

(6) 이와 같은 방식으로 T건설은 1988년 회계연도부터 1994년 회계연도까지 계속하여 분식회계를 하여 왔고, 결과적으로 그 때까지 T건설에 발생한 누적적자 3,961억 4,800만원이 허위로 분식처리되어 있었다. 또한 D1은 1996. 1.말경 재무담당 임원인 D8로부터 T건설의 1995년 회계연도에만 136억 2,000만원 상당의 당기순손실이 발생하였음에도 불구하고 당기순이익이 약 328억 3,900만원 발생한 것처럼 결산하겠다는 보고를 받은 후 이를 그대로 실행하도록 지시하였다. 이에 D8은 회계담당자인 전무이사 D3, 재무담당 이사 D9, 경리부장 O에게 당기에 공표할 당기순이익 규모를 328억 3,900만원 가량으로 처리하도록 순차적으로 지시하고, 위 지시에 따라 O는 1995년 말 현재 당좌자산 중 공사미수금 4,391억 7,900만원을 과다 계상하고, 기타 유동자산 중 선급공사비 496억 2,000만원을 과다 계상하는 등의 방법으로 사실은 T건설의 실제 자산총액이 2조 8,080억 3,600만원임에도 마치 3조 2,968억 3,500만원인 것처럼 허위의 재무제표를 작성하고, 아울러 자본계정 중 전기이월 이익잉여금 3,691억 4,800만원을 과다 계상하고, 자본조정 중 해외사업환산대 461억 9,200만원을 과다 계상하고, 손익계산서 중 매출액 31억 6,100만원을 과다 계상하고, 영업외비용 중 지급이자와 할인료 496억 2,000만원을 과소 계상하였다. 이에 의하여 사실은 T건설의 실제 자본총계가 2,161억 600만원임에도 마치 7,049억 500만원에 이르는 것처럼 가장하고, 나아가 1995년 회계연도에 실제로는 136억 2,000만원의 당기순손실이 발생하였음에도 불구하고 마치 328억 3,900만원 상당의 당기순이익이 시현된 것처럼 가장하는 등 허위의 재무제표를 작성하였다.

(7) T건설의 감사인 D4와 D10은 정기주주총회 6주 전에 당해 회계연도 재무제표를 넘겨받아 회계감사를 면밀히 실시하여 이와

같은 대규모 분식회계를 발견해야 함에도 불구하고 사실상 그 회계감사를 전혀 실시하지 아니하였다. T건설의 이사진은 이와 같이 허위로 작성한 재무제표에 대한 외부감사인(K회계법인)의 회계감사를 받은 다음 1995. 2. 28. 주주총회 승인을 거쳐 1996. 3. 1. 경향신문에 위 대차대조표를 공고하는 등 재무제표 공시절차를 마쳤다. 위와 같은 분식회계는 1996 회계연도와 1997 회계연도의 재무제표에 대해서도 D1 등의 관여로 행해졌다.

(8) T건설은 1994 회계연도에 이미 3,961억 4,800만원의 누적적자가 발생하였고, 이어 1995 회계연도에 136억 2,000만원, 1996 회계연도에 1,686억 6,300만원, 1997 회계연도에 1589억 7,900만원의 순손실이 발생하여 이익배당을 할 수 없었음에도 불구하고 위와 같이 이익을 낸 것과 같이 분식을 하였다. 이에 의하여 분식된 1995 회계연도 재무제표를 근거로 171억 4,700만원, 1996 회계연도 재무제표를 근거로 194억 1,900만원, 1997 회계연도 재무제표를 근거로 103억 600만원의 각 이익배당을 하였다.

(9) 또한 T건설은 1995 회계연도에 136억 2,000만원, 1996 회계연도에 1,686억 6,300만원, 1997 회계연도에 1589억 7,900만원의 순손실이 발생하여 1995 회계연도에는 34,255,617,990원, 1996 회계연도에는 8,731,414,384원의 법인세만을 납부할 의무가 있고, 1997 회계연도에는 법인세 납부의무가 발생하지 않았음에도 불구하고, 2000. 11. 3.경 분식된 1995 회계연도 재무제표를 근거로 790억 9,000만원의 법인세 및 분식된 1996 회계연도 재무제표를 근거로 870억 5,300만원의 법인세를, 2001. 3. 15.경 분식된 1997 회계연도 재무제표를 근거로 579억 6,600만원의 법인세를 각 납부하였다.

(10) D6은 2002. 9. 11. 처인 D5에게 자신이 소유하던 부동산을 증여하고, 2002. 9. 12. 위 부동산에 관하여 D5 명의의 소유권이전등기를 마쳤다.

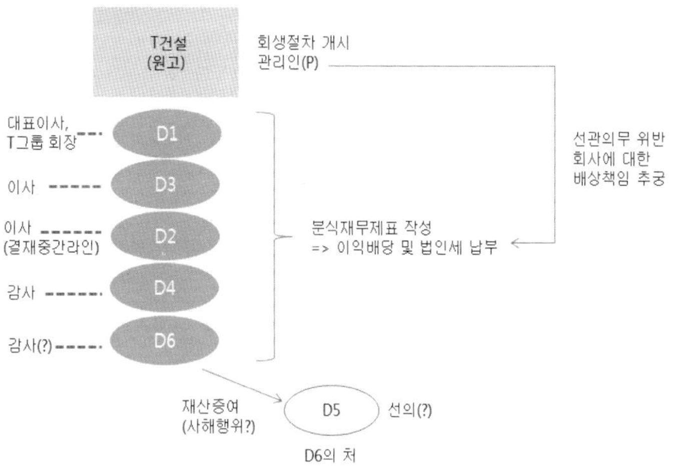

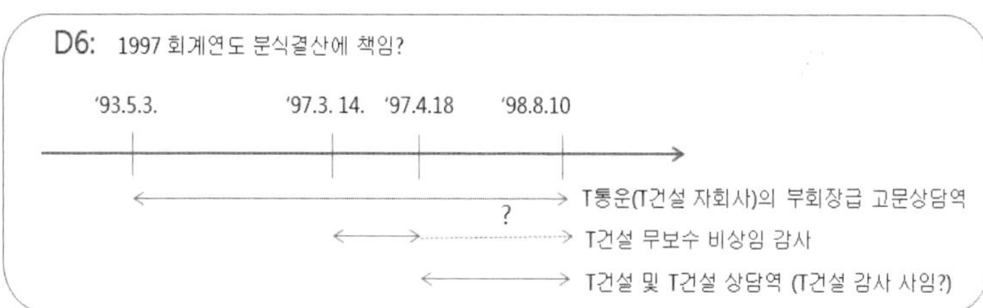

(Q1) T건설의 이사인 D2는 자신은 분식결산에 직접 관여하지 않았고 결재라인의 중간에 있었기 때문에 분식결산에 대하여 책임이 없다고 항변한다. 이러한 항변은 정당한가?

(Q2) D1 등은 위의 분식재무제표에 대하여 주주총회의 승인결의가 있었고 그로부터 2년이 경과하였다는 것을 이유로 분식결산을 기초로 행해진 이익배당과 법인세 납부에 대하여 책임이 없다고 항변한다. 이러한 항변은 정당한가?

(Q3) D6은 분식결산 당시 자신은 T건설의 감사가 아니었다고 항변할 수 있는가?

(Q4) D6의 D5에 대한 재산증여는 사해행위가 되어 취소대상이 될 수 있는가?

Issue & Rule

(1) 위 사건에서 쟁점이 되는 사항은 ① 주식회사의 이사가 다른 업무담당이사의 업무집행이 위법하다고 의심할 만한 사유가 있음에도 이를 방치하여 생긴 회사의 손해에 대하여 배상책임을 지는지 여부, ② 상법 제450조에 따른 이사와 감사의 책임해제의 요건, ③ 비상임 감사라는 이유로 선관주의의무 위반에 따른 책임을 면하는지 여부, ④ 감사가 회사 또는 자회사의 이사, 지배인 기타의 사용인에 선임되거나 그 반대의 경우, 피선임자가 현직을 사임하는 것을 조건으로 효력을 가지는지 여부 등이다.
(2) 위 쟁점사항에 관한 적용법조는 상법 제399조, 제450조, 상법 제1조, 제382조 제2항, 제414조, 제411조; 민법 제681조 등이다.

Analysis & Conclusion

1. 대법원이 수용한 원심의[257] 판시사항

(1) 분식결산으로 인한 D1, D2, D3, D6의 손해배상책임

(가) D1, D3의 경우

1) 당사자의 주장

D1은 자신이 T그룹의 회장으로서 T건설의 경영에 관하여는 대표이사에게 일임한 채 오로지 해외공사수주 등의 활동만 담당하고

257) 서울고법 2007. 7. 19. 선고 2005나103343 판결.

이 사건 분식결산에 관여하지 않았다고 주장한다.

2) 법원의 판단

① D1은 T그룹의 회장으로서 세부적인 업무처리는 각 계열사에 위임하였으나 각 계열사의 경영, 재정 등 중요사안에 관하여는 대표이사 또는 그룹 기획조정실을 통하여 보고를 받아 온 사실이 인정되고, D1은 T건설의 실제 재무상태를 D8로부터 보고를 받아 잘 알고 있으면서도, D8이 각 회계연도에 T건설에 이익이 있는 것처럼 허위의 재무제표를 작성하여 공시하겠다는 내용의 보고를 하자 이를 승낙하여 그대로 시행하도록 지시하는 방법으로 이 사건 각 분식결산을 주도하였다. 그러므로 위 각 분식결산에 관여하지 않았다는 D1의 주장은 이유 없다.

② D1, D3은 T건설의 대표이사 또는 이사로서 선량한 관리자의 주의로써 업무를 집행하여야 하고 재무제표를 작성할 경우 주식회사의 외부감사에 관한 법률 제13조 제3항과 기업회계기준에 따라 기업의 경영성과를 사실대로 기재하여 이를 공시할 임무가 있는데도, 이러한 임무를 게을리 한 채 D1은 T건설의 1995 내지 1997 회계연도에, D3은 T건설의 1995, 1996 회계연도에 각 손실이 발생하였다는 사실을 알면서도 이러한 실상을 은폐하고 이익이 발생한 것처럼 분식결산을 주도한 후 분식결산된 재무제표가 그대로 이사회와 정기주주총회의 승인을 거쳐 공시되도록 하였다. 이로 인하여 T건설은 납부할 필요가 없는 법인세를 납부하고 배당할 이익이 없는데도 배당을 하는 손해를 입었다. 그러므로 상법 제399조에 따라 D1은 T건설의 1995 내지 1997 회계연도에 대한 분식결산으로 말미암아 T건설에 생긴 손해를, D3은 T건설의 1995, 1996 회계연도에 대한 분식결산으로 말미암아 T건설에게 생긴 손해를 배상할 책임이 있고, 책임이 인정되는 다른 피고들과 연대하여 배상할 책임이 있다.

(나) D2의 경우

1) 당사자의 주장

D2는 1996 회계연도 분식결산으로 인한 손해에 대하여 책임이 없다고 주장하면서 다음을 그 이유로 들고 있다.
㉠ 자신은 총무와 관리 업무를 담당하고 있었으므로 회계와는 무관하였는데 외부감사까지 마친 완성된 재무제표를 주주총회에 상정하기 전에 회계부서에서 대표이사로 올라가는 결재라인의 중간에 있었기 때문에 형식적으로 결재를 한 것일 뿐이고, 이 과정에서 D9로부터 김포매립지의 장부가가 실제가격과 차이가 많이 있어 이를 감안하여 재무제표를 작성하였다는 보고는 들었으나 적자를 보았다는 보고는 들은 적이 없어 정상적으로 작성된 재무제표로 알고 결재를 하였다.
㉡ 설사 D2가 그 임무를 게을리 하였다고 하더라고 부당하게 납부된 법인세는 환급받을 수 있는 것이고 회사의 손익은 궁극적으로 주주에게 귀속되는 것이어서 주주에게 부당한 이익배당을 하였다고 하더라도 이를 회사의 손해라고 할 수 없으며, 분식결산을 통하여 취한 공사수주, 차입금 조달, 금리 저하 등의 경제적 이익의 규모가 이익배당액이나 법인세 납부액을 초과하여 T건설에 손해가 있었다고 볼 수도 없다.

2) 법원의 판단

① 분식결산에 관여하지 아니하였고 분식결산 사실을 몰랐다는 주장에 관하여 보건대, D2의 책임이 인정되는 것은 그가 분식결산에 관여하였기 때문이 아니라 대표이사나 다른 이사들이 행한 분식결산에 대한 감시의무를 게을리 하였기 때문이다. 이러한 감시의무는 이사이면 응당 부담하게 되는 것이어서 결재라인의 중

간에 있어 형식적으로 결재를 한 경우는 물론 심지어 결재라인과 무관한 경우에도 부담하는 것이고, 비록 외부감사까지 마친 재무제표라 하더라도 분식의 사실을 발견하였거나 분식을 의심할 만한 점이 있으면 이 단계에서라도 분식 여부와 내용을 조사하여 적절한 조치를 취함으로써 이후의 부당한 결과를 방지하여야 할 의무가 있다.

② 손해가 없다는 주장에 관하여 보건대, ㉠ 법인세의 환급가능성이 있다고 하여 손해가 없다고 할 수 없을 뿐만 아니라 T건설이 1996 회계연도에 대하여 납부한 법인세는 환급가능성마저 소멸하였고, ㉡ 주주의 이익과 회사의 이익이 정확히 일치하는 것도 아니며, ㉢ T건설이 분식결산을 통하여 이익배당액이나 법인세 납부액을 초과하는 규모의 공사수주, 차입금 조달, 금리 저하 등의 경제적 이익을 얻게 되었음을 인정할 증거가 없을 뿐만 아니라, 나아가 D2가 주장하는 위와 같은 영업상의 이익은 T건설의 현재 혹은 장래의 거래 상대방들의 T건설에 대한 평판에 의존하는 것이고, 나중에 분식결산을 하였음이 밝혀졌을 때에는 그로 인하여 오히려 T건설의 신용도와 대외적 이미지를 추락시킬 요소로 작용할 가능성이 있으므로, 위 분식결산이 진정으로 T건설에 이익을 가져다주었다고 보기도 어렵다.

③ D2의 행위는 분식결산이라는 위법행위를 알고도 방치하였거나 또는 적어도 분식결산을 의심할만한 사유를 발견하고도 이에 대한 아무런 조사나 조치를 취하지 아니한 임무해태행위라 할 것이다.

이로 인하여 T건설은 부당하게 납부한 법인세 상당액과 부당하게 배당한 이익 상당액의 손해를 입었으므로, D2는 상법 제399조에 따라 T건설의 1996 회계연도 분식결산으로 말미암아 T건설에게 생긴 손해를 책임이 인정되는 다른 피고들과 연대하여 배상할 책임이 있다.

(다) D6의 경우

D6은 T건설의 감사로서 이사의 직무를 감사하고 매결산기에는 감사보고서를 작성함으로써 재무제표의 적정성을 감사하여야 할 임무가 있음에도 감사로서의 직무를 전혀 수행하지 아니한 과실로 인하여, D6은 1997 회계연도에 각 분식결산된 허위의 재무제표가 작성·공시되는 것을 방치하였다. 이로 인하여 T건설은 위 각 회계연도에 관하여 부당하게 법인세를 납부하고 이익배당을 하는 손해를 입었다. 그러므로 상법 제414조 제1항에 따라, 특별한 사정이 없는 한, D6은 1997 회계연도에 대한 분식결산으로 T건설에 생긴 손해를 책임이 인정되는 다른 이사들과 연대하여 각 배상할 책임이 있다.

(2) 상법 제450조에 의한 책임해제 여부

(가) 당사자의 주장

D1 등은, 1995 내지 1997 회계연도에 대한 재무제표는 각 다음 회계연도의 정기주주총회에서 승인되었고, 또한 1997 회계연도까지 행한 분식내용을 모두 기재한 1998 회계연도 재무제표가 1999. 2. 주주총회에서 승인되었으며, 그로부터 2년 내에 위 승인을 뒤집는 다른 결의가 없었으므로, D1 등의 책임은 상법 제450조에 의하여 해제되었다고 주장한다.

(나) 법원의 판단

상법 제450조는 회사가 퇴임 이사·감사를 상대로 제소하는 경우에는 적용되지 않는 것일 뿐만 아니라,[258] 책임이 해제되는 사

258) 대법원 1977. 6. 28. 선고 77다295 판결 참조.

항은 재무제표에 기재되어 있거나 재무제표의 기재에 의하여 알 수 있는 사항에 한한다고 할 것이다.[259] T건설의 1995 내지 1997 회계연도에 대한 재무제표에는 분식결산하였다는 기재가 있거나 위 재무제표의 기재 자체에 의하여 분식결산 사실을 알 수 있는 것은 아니고, 나아가 비록 1998 회계연도 재무제표에 1997 회계연도까지 행한 분식내용이 모두 반영되었다 하더라도 재무제표에 D1 등의 책임사유가 기재되어 있었다는 점을 인정할 증거가 없으므로, D1 등의 주장도 이유 없다.

(3) 소멸시효의 완성 여부

(가) 당사자의 주장

T건설은 D1에 대한 검찰의 수사가 진행된 1998. 7. 당시 이미 회계분식 사실을 알고 있었고, 그렇지 않다고 하더라도 회계분식과 관련해서는 처벌하지 않겠다는 검찰의 발표가 언론을 통해 보도된 1999. 12. 말경에는 그 사실을 알고 있었던 것으로 보아야 하며, 적어도 T건설의 관리인이 D1을 회계분식 등의 혐의로 고발한 2001. 2.에는 회계분식 사실을 알고 있었음이 분명하므로, P(원고)가 그로부터 3년이 경과한 후인 2004. 4. 14. 이 사건 소를 제기한 이상 P의 D1에 대한 손해배상청구권은 이 사건 소 제기 이전에 이미 시효로 소멸하였다고 항변한다.

(나) 법원의 판단

이사의 회사에 대한 임무해태로 인한 손해배상책임은 일반 불법행위책임이 아니라 위임관계로 인한 채무불이행책임이므로 그 소멸시효기간은 일반채무의 경우와 같이 10년이라고 보아야 할 것

259) 대법원 1969. 1. 28. 선고 68다305 판결 등 참조.

이다, 이와 달리 민법 제766조 제1항 소정의 3년의 단기소멸시효가 적용됨을 전제로 한 위 D1의 소멸시효 항변은 더 나아가 판단할 필요 없이 이유 없다.

(다) 비상임감사의 감사업무수행에 관한 상관습의 존부

(가) 당사자의 주장

D4는, T건설의 비상임감사로서 등기부상 감사로 등재되어 있었으나 비상임감사는 상임감사의 유고시에만 감사업무를 수행하는 상관습이 존재하는데 1995 내지 1997 회계연도 결산 때에는 상임감사인 D10이 감사의 직무를 수행하였고 그러한 까닭으로 D4는 전혀 감사로서의 직무를 수행하지 아니하였으며, 특히 D4는 당시 T건설의 이사로 근무하고 있어 단순히 정원만 채울 뿐 감사로서의 직무를 수행하지 아니하는 조건으로 감사의 직을 승낙하였으므로, D4는 1995 회계연도에 대한 분식결산으로 인한 손해를 배상할 책임이 없다고 주장한다.

(나) 법원의 판단

상법은 상임감사와 비상임감사의 직무와 책임을 구별하지 아니하고 있으므로 비상임감사는 상임감사의 유고시에만 감사의 직무를 수행한다는 상관습의 존재를 인정할 수 없고, 비상임감사라 하더라도 그 사유만으로는 법령과 정관상의 주의의무를 면하게 할 수 없다. 그러므로 감사의 가장 고유한 업무라고 할 수 있는 결산에 대한 감사를 게을리 하였다면 이에 대하여는 책임을 져야 하며, D4가 감사로 취임한 이상 당시 설사 T건설과의 사이에 명목적 감사로만 취임하기로 하는 합의가 있었다 하더라도 이는 회사법이 예정하고 있지 않은 감사의 유형을 당사자간의 합의에 의하여 작출하는 것을 의미하는 것이 되어 역시 허용될 수 없다. 따라서 D4의 위 주장은 이유 없다.

2. 대법원이 파기환송한 사항

(1) 감사의 겸임을 금지하는 상법 제411조의 취지

(가) 당사자의 주장

D6은, 상법 제411조에 의하면 감사는 모회사 또는 자회사의 사용인의 직무를 겸할 수 없는데, D6은 1993. 5. 3.부터 1998. 8. 10.까지 T건설의 자회사인 T통운의 부회장급인 고문 상담역으로 근무하여 왔으므로, D6을 감사로 선임한 행위는 상법 제411조에 위반하여 무효이고, 가사 그렇지 않다 하더라도 모회사의 감사가 회사의 사용인 또는 자회사의 이사로 선임되거나 회사의 사용인이나 자회사의 이사가 모회사의 감사로 선임된 경우 각각 현재의 지위를 사임하는 것을 정지조건으로 하여 선임의 효력이 인정되며 모회사의 감사가 회사의 사용인이나 자회사의 이사로 취임하는 것을 승낙하거나 회사의 사용인이나 자회사의 이사가 모회사의 감사로 취임하는 것을 승낙하는 경우 각각 이전의 직을 사임하는 것으로 보아야 하는바, D6은 1993. 5. 3.경 T건설 및 T통운의 상임고문으로 위촉되어 월 보수 120만원, 교통비 월 100만원을 지급받으며 해외건설업무 자문과 계열회사간의 업무협의조정역할을 담당하고 있었고, 1997. 3. 14. T건설의 무보수・비상임 감사로 선임되었으나 감사업무에는 전혀 관여하지 않았으며, 그 후 1997. 4. 18. T건설 및 T통운의 상담역으로 위촉되어 두 회사의 해외수주 업무자문과 업무협의 조정역할을 수행하여 왔고 역시 T건설의 감사업무는 수행하지 아니하였으므로, D6은 T건설 또는 T통운의 사용인 직만을 수행함으로써 그 감사직을 사임하

였다고 볼 것이므로, 1997 회계연도 분식결산에 대하여 감사로서의 책임을 지지 않는다고 주장한다.

(나) 원심의 판단

원심은, 감사 취임 이후에 다시 회사 또는 자회사로부터 이사회 결의 등에 의하여 상담역으로 위촉되었다 하더라도 감사의 직을 사임한다는 의사를 명시적으로 표시하였음을 인정할 증거가 없는 이상 그 후 감사 업무를 전혀 수행하지 않았다는 사정만으로 감사의 직을 사임한 것으로 볼 수는 없으며, 오히려 D6의 주장과 같이 자신이 다른 업무에 종사하여 감사로서의 직무를 성실히 수행할 수 없는 사정이 있다면 마땅히 감사의 직을 수락해서는 안 되거나 이를 사임해야 될 것임에도 불구하고, 사용인과 감사의 겸직금지 규정에 위반하면서까지 감사의 직을 유지한 채 감사 업무를 전혀 수행하지 아니하였다면 D6가 회사로부터의 책임 추급에 대하여 이와 같은 사유를 들어 면책을 주장하는 것은 허용될 수 없다고 판단하여 위 주장을 배척하였다.

(다) 대법원의 판단

대법원은 원심의 위와 같은 판단을 다음과 같은 이유로 배척하였다.

① 상법 제411조는 “감사는 회사 및 자회사의 이사 또는 지배인 기타의 사용인의 직무를 겸하지 못한다”고 규정하는바, 만일 감사가 회사 또는 자회사의 이사 또는 지배인 기타의 사용인에 선임되거나, 반대로 회사 또는 자회사의 이사 또는 지배인 기타의 사용인이 회사의 감사에 선임된 경우에는, 그 선임행위는 각각의 선임 당시에 있어 현직을 사임하는 것을 조건으로 하여 효력을 가지고, 피선임자가 새로이 선임된 지위에 취임할 것을 승낙한

때에는, 종전의 직을 사임하는 의사를 표시한 것으로 해석하여야 할 것이다.

② D6은 T건설의 감사로 재직하던 중 1997. 4. 18. T건설 및 그 자회사인 T통운의 상담역(부회장대우)으로 위촉되어 그때부터 월 620만원(T건설 310만원, T통운 310만원)의 보수를 지급받으면서 두 회사의 해외수주 업무자문과 업무협의 조정역할을 수행하여 온 점을 알 수 있는바, 이러한 사정을 앞서 본 법리에 비추어 보면, D6은 T건설의 감사로 재직하다가 1997. 4. 18. T건설 및 T통운의 사용인인 상담역의 지위에 선임되고 그 지위에 취임함으로써, 종전의 T건설의 감사직을 사임한 것으로 봄이 상당하다.

그럼에도 불구하고, 원심은 그 판시와 같은 이유로 D6이 T건설의 감사의 직을 사임한 것으로 볼 수 없다고 판단하고 말았으니, 이러한 원심판결에는 감사의 겸임금지를 규정한 상법 제411조에 관한 법리를 오해한 위법이 있고, 이러한 위법이 판결에 영향을 미쳤음은 분명하다.

(2) 詐害行爲에 해당하는지의 여부

(가) 당사자의 주장

① **P(원고)의 주장** - D6이 P(T건설)에 대하여 T건설의 1997 회계연도에 대한 분식결산과 관련하여 2,048,160,000원의 손해배상의무를 지고 있고 이로 인한 P의 손해배상채권은 늦어도 위 결산이 끝나고 이에 따라 법인세를 납부하고 이익배당을 한 2001. 3. 15.경 이미 발생하고 있었는데, D6은 2002. 9. 소극재산이 20억원을 넘는 반면 적극재산은 그에 미치지 못하여 이미 채무초과상태에 있으면서도 이 사건 부동산을 그의 처인 D5에게 증여하고 그에 따른 소유권이전등기를 마침으로써 위 채무초과상태를 심화시켰고, 2002. 8.부터 예금보험공사 조사관들이 T건설에

상주하면서 T건설의 분식결산과 그에 따른 이사와 감사의 책임 여부에 대하여 조사한 사실을 인정할 수 있고 이러한 점에 비추어 보면 D6은 2002. 9. 당시 위 손해배상채무에 대하여 인식하고서도 위 증여행위를 하였다고 할 것이며, 한편 수익자인 D5의 악의는 추정된다. 따라서 다른 특별한 사정이 없는 한, 위 증여행위는 사해행위로서 취소되어야 하고 취소로 인한 원상회복을 위하여 위 소유권이전등기는 말소되어야 한다.

② D5의 주장 - 이에 대하여 D5는, D6은 전처 사망 후 17년 연하의 D5와 혼인하여 초등학생인 어린 딸을 두고 있었는데 2002. 9. 나이 일흔을 넘기면서 인생을 정리하는 차원에서 D5와 어린 딸을 위하여 이 사건 부동산을 D5에게 증여하였고, 당시 충북 단양군 소재 부동산들은 처분하지 않고 있다가 P에 의하여 가압류를 당하기까지 하였으므로, 이러한 점들에 비추어 보면 D5의 선의는 인정된다고 주장한다.

(나) 원심의 판단

원심은, D6이 2002. 9. 11. 처인 D5에게 자신이 소유하던 이 사건 부동산을 증여할 당시 D6이 동아건설에 대하여 동아건설의 1997 회계연도에 대한 분식결산과 관련하여 20억 4,816만원의 손해배상 의무를 지고 있었음을 전제로, D6은 위 증여 당시 이미 채무초과 상태에 있었으므로 위 증여는 채권자 T건설에 대한 사해행위에 해당하고, 수익자인 D5는 악의로 추정된다는 이유로, 특별한 사정이 없는 한 위 증여는 사해행위로서 취소되어야 하고 그 취소로 인한 원상회복을 위하여 이 사건 부동산에 관하여 마쳐진 D5 명의의 소유권이전등기는 말소되어야 한다고 판단하였다.

(다) 대법원의 판단

대법원은 원심의 위와 같은 판단을 다음과 같은 이유로 배척하였다.
① 민법 제406조에 의하여 채권자가 사해행위의 취소와 원상회복을 구하기 위해서는 우선 피보전권리인 채권의 존재가 전제로 되는 것이다. 이 사건에서 P가 주장하는 피보전권리는 D6이 T건설의 1997 회계연도 결산 당시 감사로서 분식결산을 묵인하는 임무해태행위를 하여 T건설로 하여금 분식결산에 따라 부당하게 납부한 법인세 상당액과 부당하게 배당한 이익 상당액의 손해를 입게 함으로써 T건설이 D6에 대하여 가지게 된 손해배상채권이라는 것인데, 이미 D6은 T건설의 1997 회계연도 결산 전인 1997. 4. 18. 감사의 직을 사임하였음을 알 수 있다. 따라서 D6이 T건설의 1997 회계연도 결산시 이루어진 분식결산에 대해 감사로서 책임을 지지 않는다고 보아야 할 것이다. 따라서 P의 주장과 같은 T건설의 D6에 대한 손해배상채권의 존재가 인정된다고 할 수 없다.
② 그럼에도 불구하고, 원심은 P 주장의 채권의 존재를 전제로 D6과 D5 사이의 증여가 채권자 T건설에 대하여 사해행위에 해당한다고 판단하고 말았으니, 이러한 원심판결에는 감사의 겸임금지를 규정한 상법 제411조에 관한 법리를 오해한 결과 사해행위의 피보전권리의 존부에 관한 판단을 그르친 위법이 있고, 이러한 위법이 판결에 영향을 미쳤음은 분명하다.

Comments

(* 감사의 회사에 대한 책임에 대해서는 다른 곳(이사의 회사에 대한 책임)에서 다루고 있으므로 이하에서는 감사의 겸임금지만을 언급한다.)

(1) 감사는 회사의 업무감사를 주된 업무로 하는 주식회사의 필요적 상설기관이다.[260] 감사는 이사의 직무집행을 감사하고(412조 1항), 모회사의 감사는 그 직무를 수행하기 위하여 필요한 때에는 자회사에 대해서도 감사권을 가진다(412조의5). 감사는 직무의 성격상 지위의 중립성이 생명이다. 감사의 중립성은 대주주로부터의 독립과[261] 피감사자로부터의 중립을 요한다. 후자를 담보하기 위한 제도적 장치가 감사의 겸임금지조항이다.

(2) 감사는 당해 회사 및 자회사의 이사, 지배인 또는 그 밖의 사용인을[262] 겸하지 못한다(411조). 이는 감사자가 피감사자의 지위를 병행할 경우 자기가 스스로를 감사하는 것(자기감사)이 되어 정상적인 감사기능의 수행을 기대하기 곤란하기 때문이다. 이러한 취지를 감안할 때, 감사자와 피감사자의 겸임을 금지하는 상법 제411조는 강행규정이다. 그런데 위의 사례처럼 감사를 그와 양립할 수 없는 이사 등으로 선임하거나, 반대로 이사 등의 지위에 있는 자를 감사로 선임하는 경우에는 후속의 선임행위를 무효로 할 것인가,[263] 유효로 할 것인가(어떤 조건하에서 유효로 할 것인가?)의[264] 문제가 있다. 이러한 경우 후속행위를 유효로 하되, 다만 양립할 수 없는 기존의 지위를 사임하는 것으로 처리하는 것이 관련 당사자의 의사에 부합한다. 그러나 만일 당사자의 의사가 양립할 수 없는 지위 모두를 겸임하려는 것인 때에는 강행법규에 위반한 것이 되어 그 선임행위는 무효가 된다. 판례도 "자회사의 부회장급인 고문 상담역으로 근무하여 왔던 자를 모회사

---

260) 다만 자본금 총액이 10억원 미만인 소규모주식회사에서는 감사가 임의기관이다(409조 1항). 상법은 감사를 두는 것을 원칙으로 하면서 정관에 규정을 둘 경우 감사에 갈음하여 감사위원회를 둘 수 있다(415조의2 1항).

261) 이를 위해서 주주총회에서 감사를 선임할 때 대주주의 의결권에 대해서는 3%룰을 적용하고 있다(409조 2항).

262) 여기의 사용인은 상업사용인보다 그 개념이 넓다(최준선, 521면; 홍복기 외, 436면).

263) 이렇게 해석하는 견해는 발견되지 않는다.

264) 송옥렬, 980면; 이철송, 819면; 정동윤, 667면.

의 감사로 선임한 행위는 상법 제411조에 위반하여 무효이고, 설사 그렇지 않다고 하더라도 모회사의 감사가 회사의 사용인 또는 자회사의 이사로 선임되거나 회사의 사용인이나 자회사의 이사가 모회사의 감사로 선임된 경우 각각 현재의 지위를 사임하는 것을 정지조건으로 하여 선임의 효력이 인정되며 모회사의 감사가 회사의 사용인이나 자회사의 이사로 취임하는 것을 승낙하거나 회사의 사용인이나 자회사의 이사가 모회사의 감사로 취임하는 것을 승낙하는 경우 각각 이전의 직을 사임하는 것으로 보아야 한다"고 한다. 다만 자기감사의 문제가 없는 경우에는 겸임이 가능하므로, 모회사의 감사가 자회사의 감사를 겸하거나, 모회사의 이사 등이 자회사의 감사를 겸하는 것은 금지되지 않는다.[265]

(3) 상법 제411조에는 집행임원의 경우 감사와 겸임할 수 없는지에 대해서는 명시적 규정이 없기 때문에 해석상 논란거리를 제공하고 있다.[266] 생각건대, 집행임원을 상법 제411조의 적용대상에 포함하는 것으로 해석할 수 있다고 본다. 집행임원은 이사와 유사한 기능을 수행하고 있고, 대표이사에 갈음하여 회사의 업무집행과 회사대표에 관한 권한을 행사할 수 있는 자이므로(408조의2 1항, 408조의4), 이사 등과 마찬가지로 피감사자의 지위에 있기 때문이다. 또한 상법 제411조 법문의 '그 밖의 사용인'은 업무를 집행하는 자를 널리 포함하는 뜻으로, 이에 집행임원도 포함되는 것으로 풀이할 수 있을 것이다.

(4) 감사위원회를 두는 경우 이사회(또는 주주총회)가 이사인 자 중에서 감사위원을 선임하므로(415조의2 2항, 542조의12 1항), 선임권자(특히 이사회가 선임하는 경우)와 피선임지의 자격(이사)변에서 자기감사를 피할 수 없는 구조적 한계를 지닌다. 이러한 문제점을 보완하기 위해

265) 송옥렬, 980면; 최준선, 521면; 홍복기 외, 436면
266) 최준선, 521면.

서는 감사위원회의 중립성과 독립성을 확보할 것이 요청된다. 이를 위하여 다음과 같은 제도적 장치를 두고 있다.

① 감사위원회 구성의 객관성을 확보하기 위하여 3인 이상의 이사로 구성하되 사외이사가[267] 감사위원의 2/3 이상일 것을 요하고 있다(415조의2 2항). 감사위원회를 의무적으로 두어야 하는 자산 2조원 이상의 대규모상장회사의 경우는 감사위원의 2/3 이상이 소정의 자격을 갖춘 사외이사이어야 하고, 위원 중 1명 이상은 회계 또는 재무전문가이어야 하며(542조의11 2항, 415조의2 2항; 상령 36조 2항), 사외이사가 아닌 감사위원에 대해서는 상근감사와 같은 자격제한이 있다(542조의11 3항, 542조의10 2항; 상령 35조 2항).

② 상장회사의 대표감사위원은 사외이사의 자격을 갖추어야 한다(542조의11 2항 2호).

③ 감사위원회의 결의는 다른 위원회와는 달리 이사회가 번복할 수 없다(415조의2 6항).

④ 감사의 권한과 의무에 관한 규정(412조 내지 414조)을 감사위원회에 준용하고 있다(415조의2 7항).

《관련문헌》

김성탁, "감사의 겸임금지에 관한 상법 제411조의 법리와 그 구체적 적용", 「법학연구」 제11권 제3호(2008).

김현용, "감사가 회사 또는 자회사의 이사, 지배인 기타의 사용인에 선임되거나 그 반대의 경우, 피선임자가 현직을 사임하는 것을 조건으로 효력을 가지는지 여부", 「대법원판례해설」 제71호(2008).

---

267) 사외이사에 대해서는 이사에 대한 독립성을 확보하기 위하여 그 결격사유를 규정하고 있다(일반적인 결격사유: 382조 3항, 상장회사의 경우 추가적인 결격사유: 542조의8 2항).

29. 대표소송의 원고적격

[대법원 2004. 9. 23. 선고 2003다49221 판결]

Facts

(1) Y회사는 X회사의 주식 80.55%를 보유하고 있는 모회사이다. X회사는 부동산 임대업을 하는 회사로서 그 대표이사인 Dx(피고)가 임대보증금과 임차료 5억 7천여만원을 입금하지 않고 횡령함으로 인하여 X회사는 손해를 입게 되었다.

(2) A(원고)는 Y회사의 주식 29.24%를 보유하고 있는 주주이다.

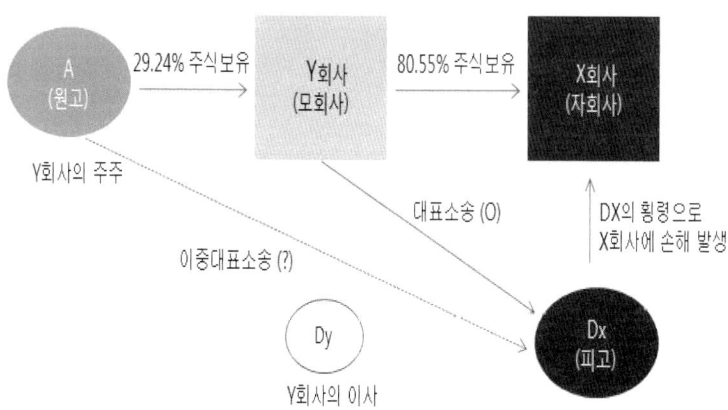

(Q1) A는 Dx를 포함한 Y회사 이사(Dy)들의 주의의무 위반에 대하여 대표소송을 제기할 수 있는가?

(Q2) A는 Y회사의 주주로서 종속회사인 X회사의 대표이사 Dx를 상대로 횡령으로 인해 X회사가 입은 손해에 대하여 배상을 구하는 소송(이중대표소송)을 제기할 수 있는가?

Issue & Rule

(1) 위 사건에서 쟁점이 되는 사항은 종속회사의 주주가 아닌 지배회사의 주주가 종속회사의 이사를 상대로 대표소송을 제기할 수 있는지 여부 등이다.
(2) 위 쟁점사항에 관한 적용법조는 상법 제403조 등이다.

Analysis & Conclusion

1. 이중대표소송의 인정 여부

(1) 판례법리

(가) 원심 (긍정)[268]

어느 한 회사가 다른 회사의 주식 전부 또는 대부분을 소유하여 양자간에 지배종속관계에 있을 때, 종속회사가 이사 등의 부정행위에 의하여 손해를 입은 경우 지배회사의 주주가 종속회사를 위하여 종속회사의 이사 등을 상대로 직접 대표소송을 제기하는 이

268) 서울고법 2003. 8. 22. 선고 2002나13746 판결.

른바 이중대표소송을 인정할 수 있다. 즉, 대표소송을 제기할 수 있는 주주의 개념에 '회사인 주주의 주주'를 포함하는 것으로 본다. 그 이유는 아래와 같다.

① 지배회사 이사회에 대한 제소청구 또는 지배회사 이사를 상대로 한 대표소송만으로는 종속회사 이사의 부정행위로 인한 지배회사의 간접적인 손해액을 평가하기 어렵고, 종속회사의 주식을 여러 회사가 나누어 소유하고 있는 경우 각 지배회사마다 대표소송이 제기되는 결과를 초래할 수 있다.

② 이중대표소송을 허용하지 않으면 지배회사 및 종속회사에 대한 경영권을 모두 지배하고 있는 경영진이 종속회사를 통하여 부정행위를 함으로써 책임을 회피하는 수단으로 이용할 위험이 존재하는 등의 부작용이 발생하는 난점을 극복하기 어렵다.

③ 반면 종속회사의 경영진이나 주주들이 여러 가지 이유로 이사들의 종속회사에 대한 부정행위를 시정하지 못하는 경우가 있을 수 있는바, 이러한 경우 이중대표소송을 인정함으로써 종속회사 이사들의 부정행위를 억제할 수 있는 효과를 기대할 수 있다.

④ 종속회사의 손해는 종국적으로 지배회사 주주의 손해로 귀속되므로 이중대표소송을 통하여 종속회사의 손해를 회복함으로써 간접적으로 지배회사 및 지배회사 주주의 손해를 경감하는 효과를 기대할 수도 있다.

(나) 대법원 (부정)

종속회사의 주주가 아닌 지배회사의 주주는 상법 제403조, 제415조에 의하여 종속회사의 이사 등에 대하여 책임을 추궁하는 이른바 이중대표소송을 제기할 수 없다. 그 이유는 아래와 같다.

① 상법 제403조 제1항・제3항은 발행주식의 총수의 100분의 1 이상에 해당하는 주식을 가진 주주는 회사에 대하여 이사의 책임을 추궁할 소의 제기를 청구할 수 있고, 회사가 이 청구를 받은

날로부터 30일 내에 소를 제기하지 아니한 때에는 위 주주는 즉시 회사를 위하여 소를 제기할 수 있다고 규정하고 있고, 이 규정은 상법 제415조에 의하여 감사에 준용된다.
② 어느 한 회사가 다른 회사의 주식의 전부 또는 대부분을 소유하여 양자간에 지배종속관계에 있고, 종속회사가 그 이사 등의 부정행위에 의하여 손해를 입었다고 하더라도, 지배회사와 종속회사는 상법상 별개의 법인격을 가진 회사이고, 대표소송의 제소자격은 책임추궁을 당하여야 하는 이사가 속한 당해 회사의 주주로 한정되어 있다.

(2) 사건에의 적용 (위 대법원 판결에 의한 결론)

Y회사의 주주의 지위에서 X회사의 대표이사인 Dx에 대하여 책임 추궁을 구하는 A의 이 부분 소는 원고적격이 흠결되었다.

Comments

(1) 대표소송은 회사(X)가 이사 등(Dx)에 대한 책임추궁을 하지 않고 있는 경우 주주(Sx)가 회사(X)를 위하여 이사 등의 책임을 추궁하기 위하여 제기하는 소이다(403조). 그 법적 성질은 제3자의 소송담당으로,[269] 남소를 방지하기 위하여 제소권자(원고적격)를 제한하고 있다. 상법 제403조 제1항에서는 대표소송의 제소자격을 '발행주식총수의 100분의 1 이상에 해당하는 주식을 가진 주주'라고 법정하고 있다. 상장회사에서는 이를 '6개월 전부터 계속하여 상장회사 발행주식총수의 1만분의 1 이상에 해당하는 주식을 보유한 자'로 법정하고 있다(542조의6 6항). 따라서 이러한 법정요건에 해당하는 지주회사나 지배회사(Y)는 당연히 종속회사

269) 정동윤, 654면.

(X)의 이사(Dx)를 상대로 대표소송을 제기할 수 있는 제소자격을 가진다.

(2) 위와는 달리 지배회사 또는 지주회사(Y)의 주주(Sy)가 종속회사(X)의 이사(Dx)를 상대로 직접 대표소송을 제기할 수 있는지, 즉 이중대표소송을 인정할 수 있는지에 대해서는 견해가 나뉜다.
(i) 긍정설 - 이를 긍정하는 설은 다음을 그 논거로 들고 있다. ① 완전모회사의 경우에는 모회사 외에는 달리 주주가 없으면서 자회사의 경영실패는 모회사 및 그 주주에게 크나큰 피해를 주는 만큼 법률의 합리적 해석을 통하여 이를 인정하여야 하고, 법률에 명문의 규정이 없는 법인격부인론을 판례에서 인정하는 것과 같은 이치에서 이중대표소송을 인정하는 명문의 규정은 없지만 이를 인정할 수 있다.[270] ② 비교법적으로 미국에서는 오래전부터 판례에 의하여 이중대표소송(double derivative suit)을 인정하고 있다. 또한 ③ 주주는 실질적으로 회사 전체 손해의 일부를 부담하고 있는 지위에 있으므로 주주는 자신의 이익을 지키기 위하여 소를 제기할 인센티브가 있다는 것이 대표소송을 인정하는 취지이므로 상법 제403조의 해석을 통하여 이중대표소송을 인정할 여지가 있다.[271]
(ii) 부정설(판례) - 부정설은 우리의 성문법체계하에서 법정되어 있는 대표소송의 제소자격을 해석에 의해 확장하는 것은 옳지 않다는 것을 그 이유로 들고 있다.[272] 이중대표소송을 인정할 실제상의 필요성과 이론상의 타당성에도 불구하고 현행법상 이를 인정하는 근거규정이 없는 한 이중대표소송의 허용은 입법적 해결을 기다려야 한다고 한다.[273]

270) 최준선, 506면. 다만 법인격부인론의 법리를 원용하는 방법에 대해서는 이중대표소송을 단순대표소송으로 대체하는 해결책이 되어 이중대표소송을 독자적인 제도로 인정하기 어려워지는 단점이 있다는 견해가 있다(김정호, 528면).
271) 송옥렬, 973면.
272) 이철송, 792면; 홍복기 외, 423면.
273) 임재연(회), 215면.

(iii) 정리 및 사견 - 생각건대, 대표소송의 제소자격이 법정되어 있는 현행법의 해석상으로는 부정설이 타당하다고 본다. 즉, 지배회사 또는 지주회사(Y)의 주주(Sy)가 종속회사(X)의 이사(Dx)를 상대로 직접 대표소송을 제기할 수 있는 것은 아니다. 'Y = Sy' 라고 동일시할 수는 없기 때문이다. Sy는 X회사의 지배주주인 Y회사를 통하여 대표소송을 제기하도록 촉구할 수 있는 지위에 있을 따름이다. 다만 'Sy = Y'로 동일시할 수 있는 경우에는 법인격부인론과 유사한 이론의 적용에 의하여 가능하다고 볼 여지가 있다. 그러나 만일 Sy가 Y회사의 지배주주이고 Dx에 대한 책임추궁을 원한다면 Y회사로 하여금 Dx를 상대로 제소하도록 하면 될 것이기 때문에 굳이 법인격부인론을 끌어올 필요가 없을 것이다. Sy가 Y회사의 지배주주가 아닌 때에는 Y회사의 대표이사를 통하여 제소하도록 촉구하거나 상법 제403조를 이용하는 방법을 생각해 볼 수도 있을 것이다. 그러나 이러한 제소 촉구에는 구속력이 없고 판례는 상법 제403조의 적용에 있어서 주주의 간접손해를 배제하고 있기 때문에 그 실효성을 크게 기대하기는 어렵다.

《관련문헌》

최진이, "지배회사 주주의 종속회사 이사 등에 대한 이중대표소송 허용에 관한 연구", 「기업법연구」 제23권 제3호(2009).

안수현, "이중대표소송과 원고적격", 「상사판례연구」 VI권, 박영사(2006).

이동원, "이중대표소송의 허부", 「대법원판례해설」 제51호(2005).

30. 이사·감사의 제3자에 대한 책임, 감시·감사의무

[대법원 2008. 9. 11. 선고 2006다68636 판결]

Facts

(1) A은행(원고)은 2006. 4. 1. 상호가 주식회사 조○은행에서 주식회사 신○은행으로 변경되었다. X회사는 1963. 9. 18. 수출입업 및 그 대행업·중개업, 외국상사 대리업, 해외종합건설업 등을 목적으로 설립된 회사이며, D1~D11(피고)들은 X회사의 대표이사, 이사, 감사, 임·직원 및 그 해외법인의 임·직원 등으로 각 근무하였다.

(2) X회사의 1997 사업연도 재무상태가 실제로는 자산은 24조 3,416억원, 부채는 34조 4,152억원, 자기자본은 (-)10조 736억원임에도 자산 합계 10조 1,193억원 및 부채 합계 22조 9,444억원을 각 허위로 감소시키고, 자기자본 합계 12조 8,251억원을 허위로 증가시킴으로써 마치 자산이 14조 2,223억원, 부채가 11조 4,708억원, 자기자본이 2조 7,515억원으로서 부채비율이 416%에 불과한 것처럼 대차대조표와 손익계산서 등의 재무제표를 허위로 작성한 상황이었다. 이러한 사정을 이 사건 회사채 매입 당시 A은행이 인식하고 있었다고 볼 수 없으며, 회사채 매입 당시 신용평가기관의 신용평가에서 재무구조가 상당한 비중을 차지하고 있어 위 재무제표상의 분식회계로 인하여 A나 신용평가기관의 회사채 발행 및 매입 등을 위한 평가가 크게 영향을 받았고, 위의 잘못된

신용평가에 기초하여 회사채 매입이 이루어졌다.

(3) 당시 X회사는 무역부문과 건설부문이라는 두 업무영역이 조직상 뚜렷이 구분되어 운영되었고 회계도 마찬가지였으나, 당시 회사의 내부적인 사무분장에 의하면 회사 전체의 회계자료 통합 및 결산재무제표 작성업무는 무역·관리부문 부사장인 D10의 소관으로서 무역·관리부문의 회계본부장인 D7의 지휘·감독하에 무역·관리부문의 회계조직이 수행하였다. 이 사건 회계분식은 1998. 1.경 X회사의 자기자본이 완전히 잠식되어 부채비율을 산출할 수 없을 뿐만 아니라 막대한 적자가 발생하여 배당조차 할 수 없게 되는 등 재무구조 및 경영성과가 부실한 것으로 나타난 자체 결산보고를 받은 D1(X그룹의 회장, X회사의 이사 및 대표이사)이 무역·관리부문 사장인 D4, D10에게 X회사의 부채비율을 400% 이하로 조작하고, 배당률을 2%로 맞추되, 단기차입금을 1996년도의 실제 금액 수준으로 줄이라고 지시하자 D4, D10은 D7에게 그대로 지시하였고, D7은 다시 건설부문 재무관리실장인 E1에게는 건설부문에서, 무역회계팀장 E2에게는 무역·관리부문에서 각자 최대한 재무제표를 조작하여 위 지시에 맞추도록 지시함에 따라 이루어졌다. X회사의 공동대표이사로서 직제상 건설부문을 총괄하는 업무를 수행하던 D8이나 공동대표이사이자 이사회의 의장인 D5가 이 사건 회계분식을 공식적으로 직접 지시하거나 보고받지 아니하였다.

(4) 그러나 다른 한편 X회사는 내부적으로 임직원들의 회계분식 시도를 방지하기 위하여 그 어떠한 합리적인 정보 및 보고시스템이나 내부통제시스템도 갖추지 못하였다. 실제로 D1의 지시에 따라 불과 한 두 달 내에 그가 제시한 목표수치에 맞추어 회사의 모든 영업부문에 걸쳐 전사적인 회계분식이 결행되었다. D5와 D8 등 분식과정에 직접 관여하지 아니한 X회사의 이사들은 대부분 사무분장에 의하여 맡은 소관 업무를 처리하였을 뿐, 분식회계의 가능성에 대비한 그 어떠한 주의도 기울인 바 없었다. 따라서 분

식과정에 직접 관여한 임직원들은 다른 임직원들로부터 그 어떠한 제지나 견제도 받지 아니하였다. 그 무렵을 전후하여 X회사에서는 실제로 이사회를 개최하지 아니하고 이사회 업무를 담당하던 부서에서 이사회의사록을 작성한 다음 이사회 사무국에서 보관하고 있던 임원들의 인장을 날인하는 것이 관행처럼 되어 있어 실제로는 재무제표의 승인을 위한 이사회가 개최되지도 아니하였다.

(5) X회사는 1998. 9. 28. 발행금액 5,000억원, 표면이율 11.00%, 할인이율 2.35%, 이자지급방식 3개월 이표, 만기일 1999. 9. 28.로 정하여 제264회 공모 무보증 회사채를 발행하였고, A은행은 1998. 9. 28. 위 회사채 중 액면금액 50억원 상당의 회사채('이 사건 회사채')를 4,882,500,000원에 매입하였다.

(6) A은행이 이 사건 회사채를 매입할 무렵, 위와 같이 분식결산된 X회사의 1997회계연도 재무제표를 기초로, 한국신용정보(주)는 1998. 5. 14. X회사 발행 회사채의 신용등급을 'A'등급으로, 한국기업평가(주)는 1998. 6. 1. X회사 발행 회사채의 신용등급을 역시 'A'등급으로, 한국신용평가(주)는 1998. 6. 5. X회사 발행 회사채의 신용등급을 'A(-)'등급으로 각 평가하고 있었다.

(7) 한편, A은행의 여신업무지침에 의하면 기업에 대한 신용평가를 함에 있어서 공인회계사의 회계감사를 받은 1997회계연도 재무제표를 기초로 하여 기업의 안정성, 수익성, 유동성, 성장성, 사업전망, 경영자능력, 재무융통성, 기업규모 등을 평가하도록 되어 있다. A은행은 1998. 9. 8. 이러한 기업평가 방식에 따라 외부감사인의 감사의견이 적정의견으로 표시된 X회사의 1997회계연도 재무제표를 기초로 X회사에 대한 간이신용조사서를 작성하였다.

(8) A는 만기일인 1999. 9. 28.에 이르기까지 X회사로부터 이 사건 회사체의 시채금을 진혀 번세받시 못하였다. A는 회사채의 액면금액인 50억원 중 X회사가 2000. 12. 7. X회사, ○○건설, ○○인터내셔널로 분할되면서 회사채의 일부가 이전되어 A가 ○○건설, ○○인터내셔널로부터 회수한 531,500,000원(= 5,000,000,000원

× 10.63/100)을 공제하고 남은 금액인 4,468,500,000원 상당의 손해를 입게 되었다고 하면서 D1~D11을 상대로 손해배상을 청구하였다.

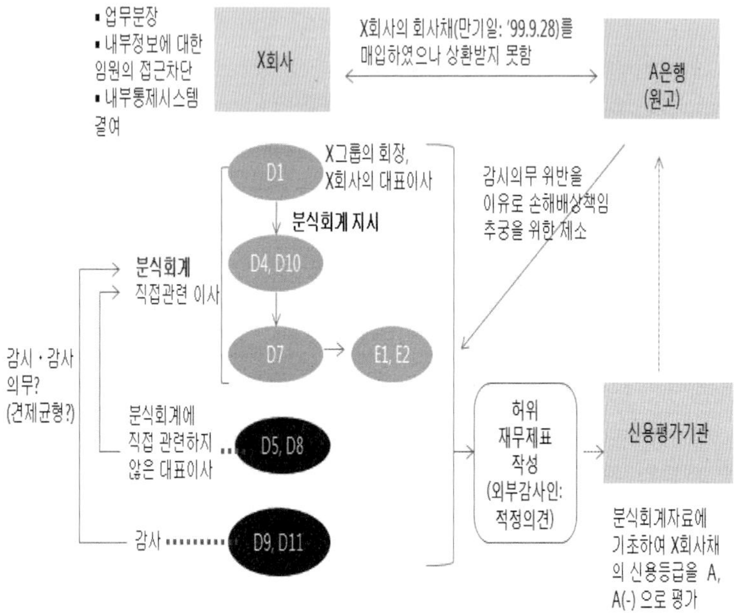

(Q1) A은행(원고)의 위 (8)과 같은 손해배상청구의 당부를 판단하시오.

(Q2) 위 사안에서 D5와 D8 등의 대표이사는 분식회계에 직접 관여하지 않았으므로 책임이 없다고 항변하고 있다. 그 당부를 판단하시오.

(Q3) 위 사안에서 D9와 D11 등의 감사는 내부업무 분장상 회계감사 업무를 수행하지 못하였고 감사를 하였더라도 위 법사실을 발견하지 못하였으리라고 항변하고 있다. 그 당부를 판단하시오.

(Q4) 위 사안에서 D1~D11들은 설령 책임이 있다고 하더라도 다음과 같은 이유를 들어 소멸시효가 완성되었다고 주장한다. 그 당부를 판단하시오.

(D1~D11의 주장 : "상법 제401조 및 제414조에 의한 제3자의 이사 또는 감사에 대한 손해배상청구권의 근거는 불법행위책임에 해당하므로 민법 제766조 제1항과 같이 '손해 및 가해자를 안 날로부터 3년'이 경과하면 시효로 소멸하게 된다. 그런데 1999. 10. 27. X그룹에 대한 실사 결과 X그룹 계열사의 자산가액이 장부상의 자산가액보다 30조원 이상 차이가 난다는 기사가 보도되었고, 정부가 1999. 11. 4.경 정책조정회의를 개최하면서 'X그룹 기업개선계획 관련 금융시장안정 종합대책'을 확정 · 발표하였고, 금융감독원은 같은 날 'X그룹 워크아웃 추진현황 및 향후 계획'을 언론에 공개하였다. 이에 각 신문 및 방송사들은 즉시 X그룹의 재무상황 및 분식회계 사실 등을 대대적으로 보도하였고, 1999년 10월 또는 1999년 11월 즈음에는 적어도 A은행(원고)은 손해 및 가해자를 알았다고 할 것이다. 따라서 A은행의 D1~D11들에 대한 이 사건 소는 그로부터 3년이 경과한 2002. 12. 26.에 제기되었으므로 모두 소멸시효가 완성되었다.")

Issue & Rule

(1) 위 사건에서 쟁점이 되는 사항은 ① 대표이사가 다른 이사의 업무집행이 위법하다고 의심할만한 사유가 있음에도 이를 방치한 경우, 그로 인하여 제3자가 입은 손해에 대하여 배상책임을 지는지 여부, ② 대규모 회사에서 공동대표이사와 업무담당이사들이 내부적인 사무분장에 따라 각자의 전문분야를 전담한다고 하여

다른 이사들의 업무집행에 관한 감시의무를 면하는지 여부, ③ 대규모 상장기업에서 일부 임직원의 전횡이 방치되고 있거나 중요한 재무정보에 대한 감사의 접근이 조직적·지속적으로 차단되고 있는 경우, 감사의 주의의무의 정도 등이다.
(2) 위 쟁점사항에 관한 적용법조는 상법 제389조 제3항, 제209조 제1항, 제401조 제1항, 제382조 제2항, 제391조의2 제2항, 제402조, 제412조, 제413조, 제414조 제2항, 제415조, 제447조의4 제3항; 민법 제681조 등이다.

Analysis & Conclusion

1. 이사의 제3자에 대한 책임을 규정한 상법 제401조의 취지

상법 제401조는 이사가 악의 또는 중대한 과실로 인하여 그 임무를 해태한 때에는 그 이사는 제3자에 대하여 연대하여 손해를 배상할 책임이 있다고 규정하고 있다. 원래 이사는 회사의 위임에 따라 회사에 대하여 수임자로서 선량한 관리자의 주의의무를 질 뿐 제3자와의 관계에 있어서 위 의무에 위반하여 손해를 가하였다 하더라도 당연히 손해배상의무가 생기는 것은 아니다. 하지만 경제사회에 있어서 중요한 지위에 있는 주식회사의 활동이 그 기관인 이사의 직무집행에 의존하는 것을 고려하여 제3자를 보호하고자 이사의 악의 또는 중대한 과실로 임무를 해태하여 제3자에게 손해를 입힌 때에는 임무해태와 상당인과관계에 있는 제3자의 손해에 대하여 그 이사가 손해배상책임을 진다는 것이 위 규정의 취지이다.[274)]

---

274) 대법원 1985. 11. 12. 선고 84다카2490 판결 등 참조.

2. 대표이사의 감시의무

(1) 판례법리

① 대표이사는 회사의 영업과 관련하여 재판상 또는 재판외의 모든 행위를 할 권한이 있으므로(389조 3항, 209조 1항) 모든 직원의 직무집행을 감시할 의무를 부담함은 물론, 이사회의 구성원으로서 다른 대표이사를 비롯한 업무담당이사의 전반적인 업무집행을 감시할 권한과 책임이 있다. 그러므로 다른 대표이사나 업무담당이사의 업무집행이 위법하다고 의심할만한 사유가 있음에도 악의 또는 중대한 과실로 인하여 감시의무를 위반하여 이를 방치한 때에는 이로 말미암아 제3자가 입은 손해에 대하여 배상책임을 면할 수 없다.
② 위와 같은 감시의무의 구체적인 내용은 회사의 규모나 조직, 업종, 법령의 규제, 영업상황 및 재무상태에 따라 크게 다를 수 있는바, X회사와 같이 고도로 분업화되고 전문화된 대규모의 회사에서 공동대표이사 및 업무담당이사들이 내부적인 사무분장에 따라 각자의 전문분야를 전담하여 처리하는 것이 불가피한 경우라 할지라도 그러한 사정만으로 다른 이사들의 업무집행에 관한 감시의무를 면할 수는 없다. 그러한 경우 무엇보다 합리적인 정보 및 보고시스템과 내부통제시스템을 구축하고 그것이 제대로 작동하도록 배려할 의무가 이사회를 구성하는 개개의 이사들에게 주어진다.
③ 이러한 점에 비추어 볼 때, 그러한 노력을 전혀 하지 아니하거나 위와 같은 시스템이 구축되었다 하더라도 이를 이용한 회사운영의 감시·감독을 의도적으로 외면한 결과 다른 이사의 위법하거나 부적절한 업무집행 등 이사들의 주의를 요하는 위험이나 문제점을 알지 못한 경우라면, 다른 이사의 위법하거나 부적절한 업무집행을 구체적으로 알지 못하였다는 이유만으로 책임을 면할

수는 없다. 위와 같은 지속적이거나 조직적인 감시 소홀의 결과로 발생한 다른 이사나 직원의 위법한 업무집행으로 인한 손해를 배상할 책임이 있다.

(2) 사건에의 적용

D5와 D8은 X회사의 대표이사로서 다른 대표이사 및 업무집행이사들의 전횡과 위법한 직무수행에 관한 감시의무를 지속적으로 소홀히 하였고, 당시 X회사의 이사회가 실제로는 거의 개최되지도 아니한 점이나 피고(D1~D11)들 주장과 같이 심지어 대표이사들마저도 회계의 적정성에 관하여 관심을 갖는 것이 이례적으로 받아들여지고 있을 정도였으며, 대규모의 회계분식이 아무런 견제나 저항도 받지 아니한 채 이루어진 점 등에 비추어 볼 때, 이 사건 회계분식은 사무분장이라는 명목하에 구조적·조직적으로 특정 이사의 위법한 업무집행이나 전횡이 의도적으로 장기간 방치된 당연한 결과로서 발생하였다고 보아야 한다. 따라서 회사의 업무분장이 내부적으로 구분되어 있다거나 회계분식의 구체적인 내용을 알지 못하였다 하여 D5, D8의 중대한 과실로 인한 임무해태행위 및 상당인과관계를 부인할 수는 없다.

3. 감사의 감사의무

(1) 판례법리

① 주식회사의 감사는 이사의 직무집행을 감사하고, 이사가 법령 또는 정관에 위반한 행위를 하거나 그 행위를 할 염려가 있는 때에는 이사회에 보고하여야 하며, 이사가 주주총회에 제출할 의안 및 서류를 조사하여 법령 또는 정관에 위반하거나 현저하게 부당한 사항이 있는지의 여부에 관하여 주주총회에 그 의견을 진술하

여야 할 의무가 있고, 위와 같은 의무를 적정하게 수행하는 데 필요한 경우 이사에 대하여 영업에 관한 보고를 요구하거나 회사의 업무와 재산상태를 조사할 수 있으며, 조사를 방해받거나 요구를 거부당한 때에는 그 뜻과 이유를 감사보고서에 기재하여야 하고, 이사의 위법한 행위로 인하여 회사에 회복할 수 없는 손해가 생길 염려가 있는 경우에는 그 행위를 유지할 것을 청구할 수 있는 등의 권한도 있다(412조 1항, 391조의2 2항, 413조, 412조 2항, 447조의4 2항 11호, 402조). 그러므로 감사는 상법상의 위와 같은 권한 또는 의무와 기타 법령이나 정관에서 정한 권한과 의무를 선량한 관리자의 주의의무를 다해 이행하여야 하고, 악의 또는 중과실로 선량한 관리자의 주의의무에 위반하여 그 임무를 해태한 때에는 그로 인하여 제3자가 입은 손해를 배상할 책임이 있다.[275]

② 감사의 구체적인 주의의무의 내용과 범위는 회사의 종류나 규모, 업종, 지배구조 및 내부통제 시스템, 재정상태, 법령상 규제의 정도, 감사 개개인의 능력과 경력, 근무 여건 등에 따라 다를 수 있다 하더라도, 감사가 주식회사의 필요적 상설기관으로서 회계감사를 비롯하여 이사의 업무집행 전반을 감사할 권한을 갖는 등 상법상의 권한 또는 의무와 기타 법령이나 정관에서 정한 권한과 의무를 가지고 있는 점에 비추어 볼 때, 대규모 상장기업에서 일부 임직원의 전횡이 방치되고 있었다거나 중요한 재무정보에 대한 감사의 접근이 조직적·지속적으로 차단되고 있는 상황이라면, 감사의 주의의무는 경감되는 것이 아니라, 오히려 현격히 가중된다.

(2) 사건에의 적용

① X회사의 경우 당시 회계분식 시도를 견제하기 위한 정보 및 보고시스템이나 내부통제시스템이 구축되지 아니하였고 이사회도

275) 대법원 2007. 6. 28. 선고 2006다59687 판결 참조.

형해화되어 감시기능을 전혀 수행하지 못하고 있었으며, 그 결과 피고(D1~D11)들의 주장과 같이 일부 임직원의 전횡이 관행이라는 명목으로 구조적·조직적으로 장기간 방치되어 온 점, D9, D11의 경력에 비추어 X회사의 당시 지배구조와 재무상황 및 잠재적 분식요인에 관하여 잘 알 수 있었다고 봄이 상당한 점, 그 밖에 이 사건에 나타난 X회사의 규모와 재정상태, 영업상황, 회계업무처리 관행 등에 비추어 볼 때, 1997 회계연도 당시 X회사의 상근감사로 재직 중이던 D9, D11에게 주어진 직무상 주의의무는 단지 최종적인 결산 재무제표 및 그 부속서류의 검토에 국한된다고 볼 수 없다.

② 오히려 위와 같은 상황에서는 재무제표의 작성과정에 의도적·조직적인 분식 시도가 개입되는지 여부에 관하여 일상적으로 주의를 기울일 것이 요구된다고 보아야 함에도, 피고(D1~D11)들이 사무분장상 각 본부에 대한 내부감사에만 종사하였다거나 중요한 정보에 대한 접근이 제한되었다는 등의 이유로 위와 같은 주의의무를 지속적으로 게을리 하고 필요한 회계감사를 제대로 실시하지 아니한 이상, 그 자체로 악의 혹은 중대한 과실을 인정할 수 있다고 보인다. 사정이 위와 같다면 구체적인 회계분식의 내용을 알지 못하였다는 사정을 들어 책임을 면할 수는 없다.

③ 그리고 D9(D7의 전임자이다)의 경우는 감사로 근무하기 이전에 1997. 2. 20.경까지 X회사의 회계본부장으로 근무하였고, D11은 당시까지 4년 동안이나 X회사의 감사로 재직 중이었던 점 등에 비추어 보면, 위 D9, D11(피고)들이 위와 같은 주의의무를 다하였다면 이 사건 회계분식의 상당 부분을 감지하고 방지할 수 있었으리라고 봄이 상당하므로 인과관계 역시 부인할 수 없다.

④ 따라서 D9, D11은 중대한 과실로써 감사로서의 임무를 해태하였다고 보아 그 책임이 인정된다.

4. 제3자에 대한 손해배상책임의 소멸시효

(1) 판례법리

① 상법 제401조 및 제414조에 따른 제3자의 손해배상청구권은 제3자를 보호하기 위하여 상법이 인정하는 특수한 책임이므로, 일반 불법행위책임의 단기소멸시효를 규정한 민법 제766조 제1항은 적용될 여지가 없고, 달리 별도로 시효를 정한 규정이 없는 이상 일반 채권으로서 민법 제162조 제1항에 따라 그 소멸시효기간은 10년이라고 봄이 상당하다.[276]
② 불법행위로 인한 손해배상청구권의 단기소멸시효의 기산점이 되는 민법 제766조 제1항 소정의 '손해 및 가해자를 안 날'이라 함은 손해의 발생, 위법한 가해행위의 존재, 가해행위와 손해의 발생과의 사이에 상당인과관계가 있다는 사실 등 불법행위의 요건사실에 대하여 현실적이고도 구체적으로 인식하였을 때를 의미한다. 피해자 등이 언제 불법행위의 요건사실을 현실적이고도 구체적으로 인식한 것으로 볼 것인지는 개별적 사건에 있어서의 여러 객관적 사정을 참작하고 손해배상청구가 사실상 가능하게 된 상황을 고려하여 합리적으로 인정하여야 한다.[277]

(2) 사건에의 적용

X회사를 포함한 X그룹 전체 계열사에 대하여 기업재무구조개선작업이 개시되어 X그룹 계열사에 대한 회계법인들의 실사 결과에 따른 구조조정방안이 발표된 시점 또는 그 실사 결과가 보도된 것이 1999. 11. 5.경으로서 그 무렵에는 A은행(원고)으로서도 분식회계가 이루어진 X회사의 1997 회계연도 재무제표를 신뢰한

276) 대법원 2006. 12. 22. 선고 2004다63354 판결; 대법원 2008. 1. 18. 선고 2005다65579 판결 등 참조.
277) 대법원 1999. 9. 3. 선고 98다30735 판결 참조.

결과로 이루어진 이 사건 회사채 매입으로 인하여 그 매입대금을 온전히 회수할 수 없는 손해를 입은 사실을 알았다고 할 것이지만, 그렇다고 하여 그와 같은 사실만으로는 구체적으로 누가 위분식회계에 관여한 것인지, 즉 이 사건 불법행위자가 누구인지까지 알았다고 보기 어렵다.

Comments

(1) 이사는 회사에 대해서만 위임관계에 기하여 선관의무를 지고 제3자에 대해서는 이러한 관계와 의무가 없다. 따라서 이사가 제3자에게 손해를 입히더라도 원칙적으로 불법행위책임(민 750조)을 물을 수 있을 뿐이다. 그런데 상법 제401조에서는 이사가 고의 또는 중대한 과실로 인하여 그 임무를 게을리 한 때에는 직접 아무런 법률관계가 없는 제3자에 대해서도 연대하여 손해배상책임을 진다고 규정하고 있다.[278] 주식회사는 대외적으로 다수인과 이해관계를 맺고 있고 이사가 경영의 주축을 담당하고 있으므로, 이사가 수행하는 역할의 중대성을 감안하여 피해자를 보호하는 한편, 이사로 하여금 선관의무에 입각하여 보다 성실하게 직무를 수행하도록 촉구하기 위하여 책임을 지울 법적 근거를 둔 것이다.[279] 상법 제401조에 기한 책임은 이사가 아무런 위임관계도 없는 제3자에 대하여 책임을 지우는 것이므로 임무해태에 고의 또는 중대한 과실이 있는 경우로 한정하여 경과실을 배제하고 있다. 그 증명책임은 이사에 책임이 있음을 주장하는 제3자에 있다. 상법 제401조에 의한 책임의 법적 성질에 대해서는 (i) 특

278) 상법 제401조의 임무해태는 상법 제399조와는 달리 법령·정관 위반까지도 포함한다(김정호, 509면; 이철송, 770면).

279) 상법 제401조는 법인격부인론을 보완함으로써 채권자를 보호하는 기능을 수행하기도 한다(권기범, 729면; 김정호, 506면; 송옥렬, 958면; 안택식, 368면; 정동윤, 647면; 최준선, 483면).

수한 불법행위책임이라는 소수견해도 있지만, (ii) 판례와 다수설은 불법행위책임과는 무관한 법정책임으로 보고 있다.[280] 이사의 임무해태행위가 동시에 불법행위의 요건을 충족하는 경우에는 불법행위책임과의 경합이 인정된다.[281] 이사의 제3자에 대한 손해배상책임은 불법행위책임이 아니고 법정책임이므로 그 소멸시효에 관해서는 일반 불법행위책임의 단기소멸시효를 규정한 민법 제766조 제1항이 적용되지 않고 일반 채권으로서 민법 제162조 제1항에 따라 그 소멸시효기간은 10년이 된다.[282] 감사·집행임원·실질이사의 제3자에 대한 배상책임(414조 2항, 408조의8 2항, 401조의2)은 근거조문만 다를 뿐 그 내용은 이사의 제3자에 대한 배상책임(401조)과 동일하다.

(2) 이사회에 권한이 집중되는 이사회중심주의하에서 상법은 이사에 대하여 그 권한의 적법성과 타당성을 담보하기 위하여 다양한 감시제도를 두고 있다. 감사에 의한 감사권(412조 1항)과 이사회에 의한 감독권(393조 2항)에 대해서는 별도의 명문규정을 두고 있다. 이 밖에 이사(대표이사 포함)가 다른 이사에 대하여 감시의무를 지는가에 대해서는 이를 직접 규정한 것이 없으나, 이를 긍정하는 것이 지배적이다. 그 근거로, "이사는 대표이사로 하여금 다른 이사 또는 피용자의 업무에 관하여 이사회에 보고할 것을 요구할 수 있다"는 규정(393조 3항)을 그 근거로 하거나,[283] 일반적인 선관의무를 그 근거로 들고 있다.[284] 결국 이사는 이사회를 통한 감독의무(감독권)를 갖는 동시에 이사회를 통하지 않고 개별적으로 다른 이사에 대하여 감시의무(감시권)를 진다.

---

280) 대법원 2006. 12. 22. 선고 2004다63354 판결 등.
281) 불법행위책임은 경과실로 인한 경우에도 성립할 수 있으나 위법성을 요한다(민 750조).
282) 대법원 2006. 12. 22. 선고 2004다63354 판결.
283) 김정호, 459면; 이철송, 709면.
284) 송옥렬, 935면; 최준선, 476면.

(3) 대표이사는 이사회의 구성원으로서 다른 대표이사를 비롯한 업무담당이사의 전반적인 업무집행을 감시할 권한과 책임을 가진다. 대표이사는 대외적으로 회사를 대표할 수 있는 권한을 가질 뿐만 아니라 대내적으로는 회사의 업무집행을 총괄하는 지위에 있기 때문이다. 그러므로 다른 대표이사나 업무담당이사의 업무집행이 위법하다고 의심할만한 사유가 있음에도 불구하고 악의 또는 중대한 과실로 인하여 감시의무를 위반하여 이를 방치함으로써 제3자가 손해를 입은 경우 제3자에 대하여 상법 제401조에 기하여 손해배상책임을 진다.[285] 이러한 감시의무의 구체적인 내용은 회사의 규모나 조직, 업종, 법령의 규제, 영업상황 및 재무상태에 따라 다르다. 고도로 분업화되고 전문화된 대규모의 회사에서는 대표이사와 업무담당이사들이 내부적인 사무분장에 따라 각자의 전문분야를 전담하여 처리하는 것이 불가피할지라도 그러한 사정만으로 다른 이사들의 업무집행에 관한 감시의무가 면제되지 않는다. 이러한 경우에는 합리적인 정보 및 보고시스템과 내부통제시스템을 구축하고 그것이 제대로 작동되도록 배려하여야 할 의무가 이사회를 구성하는 개개 이사들에게 부과된다. 위와 같은 시스템이 구축되었다 하더라도 이를 이용한 회사운영의 감시·감독을 의도적으로 외면한 결과 다른 이사의 위법하거나 부적절한 업무집행 등 이사들의 주의를 요하는 위험이나 문제점을 알지 못한 경우라면, 지속적이거나 조직적인 감시 소홀의 결과로 발생한 다른 이사나 직원의 위법한 업무집행으로 인한 손해를 배상할 책임이 있다는 것이 판례의 입장이다.[286] 결국 업무분장은 회사 내부의 업무집행의 효율성을 얻기 위한 방편일 뿐 그것이 감시의무를 면할 수 있는 사유가 되지 못하고, 이러한 경우 다른 이사의 업무집행을 효율적으로 감시할 수 있는 내부통제시스템(compliance)을 구축하여 작동시켜야 할 의무를 진다. 내부통

285) 대법원 2007. 12. 13. 선고 2007다60080 판결 등.
286) 대법원 2008. 9. 11. 선고 2006다68636 판결.

제시스템 구축의무는 위 사건에서처럼 특히 경영기구가 방대하고 대규모인 공개회사에 있어서는 그 필요성이 더욱 크다.[287)][288)] 이러한 회사에서는 업무분장에 의하여 이사간 상호 정보교류와 감시의 차단벽이 생기지 않도록 업무분장의 폐단을 보완하는 내부통제시스템을 구축하고 작동시킬 의무가 각 이사에게 주어진다고 보아야 한다.

(4) 업무를 담당하지 않는 비상근의 평이사에 부과되는 감시의무는 업무당당이사에 비해 어떠한 차이가 있는가? 평이사도 이사회에 부의된 사항에 대해서는 마땅히 감시의무를 진다. 이에 나아가 이사회에 부의되지 않은 회사업무 전반에 대해서도 능동적이고 적극적인 감시의무를 지는가에 대해서는, 긍정설,[289)] 부정설, 절충설로[290)] 견해가 나뉜다. 판례는 "주식회사의 이사는 이사회의 일원으로서 이사회에 상정된 의안에 대하여 찬부의 의사표시를 하는 데 그치지 않고, 담당업무는 물론 다른 업무담당이사의 업무집행을 전반적으로 감시할 의무가 있으므로, 주식회사의 이사가 '다른 업무담당이사의 업무집행이 위법하다고 의심할 만한 사유가 있음에도 불구하고 이를 방치한 때에는' 이사에게 요구되는 선관의무 내지 감시의무를 해태한 것이므로 이로 말미암아 회사가 입은 손해에 대하여 배상책임을 면할 수 없다."고 함으로써 절충설을 취하고 있다.[291)] 업무담당 여부를 불문하고 모든 이사는 이사회의 구성원이며 이사로서의 선관의무를 지고

287) 이 판례에 의하면 대표이사와 상근이사에 요구되는 감시의무의 수준은 동일한 것으로 되는 결과가 된다(송옥렬, 936면).

288) 2011년 개정상법에서는 이를 보완하고 상시적으로 유용하기 위하여 일정 규모 이상의 상장회사에 대해서는 준법통제기준과 준법지원인을 의무적으로 두어 운용하도록 강제하고 있다(542조의13, 상령 39조). 이에 관한 상세는 홍복기 외, 360~367면 참조.

289) 홍복기 외 372면(감사의무의 적극성을 강조하는 취지로 읽힌다).

290) 이철송, 712~713면; 정동윤, 627면; 최준선, 477면.

291) 대법원 1985. 6. 25. 선고 84다카1954 판결; 대법원 2007. 9. 20. 선고 2007다25865 판결 등 다수.

이에는 다른 이사에 대한 감시의무가 포함된다. 따라서 업무를 담당하지 않는 평이사도 이사회 부의사항인지의 여부를 불문하고 다른 이사에 대한 일반적인 감시의무를 진다. 그러나 다른 한편, 업무를 담당하지 않는 평이사에게 업무담당이사와 동일한 수준의 감시의무를 요구한다면 평이사에게 지나치게 가혹한 경우도 생길 수 있다.[292] 따라서 '다른 이사의 업무집행이 위법하다고 의심할만한 사유가 있는 경우'에 한하여 감시의무를 인정하는 절충설은 이러한 점을 두루 고려하여 합리적인 기준을 제시한 것으로 본다.

(5) 감사도 이사와 마찬가지로 회사의 수임인으로서 선량한 관리자로서의 주의의무를 지며(민 680조), 감사의 주된 의무는 감사의무이다. 감사가 그 임무를 해태한 때에는 회사에 대하여 연대하여 손해배상책임을 지고(414조 1항), 감사가 악의 또는 중대한 과실로 그 임무를 해태한 때에는 제3자에 대하여 연대하여 손해배상책임을 진다(414조 2항). 감사의 감사의무는 상근 여부에 상관없이 동일하게 요구된다. 감사의 구체적인 주의의무의 내용과 범위는 회사의 종류나 규모, 업종, 지배구조 및 내부통제시스템, 재정상태, 법령상 규제의 정도, 감사 개개인의 능력과 경력, 근무여건 등에 따라 다르다. 감사의 지위가 피감사자인 이사 등과는 분리되어 있고 제3자적 기관에서 감사한다고 해서 감사의무가 소극적인 것에 그친다고 볼 수는 없다.[293] 감사는 단순히 이사가 제공하는 정보에 입각하여 수동적으로 감사하는 것만으로 감사의무를 다한 것으로 되지 않고, 능동적으로 감시해야 할 적극적 의무가 있다고 보아야 한다. 상법 제412조 제1항에서 "감사는 이사의 직무집행을 감사한다"는 규정의 취지는 적극적인 감사권까지

292) 판례도 "일정한 업무분장하에 회사의 일상적인 업무를 집행하는 업무집행이사는 회사의 업무집행을 전혀 담당하지 아니하는 평이사에 비하여 보다 높은 주의의무를 부담한다고 보아야 한다"고 하여 양자에 차이가 있음을 인정하고 있다(대법원 2008. 9. 11. 선고 2007다31518 판결).

293) 감사의 중립성은 감사의 소극성을 뜻하는 것이 결코 아니다. 오히려 이는 적극적인 감사를 가능하도록 하는 제도적 전제조건이 된다.

를 포함하는 것으로 해석하여야 할 것이고, 이러한 해석적 노력은 감사기능의 활성화를 위해서도 반드시 필요하다. 판례는 "대규모 상장기업에서 일부 임직원의 전횡이 방치되고 있거나 중요한 재무정보에 대한 감사의 접근이 조직적·지속적으로 차단되고 있는 상황이라면, 감사의 주의의무는 오히려 현격히 가중된다"고 함으로써 감사의무의 '적극성'을 긍정하고 있는 것으로 이해된다.[294]

(6) 2011년 개정상법이 채택하고 있는 집행임원도 다른 집행임원에 대해서 감시의무를 지는가? 집행임원을 두는 때에는 대표이사를 두지 못하고(408조의2 1항 후단) 집행임원은 대표이사로서의 권한을 수행하고 이사회로부터 위임받은 바에 따라 이사회의 기능을 일부 수행하게 된다. 집행임원의 이러한 권한과 조직법적 위상을 감안할 때 집행임원에 대해서도 원칙적으로 다른 집행임원에 대한 감시의무가 부과되어 있다고 보아야 한다. 집행임원은 원칙적으로 회사업무 전반에 걸쳐 위임을 받은 자이므로(408조의2 2항) 집행임원의 업무가 분장된 때에도 감시의무가 인정되기는 마찬가지이다. 더욱이 대표집행임원(408조의5)은 대표이사를 갈음하는 지위에 있으므로 대표이사와 동일한 수준의 감시의무가 인정된다고 본다. 다만 현실적으로 집행임원은 정관이나 이사회결의에 의하여 위임받은 업무를 분장하여 집행하는 경우가 많은데(408조의4), 이러한 경우에 요구되는 감시의무의 수준은 다소 완화할 필요가 있을 것으로 생각된다.[295] 그러나 '합리적 의심이 있는 때에는 감시의무가 발동된다'는 이사의 감시의무에 적용되는 판단기준은 모든 집행임원에 대해서도 동일하게 적용된다고 보아야 할 것이다.

294) 대법원 2008. 9. 11. 선고 2007다31518 판결; 대법원 2008. 9. 11. 선고 2006다68636 판결.

295) 집행임원의 업무분담은 편의적인 것에 불과하므로, 다른 집행임원의 분장업무에 관해서는 요구되는 주의의 정도가 완화될 수는 있겠으나 원칙적으로 감시의무를 진다는 견해가 있다(이철송, 811면).

《관련문헌》

최민용, "리스크 관리와 이사의 감시의무", 「상사법연구」 제30권 제2호 (2011).

김태진, "이사의 감시의무에 대한 판례의 고찰", 「상사법연구」 제29권 제1호 (2010).

김태선, "이사의 감시의무 : 대법원 2008. 9. 11. 선고 2006다68636 판결", 「기업지배구조연구」 vol. 31(2009).

정 대, "주식회사 이사의 내부통제의무에 관한 연구", 「상사판례연구」 제21집 제4권(2008).

31. 상법 제401조와 주주의 간접손해

[대법원 1993. 1. 26. 선고 91다36093 판결]

Facts

(1) X회사(피고 1)의 대표이사였던 R(피고 2)이 X회사의 금원을 횡령하여 회사재산을 감소시켰다.
(2) 이에 대하여 X회사의 주주인 A(원고)는 그 손해가 경제적으로 자기에게 귀속된다는 이유로 직접 X회사와 R에 대하여 자기의 주식인수액 상당을 손해라고 하여 배상을 구하고 있다.

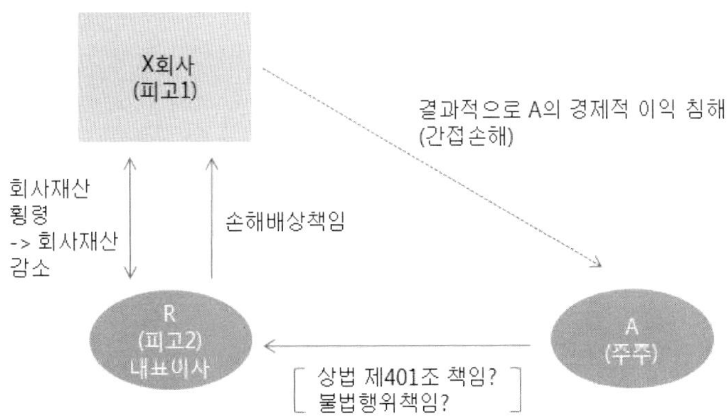

(Q1) A의 위와 같은 손해배상청구는 정당한가?

Issue & Rule

(1) 위 사건에서 쟁점이 되는 사항은 주주가 이사의 임무해태행위로 입은 간접손해에 대하여 상법 제401조 제1항에 의한 손해배상을 청구할 수 있는지 여부 등이다.
(2) 위 쟁점사항에 관한 적용법조는 상법 제401조, 제389조 제3항, 제210조 등이다.

Analysis & Conclusion

1. 주주의 간접손해가 상법 제401조의 손해에 포함되는지의 여부와 불법행위의 성부

(1) 판례법리

① 주식회사의 주주가 그 회사의 대표이사의 악의 또는 중대한 과실로 인한 임무해태행위로 직접 손해를 입은 경우에는 이사와 회사에 대하여 상법 제401조(이사의 제3자에 대한 책임), 제389조 제3항, 제210조(회사의 불법행위책임)에 의하여 손해배상을 청구할 수 있다.
② 그러나 대표이사가 회사재산을 횡령하여 회사재산이 감소함으로써 회사가 손해를 입고 결과적으로 주주의 경제적 이익이 침해되는 손해와 같은 간접적인 손해는 같은 법 제401조 제1항에서 말하는 손해의 개념에 포함되지 아니한다. 따라서 이에 대하여는 위 법조항에 의한 손해배상을 청구할 수 없다.

(2) 사건에의 적용

① X회사의 대표이사였던 R이 X회사의 금원을 횡령하여 회사재산을 감소시켰다면 X회사에 대하여 손해배상책임을 부담할 것이고 따라서 X회사가 R에 대하여 손해배상을 구할 수 있을 것이다. 그러나 위 손해는 어디까지나 법률상 X회사가 입은 손해이므로 주주인 A가 그 손해가 경제적으로 자기에게 귀속된다는 사유만으로 직접 X회사와 R에 대하여 자기 주식인수액 상당을 손해라고 하여 배상을 구할 수는 없다.
② R의 위 금원횡령이 바로 X회사의 주주인 A에 대하여 일반불법행위로 된다거나 X회사의 불법행위로 되는 것은 아니다.

Comments

(1) 상법 제401조에서는 이사가 고의 또는 중대한 과실로 그 임무를 게을리 한 때에는 그 이사는 제3자에 대하여 연대하여 손해를 배상할 책임이 있다고 규정하고 있다. 여기서 '제3자'는 회사 외의 자를 뜻하는 것으로, 회사채권자뿐만 아니라 주주 또는 주식인수인도 포함된다(통설).

(2) 상법 제401조의 적용에 있어서 제3자가 주주인 경우 동조의 적용대상이 되는 '손해'의 범위가 문제된다. 이사의 임무해태로 인하여 주주가 직접 입은 손해(직접손해)가 이에 포함된다는 점에 대해서는 이론이 없다. 그러나 임무해태로 인하여 회사가 손해를 입고 그로 인하여 다시 주주가 입게 되는 손해(간접손해)까지를 포함하는지에 대해서는 견해가 나뉜다.[296]

296) 제3자가 채권자인 경우에는 직접손해와 간접손해 모두 상법 제401조의 적용대상으로 된다는 점에 대해 이론이 없다.

(ⅰ) 포함설(다수설) - 이사의 임무해태로 인하여 주주가 입은 손해가 간접손해인 경우 주주는 대표소송에 의하여 그가 입은 간접손해를 전보받을 수 있으나, 대표소송(403조)의 요건을 구비하지 않고서도 그와는 별도로 상법 제401조에 의한 구제가 필요하다고 한다.[297)]

(ⅱ) 불포함설(소수설) - 이사가 임무해태로 인하여 회사에 손해를 입음으로써 주주에 간접적으로 손해를 입힌 경우 '주주의 간접손해 = 회사의 손해'이므로 회사가 배상을 받음으로써 주주의 손해는 간접적으로 보상된 것이며, 만일 이러한 경우 상법 제401조가 적용되는 제3자의 범위에 주주를 포함시키면 주주가 회사채권자에 우선하여 변제받는 결과가 되어 부당하다고 한다.[298)]

(ⅲ) 판례(불포함설) - 판례는 불포함설의 입장을 취하고 있다. 이러한 경우 주주는 대표소송에 의하여 구제받아야 한다고 한다.

(ⅳ) 정리 및 사견 - 생각건대, 포함설이 타당하다고 본다. 상법 제401조의 취지를 주주가 입은 직접손해에 한정하는 것으로 제한하여 볼 근거가 없기 때문이다. 주주가 입은 간접손해의 경우 대표소송에 의한 피해구제가 가능하다고 하지만, 이는 상법 제399조의 책임(이사의 회사에 대한 책임)을 주주가 회사를 대신하여 '회사의 손해'를 문책하는 것이지 '제3자의 손해'를 직접 추궁하는 것은 아니고, 대표소송을 제기할 수 없는 경우도 있을 수 있기 때문이다. 따라서 주주가 입은 간접손해라 하여 상법 제401조의 적용대상에서 처음부터 배제하는 것은 옳지 않다. 이를 인정하되, 다만 손해의 발생 여부, 인과관계의 존부, 손해액 등에 관해서는 손해배상법의 일반 법리에 맡기면 될 것이다.

---

297) 권기범, 733~734면; 송옥렬, 961면; 이철송, 772면; 정동윤, 645면; 홍복기 외, 448~449면.

298) 안택식, 367면; 최준선, 490면. 다만 불포함설을 취하면서도 회사의 손해를 상회하는 주주의 초과손해나, 회사의 도산 등으로 회사에 의하여 더 이상 추궁될 수 없는 손해에 대해서는 주주의 직접 청구를 허용하는 것이 타당하다는 견해가 있다(안택식, 367~368면).

《관련문헌》

김동민, "주주의 간접손해에 대한 이사의 손해배상책임에 관한 연구", 「법학논총」 제21집(2009).

송옥렬, "주주의 부와 회사의 손해에 관한 판례의 재검토", 「사법」 제2호(2007).

김건식, "주주의 직접손해와 간접손해 : 이사의 제3자에 대한 책임을 중심으로", 「민사판례연구」 XVI(1994).

32. 실질이사의 책임

[대법원 2009. 11. 26. 선고 2009다39240 판결]

Facts

(1) D(피고)는 1981. 4. 1. X회사에 입사하여 1994. 2. 1. 이사부장으로 승진하였고, 1999. 1. 1. 임원인 이사(비등기)로 승진하여 2000. 12. 27.까지 X회사의 건설회계부문에서 근무한 자이다.

(2) D는 E(X그룹의 회장), F(X회사 대표이사), G(회계본부장 전무이사), H(무역회계팀장) 등과 순차 공모하여 1999. 1월경부터 1999. 2월경까지 사이에 X회사의 제35기(1998. 1. 1.부터 1998. 12. 31.까지, 1998 회계연도) 재무제표를 작성함에 있어, X회사의 자체결산 결과 1997 회계연도에 이어 계속하여 재무구조와 경영성과가 부실한 것으로 나타나자, E, F는 G에게 "X회사의 부채비율을 500% 미만으로 조작하고, 배당률을 2%로 맞추어 결산을 하라"고 지시하고, G는 D에게 건설부문에서, H에게 무역·관리부문에서 각자 최대한 재무제표를 조작하여 위 지시에 맞추도록 지시하고, D는 다시 I(국내건설회계팀장), J(해외건설회계팀장)에게, H는 K(무역·관리회계팀 과장)에게 각 지시하여 분식결산에 의한 재무제표가 작성되도록 하였다.

(3) 그 후 X회사는 1999. 2. 5. 위와 같이 분식결산된 재무제표 및 영업보고서 승인을 목적사항으로 하는 이사회를 개최하여 이를 의결하였고, △△회계법인은 1999. 2월 중순경부터 같은 해

3월 중순경까지 위 재무제표에 대한 회계감사를 시행한 후, 1999. 3. 13. 위 재무제표가 X회사의 1998. 12. 31. 현재의 재무상태와 당해 회계연도의 경영성과, 이익잉여금의 변동과 현금흐름의 내용을 기업회계기준에 따라 적정하게 표시하고 있다는 취지의 감사인 의견이 기재된 감사보고서를 작성하여 이를 X회사의 주주총회 및 이사회에 제출하였으며, 이후 1999. 3. 20. 정기주주총회의 승인을 거쳐 1999. 3. 22.경 □□일보 및 ☆☆일보에 위 대차대조표를 공고하는 등 재무제표 공시절차를 마쳤다.

(4) A투자신탁회사(원고)는 1999. 4. 30. X회사가 발행한 제275회 무보증 회사채(1999. 4. 28. 발행)를 1,211억 4,000만원에, 1999. 5. 28. 제276회 무보증 전환사채(1999. 5. 28. 발행)를 2,226억 910만원에 매입하여 이를 A가 위탁회사 겸 판매회사로서 운영하고 있던 신탁재산에 편입하여 이를 보유하고 있었다.

(5) 그런데 1999년경부터 X그룹의 자금상황이 급속히 악화되어 투자자들 사이에서 X그룹 채권('X채')의 회수가능성에 대한 불안감이 점증하면서, 1999. 7. 23.경부터 관련 투자신탁상품의 환매가 급증하는 등 금융시장이 불안해지자, 투자신탁협회와 한국증권업협회는 대량의 환매요청으로 인한 유동성 위기와 금융시장의 혼란을 방지하기 위하여 1999. 8. 12. 금융감독위원회에 X채가 편입된 투자신탁의 수익증권에 대하여 환매대책을 포함하는 환매연기승인을 신청하였고, 같은 날 금융감독위원회는 이를 승인하여 1999. 8. 13.부터 위 연기조치의 시행에 들어갔다.

(Q1) A가 D를 상대로 상법 제401조에 기한 손해배상을 청구하였으나, D는 자신은 이사가 아닐 뿐만 아니라 단지 영향력 있는 윗선의 지시에 따라 이행한 것에 그친다는 것을 이유로 책임이 없음을 항변하고 있다. D의 이 같은 항변은 정당한가?

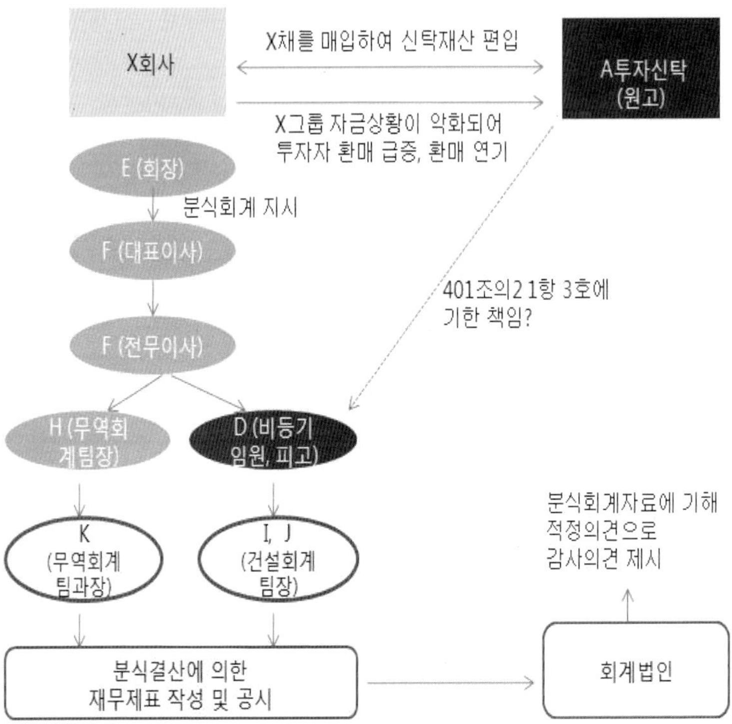

Issue & Rule

(1) 위 사건에서 쟁점이 되는 사항은 상법 제401조의2 제1항 제3호의 표현이사가 회사에 대해 영향력을 가진 자일 것을 요건으로 하는지 여부 등이다.
(2) 위 쟁점사항에 관한 적용법조는 상법 제401조의2 제1항 등이다.

Analysis & Conclusion

1. 상법 제401조의2 제1항 제3호의 '표현이사'가 회사에 대해 영향력을 가진 자일 것을 요하는지 여부

(1) 판례법리

상법 제399조 · 제401조 · 제403조의 적용에 있어 이사로 의제되는 자에 관하여, 상법 제401조의2 제1항 제1호는 '회사에 대한 자신의 영향력을 이용하여 이사에게 업무집행을 지시한 자', 제2호는 '이사의 이름으로 직접 업무를 집행한 자', 제3호는 '이사가 아니면서 명예회장 · 회장 · 사장 · 부사장 · 전무 · 상무 · 이사 기타 업무를 집행할 권한이 있는 것으로 인정될 만한 명칭을 사용하여 회사의 업무를 집행한 자'라고 규정하고 있는바, 제1호 및 제2호는 회사에 대해 영향력을 가진 자를 전제로 하고 있으나, 제3호는 직명 자체에 업무집행권이 표상되어 있기 때문에 그에 더하여 회사에 대해 영향력을 가진 자일 것까지 요건으로 하고 있는 것은 아니다.

(2) 사건에의 적용

D는 1999. 1. 1.부터 X주식회사의 임원인 이사(비등기)로 승진하여 2000. 12. 27.까지 근무한 사실, D는 X그룹의 회장인 E 등과 순차 공모하여 1999. 1.경부터 1999. 2.경까지 사이에 X주식회사의 제35기(1998 회계연도) 재무제표를 분식결산에 의해 허위로 작성한 사실 등을 알 수 있는바, 앞서 본 법리에 비추어 볼 때, D는 상법 제401조의2 제1항 제3호 소정의 표현이사에 해당한다.

Comments

(1) 상법 제401조의2는 법률상의 이사 즉, 주주총회에서 이사로 선임되어 등기된 자는 아니지만 상법 제399조 및 제401조의 책임에 있어 이와 동일하게 취급하고 대표소송(403조)의 대상이 될 수 있는 자로서 실질상의 이사 또는 사실상의 이사에 대하여 규정하고 있다.[299] 이는 실제로 이사와 비슷한 또는 그 이상의 권한을 행사하고 있음에도 불구하고 단지 이사로 등기되어 있지 않다는 이유만으로 법적 책임의 대상으로부터 벗어나는 것은 부당하기 때문에 이를 시정하기 위하여 책임을 물을 수 있는 법적 근거를 마련해 두는 데 그 취지가 있다. 이에는 업무집행지시자(401조의2 1항 1호), 무권대행자(401조의2 1항 2호), 표현이사(401조의2 1항 3호) 등 3가지 유형이 있다.

(2) 위 제1호("회사에 대한 자신의 영향력을 이용하여 이사에게 업무집행을 지시한 자") 및 제2호("이사의 이름으로 직접 업무를 집행한 자")의 경우에는 회사에 대한 영향력을 행사할 위치에 있는 자이어야 한다는 것이 다수설과 판례의 입장이다. 여기서 '영향력'의 의미에 대해서는 (i) 지배주주 등으로 좁게 해석하는 견해가 있는가 하면(협의설; 다수설).[300] (ii) 지배주주에 한하지 않고 회사채권자나 지속적인 거래에서 우월적인 지위에 있는 자, 심지어 공법적으로나 정치적으로 우월한 힘을 가진 자도 이에 해당한다는 견해가 있다(광의설; 소수설).[301] (iii) 생각건대, 상법 제401조의2의 취지가 이사에 대한 영향력을 행사하는 자로서 상법상의 이사가 아닌 자를 법적 책임의 세계로 끌어내기 위한 것이므로 영향력을 행사하는

---

299) 사실상의 이사와 별도로 책임질 법률상의 이사가 따로 있는 경우 이들 모두가 연대책임을 진다(401조의2 2항).

300) 김정호, 512~513면; 손주찬, 814면; 송옥렬, 963면; 정동윤, 648~649면; 정찬형, 989~990면.

301) 이철송, 777면.

자는 회사법상의 영향력으로 이해하여 '회사 내에서 사실상 영향력을 행사하는 자'로 한정하여야 할 것이다. 주로 임원 선임·해임 등에 있어서 사실상 영향력을 행사할 수 있는 지위에 있는 경우가 이에 해당할 것이다.[302] 광의설에 의하면 동조의 적용범위가 지나치게 확대되고 적용여부가 불명확한 경우까지 생겨나게 되어 부당하다.

(3) 위 제3호("이사가 아니면서 명예회장·회장·사장·부사장·전무·상무·이사 기타 회사의 업무를 집행할 권한이 있는 것으로 인정될 만한 명칭을 사용하여 회사의 업무를 집행한 자")의 표현이사는 명칭 그 자체가 (표현적) 영향력 행사의 표징이 되는 것이므로 실제 그 자가 그러한 영향력을 행사할 수 있는 지위에 있는지의 여부는 불문한다는 것이 판례의 입장이고 학설도 이와 같다.[303] 이에 의하면 사실상 영향력을 행사할 지위에 있지 않고 법률상의 이사도 아닌 그 하급의 비등기집행임원도 동조의 적용대상이 될 수 있다. 제3호의 표현이사는 표현대리·표현대표이사 등 다른 '표현(表見)'제도와는 완전히 다르므로 주의를 요한다. 이들 모두 표현적 명칭을 요하는 점은 같으나, 표현이사의 경우는 이에 의하여 책임을 묻는 상대방이 본인인 회사가 아니라 표현이사 그 자신이며, 따라서 표현적 명칭에 대한 본인인 회사의 귀책 여부를 불문하고, 표현적 명칭에 대한 상대방의 신뢰를 요하지 않는다는 점에서 표현대리·표현대표이사와는 본질적으로 차이가 있다.

(4) 2011년 개정상법에서는 집행임원제를 도입함에 따라 집행임원에 대하여 업무집행을 지시하는 자 등에 대해서도 집행임원과 동일한 책임을 인정하고 있다(408조의9, 401조의2).[304] 그리고 상법

---

302) 주요주주에 관한 상법 제542조의8 제2항 제6호(회사의 주요 경영사항에 대하여 사실상 영향력을 행사하는 주주) 참조.

303) 송옥렬, 965면; 이철송, 781면; 정동윤, 649면.

304) 2011년 상법개정에서 집행임원제를 도입한 주된 취지가 집행임원의 책임을 강화하기 위한 것인데, 이는 개정 이전에도 상법 제401조의2 제3호에 의하여 달성되고 있어 집행임원제의 도입이 그다지 의미가 없다는 견해가 있다(송옥렬, 965면).

제401조의2 제1항 제3호에는 표현이사뿐만 아니라 표현집행임원도 포함된다.

《관련문헌》

김재범, "표현이사의 제3자에 대한 책임 : 대법원 2009. 11. 26. 선고 2009다 39240 판결", 「법학논총」 제30집 제2호(2010).

김동근, "상법상 업무집행지시자 등의 책임", 「기업법연구」 제9집(2002).

제4장

종 합

33. 주주의 의결권행사 등

[대법원 2009. 4. 23. 선고 2005다22701, 22718 판결]

Facts

(* 이 사건은 매우 다양한 쟁점을 가지고 있으므로 이하에서는 대략적인 사실관계만을 들고, Analysis & Conclusion에서 각 쟁점별로 Fact를 나누어 분석하기로 한다.)

(1) 합병 전 K1은행과 J은행은 2000. 12. 22. 양해각서를 체결하여 두 은행의 합병을 선언한 다음, 합병의 원활한 추진을 위하여 두 은행의 이사 및 비상임이사 각 1명씩과 금융감독위원회 자문관, 대학교수 등 6명으로 구성된 합병추진위원회를 구성하였다.
(2) 위 합병추진위원회에서 "K1은행과 J은행을 합병하여 신설은행을 설립하되, 신설은행의 명칭은 '주식회사 K2은행'으로 하고, 합병비율은 J은행 보통주식 1주당 K1은행 보통주식 1.688346주의 비율로 하며, K2(신설은행)의 은행장은 합병추진위원회의 제안에 따라 관련 법령 절차를 밟아 선임한다"는 내용의 합병계약안을 마련하였다.
(3) 두 은행은 이사회의 의결을 거쳐 2001. 4. 23. 위와 같은 내용의 합병계약('이 사건 합병계약')을 체결하였다.
(4) K1은행은 2001. 9. 29. 10:00 서울 중구 남대문로 4가에 있는 대한상공회의소 회의실에서 임시주주총회('이 사건 주주총회')를 개

최하여 의결권 있는 발행주식총수 303,305,662주의 83.19%인 252,319,955주를 소유한 주주들이 참석한 가운데 그 99.16%인 250,196,515주(발행주식총수의 82.49%)를 소유한 주주들의 찬성으로 이 사건 합병계약을 승인하였다. J은행도 임시주주총회를 개최하여 이 사건 합병계약을 승인하였다.

(5) K1은행과 J은행은 2001. 10. 26. 합병에 관한 금융감독위원회의 인가를 받은 뒤, 2001. 11. 1. K1은행과 J은행을 해산하고 주식회사 K2은행(피고)('신설은행')을 설립하는 합병('이 사건 합병')등기를 마쳤다.

(6) 신설은행의 이사회는 2001. 11. 1. K2은행의 사외이사들로 구성된 행장후보추천위원회의 추천을 받아 G를 신설은행의 은행장으로 선임하였다.

(7) A(원고)는 K1은행의 주주이자 K1은행 노동조합의 조합원('노조원')이다.

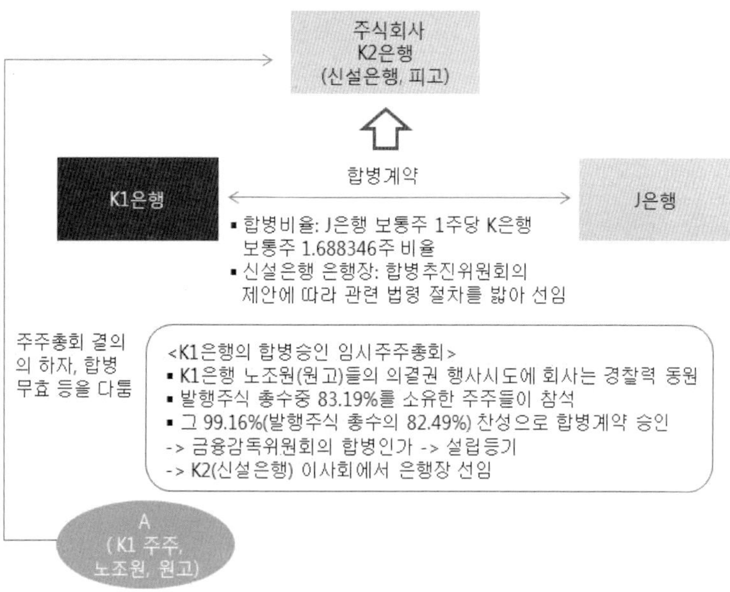

Issue & Rule

(1) 위 사건에서 쟁점이 되는 사항은 ① 주주의 의결권 행사를 위한 대리인 선임의 한계, ② 주주 본인 및 대리권을 증명하는 서면의 의의, ③ 주주의 대리인의 자격을 주주로 제한한 정관의 효력 및 이 경우 주주인 국가, 지방공공단체 또는 주식회사 소속의 공무원, 직원 또는 피용자 등이 주주를 위한 대리인으로서 의결권을 대리행사하는 것이 허용되는지 여부, ④ 외국인 주주로부터 의결권 행사를 위임받은 상임대리인이 제3자에게 그 의결권 행사를 재위임할 수 있는지 여부, ⑤ 상법 제368조의2 제1항에 정한 통지기간을 위반한 의결권 불통일행사의 효력, ⑥ 증권예탁원(현, 한국예탁결제원)에 대한 의결권 대리행사 신청이 구 증권거래법 제174조의6 제5항(현, 자본시장법 제314조 제5항)에 정한 시한을 넘겨 도착한 경우, 그 신청취지에 따른 증권예탁원의 의결권 대리행사의 효력, ⑦ 해외에서 발행하는 주식예탁증서의 경우, 발행회사의 실질주주명부에 실질주주로 기재된 해외예탁기관에게 주주총회 소집통지 등을 하면 회사가 면책되는지 여부, ⑧ 합병비율이 현저하게 불공정한 경우 합병할 각 회사의 주주 등이 상법 제529조에 의한 합병무효의 소를 제기할 수 있는지 여부 및 합병비율이 현저하게 불공정한지 여부의 판단방법, ⑨ 신설합병의 창립총회 자체를 이사회의 공고로써 갈음할 수 있는지 여부, ⑩ 신설합병의 창립총회에 갈음하는 이사회 공고의 방식 등이다.

(2) 위 쟁점사항에 관한 적용법조는 금융산업의 구조개선에 관한 법률 제2조, 제3조, 제4조, 제5조; 구 증권업감독규정(폐지) 제7-16조 제1항(금융위원회의 현행 금융투자업규정 제8-3조 참조); 구 증권거래법(폐지) 제174조의6 제1항(현행 자본시장법 제314조 제1항 참조), 제174조의6 제5항(현행 자본시장법 제314조 제5항 참조), 제174조의8 제2항(현행 자본시장법 제316조 제2항 참조); 상법 제368조 제3항, 제368조

의2 제1항, 제353조 제1항, 제363조, 제523조, 제524조, 제529조, 제312조, 제524조 제6호, 제527조, 제528조 제1항, 제289조 제1항 제7호; 민법 제120조; 민사소송법 제262조 등이다.

Analysis & Conclusion

1. 원심의 판단[305)]

(1) 소 변경의 적법 여부

(가) 사실관계

① A(원고)가 ㉠ 2001. 3. 19. 이 사건 소를 제기하면서 K1은행과 J은행의 합병추진 취소 등을 구하였다가, ㉡ K1은행과 J은행이 2001. 4. 23. 이 사건 합병계약을 체결하자 2001. 5. 25. 합병을 철회하라는 내용으로 그 청구를 변경하고, ㉢ 다시 2001. 9. 29. K1은행의 임시주주총회에서 합병승인결의가 이루어지자 2001. 10. 10. 위 합병승인결의의 무효 및 부존재확인을 구하는 청구로 변경하였다가, ㉣ K1은행과 J은행의 합병등기가 경료된 후인 2001. 12. 24. 이 사건 합병의 무효 및 G를 은행장으로 선임한 K2(신설회사)의 2001. 11. 1.자 이사회결의의 무효확인을 구하는 내용으로 그 청구를 재차 변경하였다.
② K2(피고)는 이러한 A(원고)의 소 변경은 변경 전·후의 청구취지 및 청구원인이 각기 다른 만큼 그 청구의 기초가 동일하다고 할 수 없으므로 허용되어서는 아니 된다고 주장한다.

---

305) 서울고법 2005. 3. 30. 선고 2003나86161, 2003나86178(병합) 판결.

(나) 법원의 판단

비록 합병계약체결, 합병승인결의, 합병등기 등 합병절차의 진행에 따라 A가 각기 그 청구를 변경하였을지라도, A가 이 사건 소를 통하여 달성하려는 목적은 결국 K1은행과 J은행의 합병을 저지하려는 것이라 할 것이다. 그러므로 이 사건 변경 전의 청구취지와 변경 후의 청구취지 사이에 실질적인 분쟁이익이 공통된다고 할 것이고, 그 소송자료 또한 신청구와 구청구 사이에 심리의 계속적 시행을 정당화 할 정도의 공통성이 인정된다. 따라서 A의 이 사건 소 변경은 그 청구기초의 동일성이 인정되어 적법하다.

(2) 이사회결의 무효확인 청구의 적법 여부

(가) 사실관계

K2(피고, 신설은행)의 은행장이었던 G가 퇴임하고 주주총회에서 K2의 후임 은행장으로 ○○○이 선임되어 2004. 11. 2. 그 선임등기까지 마쳤다. 그런데 A는 2001. 11. 1. K2의 이사회에서 G를 은행장으로 선임한 결의가 무효라고 주장하면서, 그 무효확인을 구하고 있다.

(나) 법원의 판단

이와 같이 A(원고)가 그 무효의 확인을 구하는 이사회에서의 G를 은행장으로 선임하기로 하는 결의가 이루어진 후에 새로 개최된 유효한 주주총회 결의에 의하여 후임 이사(○○○)가 선임되어 선임등기까지 마쳐진 경우라면, 그 새로운 주주총회의 결의가 무권리자에 의하여 소집된 총회라는 하자 이외의 다른 절차상·내용상의 하자로 인하여 부존재 또는 무효임이 인정되거나 그 결의가 취소되는 등의 특별한 사정이 없는 한, 당초의 G를 은행장으로 선임한 이사회 결의가 무효라 할지라도 이에 대한 무효확인을 구하는 것은 과거의 법률관계 내지 권리관계의 확인을 구하는 것에 귀착되어 확인의 소로서의 권리보호요건을 결여한 것이다.[306] 따라서 A의 이 사건 이사회결의 무효확인 청구는 확인의 이익이 없어 부적법하다.

(3) 합병무효 여부

(* A(원고)는 K1은행과 J은행의 합병이 무효라고 하면서, 그 무효사유로 다음과 같은 여러 가지 주장을 하고 있다. 그 중에서 몇 가지를 살펴보기로 한다.[307] 원심인 서울고등법원은 A의 아래 각 합병무효의 주장을 이유가 없다고 하여 모두 배척하였다.)

(가) K은행의 주주총회일 선정의 위법 여부

1) 사실관계

K1은행은 합병계약서에 합병승인을 위한 주주총회를 2001. 10. 20.까지 완료한다고 하고서는 그보다 20일 이상이 빠른 2001. 9. 29.을 주주총회일로 잡았다. 이에 대하여 A(원고)는, 이 날은 토요일로서 주말, 월말, 분기 말이 겹쳐 있는데다가 추석연휴 직전이어서 전체 주식의 과반수를 소유하고 있는 소액주주들의 참석이 원천봉쇄된 것과 다름없기 때문에 K1은행이 주주들의 권리행사를 의도적으로 방해한 것이라 주장한다.

---

306) 대법원 1996. 10. 11. 선고 96다24309 판결 참조.

307) 실제 원고가 다툰 사항은 이보다 훨씬 많다. 이에 관한 자세한 사항은 원심인 서울고법 2005. 3. 30. 선고 2003나86161, 2003나86178(병합) 판결 참조.

2) 법원의 판단

K1은행이 소액주주들의 권리행사를 방해하기 위하여 의도적으로 2001. 9. 29.을 주주총회일로 정하였다고 인정할 만한 증거가 없다. 가사 A 주장의 사유로 인하여 소액주주들의 주주총회 참석이 다소 곤란한 사정이 있었다 하더라도, 그것만으로 이 사건 주주총회에 어떠한 하자가 있었다고 보기 어렵다.

(나) K은행이 주주들의 권리행사를 방해하였는지 여부

1) 사실관계

① 이 사건 합병에 대하여 K1은행과 J은행 노동조합은 1만 5천여 명의 조합원이 K1은행 연수원에서 농성을 벌이는 등의 방법으로 강경한 반대투쟁을 벌여 왔고, 두 은행의 합병계약이 주주들에 의하여 승인됨으로써 합병이 결정되는 마지막 단계인 이 사건 주주총회에 대하여 K1은행 노동조합은 그 소유의 주식 13,214주에 대하여 1주씩의 주주총회 참석장 9,000매를 K1은행으로부터 발급받아 이를 노조원들에게 나누어주고, 주주총회 당일 참석장을 소지한 수천 명의 노조원들이 주주총회장에 집결하여 주주총회를 저지하는 방법으로 합병승인 결의의 통과를 막으려고 하였다. 이와 같이 노조원들에 의한 주주총회 방해가 우려되자 K1은행은 주주총회 전날인 2001. 9. 28. 서울지방법원으로부터 노조원들이 K1은행 주주 및 임직원들의 주주총회장 입장을 방해하는 행위를 금지한다는 주주총회개최 등 방해금지가처분결정을 얻고 관할경찰서인 남대문경찰서에 질서유지를 위한 경찰병력의 출동을 요청한 바 있다.

② 현장에 출동한 경찰은 K1은행의 요청에 따라 노동조합 대표 1인을 제외한 1주씩의 참석장을 가진 노조원들의 주주총회장 입장을 막기 위하여 주주총회장 입구를 봉쇄하였다.

③ 다른 한편으로 당일 주주총회 진행을 책임진 K1은행의 총무부장은 주주총회가 시작되기 전 도열한 경찰의 뒤편에서 소액주주들에게 주주 확인 창구에서의 확인절차를 거쳐 주주총회장에 입장할 것을 핸드마이크를 통하여 수차례 방송하였다. 당시 현장에 집결한 노조원 1,000여명은 주주총회장 입구에 도열한 경찰병력 앞에 길게 줄을 섰고, 1주씩의 참석장을 가진 노조원 역시 주주임을 주장하며 주주총회장 입장을 저지하는 K1은행측에 거칠게 항의하는 한편, 노조원들보다 뒤에 도착한 일반 소액주주들이 주주총회장에 입장하려 하자 줄을 서서 순서대로 입장할 것을 강변하였다.
④ 이와 같은 상황에서 노조원뿐 아니라 일부의 일반 소액주주들도 주주총회장에 입장하지 못하게 된 사실을 인정할 수 있다. 당일 주주나 대리인의 자격 여부를 확인하는 절차를 전혀 시행하지 않은 채 특정 주주 및 주주도 아닌 직원 일부를 지하비밀통로를 통해 입장시킨 다음 주주총회를 진행하였다.

2) 법원의 판단

① 주주총회 당일 K1은행의 요청에 따라 출동한 경찰이 노조원들의 주주총회장 입장을 저지한 사실을 인정할 수 있다. 그러나 위 인정사실만으로는 K1은행측이 경찰병력을 동원하여 소액주주들의 주주총회장 입장을 불법적으로 저지하였다고 보기 어렵다.
② 위 인정사실에 의하면 노동조합에서 그 소유 주식 13,214주에 대하여 1주씩의 참석장 9,000매를 노조원들에게 나누어주어 의결권을 행사하게 하는 것이 비록 상법에 보장된 의결권 불통일행사의 한 가지 방법이라 하더라도, 노동조합 대표자가 주주총회에 참석해서 13,214주의 의결권에 대한 불통일행사를 하면 충분한데도 9,000매의 참석장을 발급받아 그 참석장을 소지한 노조원들로 하여금 의결권을 행사하게 하겠다는 것은 실력으로 주주총회

를 저지하겠다는 의도가 있었다고 볼 수 있다. K1은행이 법원으로부터 주주총회개최 등 방해금지 가처분결정을 얻어 주주총회 당일 주주총회장 입구를 봉쇄하고 노조원들의 입장을 저지한 것은 주주총회 개최 및 진행을 위한 적법한 조치라고 볼 수 있다.
③ 주주총회장에 입장한 주주나 대리인에 대하여 K1은행이 그 자격을 확인하는 절차를 제대로 시행하지 않고 일부 주주, 대리인 및 주주총회 관계자가 K1은행측의 안내를 받아 별도의 통로를 통해 주주총회장에 입장한 사실을 인정할 수 있다. 이는 당시 위에서 본 바와 같이 주주들의 정상적인 주주총회장 입장이 불가능해 보이는 상황에서, K1은행측이 주주 혹은 대리인으로 확인되는 자와 주주총회 관계자를 주주총회장에 입장시켜 정상적인 주주총회를 진행하기 위하여 취한 불가피한 조치라고 볼 수 있다.

(다) 주주총회의 표결방법의 적법성 여부

1) 사실관계

① 주주도 아닌 자들이 주주총회장에 입장하여 그들이 의안 표결과정에서 "찬성합니다", "이의 없습니다"라고 하면서 박수를 치는 등 주주 행세를 하였다. 이에 대하여 A(원고)는, 주주총회의 표결방법은 만장일치가 아니라면 각 의안마다 투·개표의 표결절차를 밟아야 하는 것인데, 이 사건 합병을 승인하는 의안에 대하여 반대표가 있었음에도 투·개표 절차를 거치지 않고 박수로 가결하였는바, 이러한 표결방법은 위법한 것이라고 주장한다.
② 이 사건 합병계약 승인인에 대하여 외국인 실질주주의 주식 98,794,316주 중 1,324,014주와, 해외 상장주식 [뉴욕은행 주식예탁증서(DR)] 19,992,623주 중 168,251주, 예탁원에 예탁된 국내 실질주주의 주식 75,000,000주 중 631,175주를 소유한 주주들이

반대하는 등 총참석주식수 252,319,955주 중 0.84%에 해당하는 2,123,440주를 소유한 주주들의 반대가 있었다. 그러나 다른 한편 외국인 실질주주의 주식 98,794,316주에 대해서는 외국인 실질주주의 신청을 받아 의결권을 행사한 예탁원이 이 사건 주주총회 전에 K1은행측에 합병승인 의안에 대한 찬·반 주식수 내역 등을 미리 통지하였고, 뉴욕은행 DR과 예탁원에 예탁된 국내 실질주주의 주식에 대하여도 그 의결권을 행사하는 예탁원이 주주총회 참석주식수 중 예탁원이 의결권을 행사하는 주식수를 차감한 주식수의 찬성 및 반대 비율에 따라 의결권을 행사 [이른바 그림자투표(shadow voting)] 할 뜻을 미리 K1은행측에 통지하였다.

2) 법원의 판단

① 주주총회의 표결방법에 대해서는 관련 법령과 K1은행의 정관에 아무런 정함이 없으므로, 거수·기립·투표·기타 어떠한 방법이든 출석주주의 의사를 확인할 수 있는 방법이면 무방하다고 보아야 한다. 어떠한 의안에 대해서 의장이 주주들에게 이의 여부를 묻고 아무런 이의가 없는 경우 박수로써 의안을 통과시키는 방법으로 가결하는 것도 적법한 표결방법이라 할 것이다.
② 이 사건 주주총회 당일 의장은 합병계약 승인의 의안을 상정하고 합병계약의 주요 내용을 설명한 뒤 참석한 주주들에게 동의를 구하였는데, 참석 주주 중 아무도 이의를 제기하지 않고 동의를 하므로 박수로써 합병계약 승인의 의안을 가결한 사실을 인정할 수 있다. 위 인정사실에 의하면, 이 사건 주주총회에서는 합병계약 승인의 의안에 대하여 K1은행이 미리 통보받아 알고 있는 반대표 외에 참석주주 중 누구도 의안에 대한 이의를 제기하지 않았던 만큼 K1은행으로서는 굳이 투·개표의 절차를 거칠 필요가 없이 반대표와 찬성표의 비율을 따져 의안을 통과시킬 수 있는 것이다. 그러므로 위와 같은 표결방법은 적법하다.

(라) 예탁결제원의 의결권행사의 효력

1) 사실관계

① 주주총회에서 예탁원의 직원 D가 외국인 실질주주의 주식과 뉴욕은행 DR에 대하여 의결권을 행사하였다. D는 주주총회 당일 합병계약 승인안이 의결될 때까지 K1은행측에 이들 주주의 대리인임을 입증하는 서류와 의안에 대한 찬·반 내역 등 관련서류 원본을 제출하지 않았으며, 또한 외국인 실질주주 등 의결권 행사를 위임한 일부의 위임인으로부터는 합병계약 승인안에 대하여 반대의 의사표시를 하도록 위임받았음에도 불구하고 표결 때에 아무런 의사표시를 하지 않았다. 이러한 사실관계에 기하여 A(원고)는, 결국 예탁원의 의결권 행사분은 자격이 없는 자가 의결권을 행사하였거나 의결권을 행사하지 않은 것으로서 무효라고 주장한다.
② 예탁원은 주주총회 전에 예탁원의 의결권 행사분에 대한 의안별 찬·반 내역을 K1은행측에 미리 통지하였고, K1은행의 주주총회 담당자들은 업무적인 관계로 인해 D가 예탁원의 의결권행사를 담당하는 직원임을 그전부터 알고 있었고, 주주총회 당일 D는 지참한 주주총회 관련서류를 K1은행의 주주총회 실무담당자인 ○ 대리에게 제출하여 외국인 실질주주 및 뉴욕은행 DR의 의결권을 행사할 수 있는 적법한 권리자임을 확인받았다. D가 주주총회장소로 입장할 무렵 K1의 ○ 대리가 D로부터 제출받은 위 서류를 누군가에게 탈취당하였다.

2) 법원의 판단

① 이 사건 주주총회 당일 예탁원은 예탁원의 의결권 행사분에 대하여 미리 K1은행측에 통지한 내용대로 의결권을 행사할 것이 예정되어 있었던 것이고, D가 그 의결권을 행사할 사람이라는

것을 K1은행측에서 미리 알고 있었던 이상, 비록 이 사건 주주총회 표결당시 D가 제출한 의안에 대한 찬·반 내역이나 대리인 자격을 입증하는 서류 원본을 K1은행이 탈취당했다고 하더라도 D의 주주총회 참석과 의결권 행사는 적법하다고 보아야 한다.
② D가 합병계약 승인안 표결과정에서 위임받은 반대의 의사표시를 별도로 하지 않았다고 하더라도, D의 의결권행사 내용은 미리 예정되어 있었고, 그 내용이 그대로 표결 결과에 반영된 이상, D는 주주들로부터 위임받은 대로의 의결권행사를 적법하게 한 것이라고 보아야 한다.

(마) 의결권 대리행사 관련 서류의 적법성 여부

1) 사실관계

① 의결권을 대리행사한 ⓐ, ⓑ, ⓒ, ⓓ(ⓑ, ⓓ는 K1은행의 총무부장이자 주주총회의 진행을 책임지고 있는 자)는 주주총회 당일 대리권을 증명하는 서면을 제출하지 않고 의결권을 행사하였다.
② K1은행 정관에 의하면 주주만이 의결권을 대리행사할 수 있는데도 ⓐ, ⓑ, ⓒ는 주주자격을 증명하는 서면을 제출하지 않고 의결권을 행사하였다.
③ K1은행이 주주총회 소집통지를 할 때에 대리인은 위임장과 참석장을 지참하도록 통지하였는데도, 주주 한○시멘트공업, 국민연금기금출납원, 영○, 교○생명보험, 골○만삭스 캐피탈, 골○만삭스 인터내셔널(이하 위 둘을 합하여 '골○만삭스'), ⓔ, ⓕ, ⓖ, ⓗ의 대리인은 주주총회 당일 참석장을 제출하지 않았다.
④ ⓓ는 예탁원에 예탁된 7,500주 및 주주 한○시멘트공업, 국민연금기금출납원, 영○, 교○생명보험, 골○만삭스 등의 의결권을 대리행사하기 위하여 주주총회에 참석하였는데, 예탁결제원 및 한○시멘트공업, 국민연금기금출납원, 영○, 교○생명보험 등으로부터 의결권의 행사를 ⓓ에게 위임한다는 내용의 위임장이

제출되었다. ⓑ는 ⓗ를 대리하여 의결권을 행사하기 위하여 주주총회에 참석하였는데, 주주총회 당일 대리권을 증명하는 서면을 직접 제출한 적은 없다. 그러나 ⓗ로부터 의결권의 행사를 ⓑ에게 위임하는 내용의 위임장이 제출되었으며, 주주총회 당일 ⓗ를 대리하여 의결권을 행사한다는 점을 확인받고 주주총회장에 입장하였다. ⓒ도 위임장이 제출된 사실을 인정할 수 있다.
⑤ 주주총회에 참석하는 개인주주의 대리인은 본인과 대리인의 신분증 사본을, 법인주주의 대리인은 사업자등록증 사본과 법인의 인감증명서를 K1은행에 제출하고, 주주 본인이라도 참석장이 없는 경우에는 인감증명서를 K1은행에 제출해야 하는데, 이러한 서류를 제출하지 않았다. 이상을 이유로 들어 A는 그에 의한 의결권 대리행사는 무효라고 주장한다.

2) 법원의 판단

① 상법 제368조 제3항에서는 “주주는 대리인으로 하여금 그 의결권을 행사하게 할 수 있다. 이 경우에는 그 대리인은 대리권을 증명하는 서면을 총회에 제출하여야 한다”고 규정되어 있다. 이는 대리권의 수여 여부를 제대로 확인할 수 있도록 하기 위한 규정이다. 그렇다면, K1은행의 총무부장이자 주주총회의 진행을 책임지고 있는 ⓑ, ⓓ 등에게 의결권 행사를 위임한 주주에 관해서는 이미 K1은행에서 그 대리인의 자격을 충분히 확인하고 있는 상태라 할 것이므로, 대리권의 증명이 문제가 되지 않는다고 할 것이고, ⓐ에 관하여는 주주총회 당일 대리권을 증명하는 서면을 회사에 제출하지 않았다는 사실을 인정할 만한 증거가 없다.
② 비록 K1은행이 정관에 의결권 대리행사자의 자격을 주주로 한정하여 규정해 놓았다고 하더라도, 이는 외부인의 개입으로 주주총회의 질서가 문란해지는 것을 방지할 K1은행의 필요에 의한 것이다. 그러므로 대리인의 자격을 제한함으로써 주주의 의결권을 행사할 수 없도록 하는 것은 의결권의 대리행사를 인정한 규

정에 반하여 인정될 수 없고, 오히려 K1은행이 주주 아닌 자의 대리인 자격을 확인하여 이들에게 적극적으로 의결권 행사를 보장하는 것은 무방하다 할 것이고, 이러한 의결권의 대리행사도 정관 규정과 무관하게 그 효력이 인정되는 것이다. K1은행은 주주총회 소집통지시에 의결권을 대리행사하는 대리인의 자격을 제한한다는 아무런 언급을 하지 않고, 오히려 소집통지서에 첨부한 '실질주주의 의결권행사 안내문'에 '대리행사란 주주님이 가족 등 제3의 대리인을 선임하여 의결권을 행사한다는 의미'라고 기재한 사실을 인정할 수 있다. 이는 곧 K1은행이 주주 아닌 자의 의결권 대리행사를 보장한 것이라고 할 것이어서, 비록 소외 ⓐ, ⓑ, ⓒ가 주주가 아니라 할지라도, 그 의결권 대리행사의 효력에 영향이 없다 할 것이다.

③ 의결권 대리행사를 할 때에 K1은행측에 제출하여야 하는 '대리권을 증명하는 서면'은 위임장을 일컫는 것이고, K1은행에서 위임장과 함께 참석장을 제출하도록 하는 것은 K1은행에서 대리인의 자격을 보다 확실하게 확인하기 위한 것이라 할 것이다. 그러므로 의결권을 대리행사하는 대리인이 K1은행측에 참석장을 제출하지 않았다 하여, 그것만으로 그 의결권의 대리행사의 효력에 역시 영향이 있다고 볼 수 없다.

④ 주주 본인의 경우 굳이 참석장을 소지하고 있지 않더라도 신분증 및 K1은행에 제출된 것과 동일한 인감의 소지 여부 등을 통하여 주주 본인임을 확인하는 절차를 거치고, 주주의 대리인이라면 위임장을 제출받아, 그 위임장에 기재된 주주 본인의 인적사항이 맞는지, 위임장에 날인된 주주 본인의 인감이 K1은행에 제출된 것과 동일한지 여부와, 위임장을 가지고 온 자의 신분증과 위임장에 기재된 대리인의 인적사항의 대조를 통하여 그 사람의 동일성을 확인하는 절차를 거치면 될 것이다. 이러한 절차 외에 주주 본인 혹은 대리인이 K1은행에 신분증 사본이나 여타의 서류를 제출할 필요는 없다고 보아야 할 것이다.

(바) 외국인 실질주주의 기권주식을 참석주식수에 포함시키지 않았다는 주장에 대하여

1) 사실관계

이 사건 합병계약 승인안에 관하여 예탁자를 통하여 예탁원에 의결권 행사를 신청한 외국인 실질주주 총 549명 중 95명이 보유주식 중 일부에 관해서는 의결권행사를 신청하였으나, 나머지 일부의 주식(7,372,698주)에 관해서는 의결권행사를 신청하지 않았다. 이에 대하여 A는, K1은행이 주주총회 참석주식 수를 계산하면서 위 기권주식을 포함하지 아니하여 하자가 있다고 주장한다.

2) 법원의 판단

위와 같이 의결권 행사 신청이 처음부터 없었던 주식은 주주총회에 참석한 후 기권한 것이 아니라 주주총회에 불참한 것으로 보아야 할 것이다. 그러므로 K1은행이 이를 주주총회 참석주식 수에 포함시키지 않은 것은 적법하다.

(사) 주주총회에 참석하지 않은 주주들을 참석한 것으로 집계하였다는 주장에 대하여

1) 사실관계

A(원고)는 다음과 같이 주장하며 집계에 잘못이 있다고 지적한다. "이 사건 주주총회의 합병계약승인안 통과시까지 주주 ◎◎, 주주 ○○, 주주 G의 대리인 ⓒ, 주주 ⓗ의 대리인 ⓑ는 주주총회장에 참석하지 않았는데도, K1은행은 이들이 참석한 것으로 집계한 반면, 주주총회에 참석한 소액주주들의 주식 60,434주는

집계에서 누락되었다. 주주총회의 의결권행사기준일인 2001. 8. 8. 현재 주주 ⓗ의 보유주식은 2,043주인데도 397주로 집계되었고, 주주 ⓚ는 51주를 보유하고 있는데도 60주로 집계되는 등 당일 입장한 주주들 중에 투표수에 산입되지 않은 주주들이 많이 있다. 또한 당시에 참석하지 아니한 주주가 투표수에 포함되어 있다. 특히 외국인의 투표를 위임받았다는 예탁원이 통지한 숫자와 예탁원이 출장명령부에 기재한 투표수에 차이가 있는데, 예탁원이 투표에 참여한 주식수는 98,884,012주가 아니라 106,193,770주이다."

2) 법원의 판단

설사 A의 주장이 사실이라고 하더라도 이는 K1은행이 주주총회의 참석주식수와 합병계약승인안에 대한 찬·반 의결주식수를 잘못 집계하였음을 지적하는 것에 불과하다. A의 주장에 따라 참석주식수와 의결주식수를 수정 집계하더라도 합병계약 승인안 통과에 필요한 의결정족수가 충족되는 것은 계산상 명백하다. 그러므로 A 주장의 위 하자는 합병계약 승인결의의 효력에 영향을 미칠 수 없다.

(아) 합병비율이 위법·불공정한지의 여부

1) 사실관계

A(원고)는 다음과 같은 이유로 합병이 무효라고 주장한다. "이 사건 합병에 있어 그 합병비율은 증권거래법(당시의 법) 시행령 제84조의7 제1항에 따라 합병신고서 제출 전일인 2001. 4. 23.을 기준으로 산출되어야 하는데도, 양해각서 체결일인 2000. 12. 22.을 기준으로 산출됨으로써 J은행 보통주식 1주당 K1은행 보통주

식 1.643213주가 되어야 할 합병비율이 J은행 보통주식 1주당 K1은행 보통주식 1.688346주가 되어 K1은행 주주들에게 1,000억원 이상의 손실을 입게 하였는바, 합병비율이 위법하고 불공정하다."

2) 법원의 판단

이 사건 합병신고서 제출 당시 시행되던 증권거래법 시행령(2001. 7. 7. 개정되기 전의 것) 제84조의7 제1항 제1호 및 그 위임을 받은 증권거래법 시행규칙 제36조의12 제1항에 의하면, 주권상장법인 간의 합병에 있어서는 합병신고서 제출일 전일을 기산일로 한 최근 1월간의 평균종가, 최근 1주일간의 평균종가, 최근일의 종가를 가지고 합병비율을 산출하도록 규정되어 있다.

그러나 다른 한편 증권거래법 시행령 제84조의7 제3항에 의하면 같은 조 제1항의 규정은 법률의 규정 또는 정부의 문서에 의한 승인·지도·권고 등에 따른 합병에는 적용하지 아니한다고 되어 있고, 금산법 제4조 제1항에 의하면 금융기관이 금산법에 의한 합병을 하는 경우에는 미리 금융감독위원회의 인가를 받도록 되어 있으며, 행정절차법 제24조 제1항은 행정청이 처분을 하는 때에는 다른 법령 등에 특별한 규정이 없는 한 문서로 하도록 하고 있다.

그렇다면 금산법에 따라 금융감독위원회의 인가를 받아 행한 이 사건 합병은 정부의 문서에 의한 승인에 따른 합병이라고 보아야 할 것이다. 그러므로 이 사건 합병에는 합병신고서 제출일 전일을 기준으로 합병비율을 산출하도록 한 증권거래법 시행령 제84조의7 제1항이 적용되지 않는다 할 것이고, 달리 이 사건 합병비율이 합병을 무효화할 만큼 현저하게 불공정하다고 인정할 증거가 없다.

(자) 신설합병 창립총회의 개최 없이 이사회 공고로 갈음할 수 있는지 여부

1) 사실관계

① A(원고)는 다음과 같은 이유로 합병이 무효라고 주장한다. "신설합병을 하는 경우에는 창립총회에서 합병으로 인하여 설립되는 K2은행의 이사와 감사를 선임하고 정관변경을 결의하여야 하므로 반드시 창립총회를 개최하여야 한다. 그럼에도 불구하고 이 사건 합병에 있어서 창립총회를 생략하고 이사회 공고로 갈음하였다. 또한 설사 이사회 공고로써 창립총회를 대신할 수 있다 하더라도 이때의 이사회 공고는 주주총회 소집공고와 같은 방식으로 2개 일간지에 2회 이상 공고하여야 하는데, 이 사건 합병에 있어서는 위와 같은 방식으로 공고하지 않았다."
② K1은행과 J은행은 합병계약 당시에 이미 "K2(신설은행)이 창립총회를 개최하지 않을 경우 신설은행의 이사는 양 은행의 합병승인을 위한 주주총회의 결의에 따라 선임한다"고 합의한 다음, 신설은행의 이사후보자의 명단 및 경력을 합병계약서에 첨부하는 한편, 두 은행의 주주들에게 신설은행의 이사후보자와 감사위원회 위원후보자의 명단 및 경력을 미리 통지한 후, 합병승인을 위한 주주총회에서 이들을 신설은행의 이사 및 감사위원회 위원으로 선임하는 결의를 하였다.

2) 법원의 판단

① 상법 제527조 제4항은 신설합병의 경우 이사회의 공고로써 신설합병의 창립총회에 대한 보고에 갈음할 수 있다고 규정하고 있고, 상법 제528조 제1항은 신설합병의 창립총회가 종결한 날 또는 보고에 갈음하는 공고일로부터 일정기간 내에 합병등기를 하도록 규정하고 있으므로, 상법 제527조 제4항은 신설합병의

창립총회 자체를 이사회의 공고로써 갈음할 수 있음을 규정한 조항이라고 보아야 한다.

② 상법 527조 제2항이 신설합병의 창립총회에서 정관변경의 결의를 할 수 있다고 규정하고 있다. 그러나 정관변경은 창립총회에서 할 수 있다는 것이지 반드시 하여야 하는 것은 아니라 할 것이다. 또한 주식회사를 설립하는 창립총회에서는 이사와 감사를 선임하여야 한다는 상법 제312조의 규정이 상법 제527조 제3항에 의해서 신설합병의 창립총회에 준용되고 있으나, 한편 상법 제524조에 의하면 합병으로 인하여 설립되는 K2은행의 이사와 감사 또는 감사위원회 위원을 정한 때에는 신설합병의 합병계약서에 그 인적사항을 기재하게 되어 있고, 그 합병계약서가 합병 당사 K1은행의 주주총회에서 승인되는 과정을 거치는 만큼, 이러한 경우에는 굳이 신설합병의 창립총회에서 합병으로 인하여 설립되는 K2은행의 이사와 감사 등을 다시 선임할 필요가 없다 할 것이다. 그러므로 신설합병의 창립총회에서 이사와 감사 등을 선임하여야 한다는 것이 신설합병의 창립총회를 이사회 공고로 갈음할 수 없다는 사유가 되지 못한다.

③ 상법에는 신설합병의 창립총회에 갈음하는 이사회 공고의 방식에 관하여 특별한 규정이 없는 만큼, 이때의 공고는 상법 제289조 제1항 제7호에 의하여 정관에 규정한 일반적인 공고방식에 의하여도 무방하다 할 것이다. 따라서 신설합병의 창립총회에 갈음하는 이사회 공고를 주주총회 소집공고와 같은 방식으로 하지 않은 것이 합병무효의 원인이 될 수 없다.

2. 대법원의 판단[308)]

(* 대법원은 원심판결을 대부분 그대로 채택하고 있다. 위의 원심판결과 중복된 바가 있지만 그 중 몇 가지만을 보기로 한다.)

---

308) 대법원 2009. 4. 23. 선고 2005다22701, 22718 판결.

(1) 이사회결의 무효확인의 소의 가부

이사회 결의에 의하여 선임된 대표이사가 퇴임하고 그 후 새로 개최된 유효한 이사회 결의에 의하여 후임 대표이사가 선임되어 선임등기까지 마쳐진 경우라면, 특별한 사정이 없는 한 당초의 대표이사 선임결의가 무효라 할지라도 이에 대한 부존재나 무효확인을 구하는 것은 과거의 법률관계 내지 권리관계의 확인을 구하는 것에 귀착되어 확인의 소로서의 권리보호요건을 결여한 것이다.[309)]

(2) 합병 전 K1은행이 주주들의 권리행사를 방해하였는지 여부

주주의 자유로운 의결권 행사를 보장하기 위하여 주주가 의결권의 행사를 대리인에게 위임하는 것이 보장되어야 한다고 하더라도 주주의 의결권 행사를 위한 대리인 선임이 무제한적으로 허용되는 것은 아니다. 그 의결권의 대리행사로 말미암아 주주총회의 개최가 부당하게 저해되거나 혹은 회사의 이익이 부당하게 침해될 염려가 있는 등의 특별한 사정이 있는 경우에는 회사가 이를 거절할 수 있다.[310)]

(3) 주주총회에서의 표결방법

이 사건 주주총회에서는 합병계약 승인의 의안에 대하여 합병 전 K1은행이 미리 통보받아 알고 있는 반대표 외에 참석주주 중 누구도 의안에 대한 이의를 제기하지 않았던 만큼 합병 전 K1은행으로서는 굳이 투·개표의 절차를 거칠 필요가 없이 반대표와 찬성표의 비율을 따져 의안을 통과시킬 수 있는 것이다. 그러므로

---

309) 대법원 1982. 9. 14. 선고 80다2425 전원합의체 판결; 대법원 2003. 9. 26. 선고 2001다64479 판결 등 참조.

310) 대법원 2001. 9. 7. 선고 2001도2917 판결 등 참조.

이 사건 주주총회 당일 의장이 합병계약 승인의 의안을 상정하고 합병계약의 주요 내용을 설명한 뒤 참석한 주주들에게 동의를 구하였는데, 참석 주주 중 아무도 이의를 제기하지 않고 동의를 한 상황에서 박수로써 합병계약 승인의 의안을 가결한 것은 위법하다고 볼 수 없다.

(4) 주주 본인 및 대리권을 증명하는 서면

① 상법 제368조 제3항이 규정하는 '대리권을 증명하는 서면'이라 함은 위임장을 일컫는 것으로서 회사가 위임장과 함께 인감증명서, 참석장 등을 제출하도록 요구하는 것은 대리인의 자격을 보다 확실하게 확인하기 위하여 요구하는 것일 뿐, 이러한 서류 등을 지참하지 아니하였다 하더라도 주주 또는 대리인이 다른 방법으로 위임장의 진정성 내지 위임의 사실을 증명할 수 있다면 회사는 그 대리권을 부정할 수 없다.
② 회사가 주주 본인에 대하여 주주총회 참석장을 지참할 것을 요구하는 것 역시 주주 본인임을 보다 확실하게 확인하기 위한 방편에 불과하므로, 다른 방법으로 주주 본인임을 확인할 수 있는 경우에는 회사는 주주 본인의 의결권 행사를 거부할 수 없다.

(5) 대리인의 자격을 주주로 제한한 정관의 효력

① 상법 제368조 제3항의 규정은 주주의 대리인의 자격을 제한할 만한 합리적인 이유가 있는 경우 정관의 규정에 의하여 상당하다고 인정되는 정도의 제한을 가하는 것까지 금지하는 취지는 아니라고 해석된다. 대리인의 자격을 주주로 한정하는 취지의 주식회사의 정관규정은 주주총회가 주주 이외의 제3자에 의하여 교란되는 것을 방지하여 회사의 이익을 보호하는 취지에서 마련된 것으로서 합리적인 이유에 의한 상당한 정도의 제한이라고 볼 수 있으므로 이를 무효라고 볼 수는 없다.

② 그런데 위와 같은 정관규정이 있다 하더라도 주주인 국가, 지방공공단체 또는 주식회사 등이 그 소속의 공무원, 직원 또는 피용자 등에게 의결권을 대리행사하도록 하는 때에는 특별한 사정이 없는 한 그들의 의결권행사에는 주주 내부의 의사결정에 따른 대표자의 의사가 그대로 반영된다고 할 수 있고 이에 따라 주주총회가 교란되어 회사 이익이 침해되는 위험은 없는 반면에, 이들의 대리권행사를 거부하게 되면 사실상 국가, 지방공공단체 또는 주식회사 등의 의결권행사의 기회를 박탈하는 것과 같은 부당한 결과를 초래할 수 있으므로, 주주인 국가, 지방공공단체 또는 주식회사 소속의 공무원, 직원 또는 피용자 등이 그 주주를 위한 대리인으로서 의결권을 대리행사하는 것은 허용되어야 하고 이를 가리켜 정관규정에 위반한 무효의 의결권 대리행사라고 할 수는 없다.

(6) 의결권의 불통일행사에 대하여

① 상법 제368조의2 제1항은 "주주가 2 이상의 의결권을 가지고 있는 때에는 이를 통일하지 아니하고 행사할 수 있다. 이 경우 회일의 3일 전에 회사에 대하여 서면으로 그 뜻과 이유를 통지하여야 한다"고 규정하고 있다. 여기서 3일의 기간이라 함은 의결권을 불통일행사하는 경우에 회사측에 그 불통일행사를 거부할 것인가를 판단할 수 있는 시간적 여유를 주고, 회사의 총회 사무운영에 지장을 주지 아니하도록 하기 위하여 부여된 기간으로서, 그 불통일행사의 통지는 주주총회 회일의 3일 전에 회사에 도달할 것을 요한다.
② 다만, 위와 같은 3일의 기간이 부여된 취지에 비추어 보면, 비록 불통일행사의 통지가 주주총회 회일의 3일 전이라는 시한보다 늦게 도착하였다고 하더라도 회사가 스스로 총회운영에 지장이 없다고 판단하여 이를 받아들이기로 하고 이에 따라 의결권의 불통일행사가 이루어진 것이라면, 그것이 주주평등의 원칙을

위반하거나 의결권행사의 결과를 조작하기 위하여 자의적으로 이루어진 것이라는 등의 특별한 사정이 없는 한, 그와 같은 의결권의 불통일행사는 적법하다.

(7) 합병비율이 위법·불공정 여부 및 합병계약 위반 등

① 현저하게 불공정한 합병비율을 정한 합병계약은 사법관계를 지배하는 신의성실의 원칙이나 공평의 원칙 등에 비추어 무효이다. 따라서 합병비율이 현저하게 불공정한 경우 합병할 각 회사의 주주 등은 상법 제529조에 의하여 소로써 합병의 무효를 구할 수 있다.
② 다만, 합병비율은 자산가치 이외에 시장가치, 수익가치, 상대가치 등의 다양한 요소를 고려하여 결정되어야 할 것인 만큼 엄밀한 객관적 정확성에 기하여 유일한 수치로 확정할 수 없고, 그 제반요소의 고려가 합리적인 범위 내에서 이루어진 것이라면 결정된 합병비율이 현저하게 부당하다고 할 수 없다. 따라서 합병당사회사의 전부 또는 일부가 주권상장법인인 경우 자본시장법과 그 시행령 등 관련 법령이 정한 요건과 방법 및 절차 등에 기하여 합병가액을 산정하고 그에 따라 합병비율을 정하였다면 그 합병가액 산정이 허위자료에 의한 것이라거나 터무니없는 예상수치에 근거한 것이라는 등의 특별한 사정이 없는 한, 그 합병비율이 현저하게 불공정하여 합병계약이 무효로 된다고 볼 수 없다.

(8) 신설합병 창립총회의 개최에 갈음한 이사회 공고 및 공고방식

① 상법 제527조 제4항은 신설합병의 경우 이사회의 공고로써 신설합병의 창립총회에 대한 보고에 갈음할 수 있다고 규정하고 있고, 상법 제528조 제1항은 신설합병의 창립총회가 종결한 날 또는 보고에 갈음하는 공고일로부터 일정기간 내에 합병등기를

하도록 규정하고 있으므로, 상법 제527조 제4항은 신설합병의 창립총회 자체를 이사회의 공고로써 갈음할 수 있음을 규정한 조항이라고 해석된다.

② 한편, 상법 제527조 제2항은 신설합병의 창립총회에서 정관변경의 결의를 할 수 있되 합병계약의 취지에 위반하는 결의는 하지 못하도록 규정하고 있는바, 정관변경은 창립총회에서 할 수 있다는 것이지 반드시 하여야 하는 것은 아니다. 주식회사를 설립하는 창립총회에서는 이사와 감사를 선임하여야 한다는 상법 제312조의 규정이 상법 제527조 제3항에 의해서 신설합병의 창립총회에 준용되고 있다 하더라도, 상법 제524조 제6호에 의하면 합병으로 인하여 설립되는 회사의 이사와 감사 또는 감사위원회 위원을 정한 때에는 신설합병의 합병계약서에 그 성명 및 주민등록번호를 기재하게 되어 있고, 그 합병계약서가 각 합병당사회사의 주주총회에서 승인됨으로써 합병으로 인하여 설립되는 회사의 이사와 감사 등의 선임이 이루어지는 만큼, 이러한 경우에는 굳이 신설합병의 창립총회를 개최하여 합병으로 인하여 설립되는 회사의 이사와 감사 등을 선임하는 절차를 새로이 거칠 필요가 없고 이사회의 공고로 갈음할 수 있다.

③ 상법은 신설합병의 창립총회에 갈음하는 이사회 공고의 방식에 관하여 특별한 규정을 두고 있지 아니하므로, 이 경우 이사회 공고는 상법 제289조 제1항 제7호에 의하여 합병당사회사의 정관에 규정한 일반적인 공고방식에 의하여 할 수 있다.

Comments

(1) 주주는 그 의결권을 '자유롭게' 행사할 수 있음이 원칙이다. 즉, 주주의 경우 의결권을 행사하는 목적이 회사의 이익에 부합하는 방향으로 행사하여야 할 의무가 없고, 의결권행사의 방법에

있어서 제약이 없고, 의결권행사의 결과에 대하여 아무런 법적 책임을 부담하지 않는 것이 원칙이다.[311] 그러나 주주의 의결권 행사가 무제한적인 것은 아니고 권리행사 일반에 대하여 가해지는 제한을 받는다. 주주의 의결권행사(그 대리행사 포함)가 어느 정도까지 허용될 수 있는가는 그에 의한 주주의 이익과 회사의 이익을 비교하여 결정하여야 한다. 주주의 의결권행사는 정당한 권리행사의 목적과 방법에 의하여야 하고(정당성요건), 그로 인하여 주주총회의 개최가 부당하게 방해를 받거나 혹은 회사의 이익이 부당하게 침해될 우려가 있는(남용금지요건) 등의 특별한 사정이 있는 경우에는 제한될 수 있다(민 2조 2항).

(2) 주주는 대리인을 통하여 의결권을 행사할 수 있다(368조 3항). 이는 주주가 의결권을 행사하는 방법 중의 하나를 법제화한 것으로, 그 취지는 주주의 자유로운 의결권행사를 보장하는 것에 있다. 따라서 이에 대한 제한은 필요한 최소한에 그쳐야 한다. 다만, 대리권을 증명하는 방법을 법에서 규정하고 있는 바, 의결권을 대리행사하는 경우 대리인은 대리권을 증명하는 서면(위임장)을 총회에 제출하여야 한다(368조 3항 후단).[312] 대리권을 증명하는 서면은 원본이어야 하고 사본이어서는 안 된다는 것이 종전의 판례이다.[313] 그러나 위 판례에서는 위임장은 원본 제출을 원칙으

---

311) 이사는 의결권을 행사함에 있어 회사의 이익이 되는 방향으로 행사하여야 할 선관의무를 지고, 의결권행사의 결과에 대하여 법적 책임을 지기도 하는 점에서 주주의 의결권행사와는 많은 차이가 있다.

312) 대리인이 주주총회장에 참석하였으나 위임장을 제출하지 않은 경우에는 총회에 출석한 것이 아니고 따라서 이를 출석한 주주의 의결권에 산입하여서는 아니 된다는 하급심판결이 있다(서울고법 2011. 5. 19. 선고 2010나117469 판결)

313) 대법원 1995. 7. 28. 선고 94다34579 판결. 팩스로 보낸 위임장의 효력을 부정하고 있는데, 이후의 판례에서도 답습되고 있다(대법원 2004. 4. 27. 선고 2003다29616 판결). 원본을 요하는 이유는 위조·변조를 막기 위해서이고(송옥렬, 841면; 최준선, 326면), 대리권 존부에 대한 다툼이 생길 경우 회사가 그 위험을 부담하지 않도록 하기 위해서라고 그 취지를 풀이하고 있다(이철송, 527면).

로 하지만 미리 의결권 대리행사를 회사에 통지한 때에는 사본을 제출하더라도 의결권 대리행사를 제한할 수 없다고 판시하고 있다.[314] 이는 원본이 아니면 대리권을 증명하는 방법이 될 수 없다는 종래의 엄격한 입장에서 탈피하여 실체적인 권리관계에 입각하여 유연한 입장을 취한 것이다.

(3) 대리권을 증명하기 위해서는 반드시 서면(위임장 또는 위임장이 없으면 이를 대체할 수 있는 다른 서면)에 의하여야 하는가? 이에 대해서는 이를 긍정하는 견해가 있다.[315] 이 견해는 상법 제368조 제3항 후단의 취지가 대리권의 존재를 증명하는 방법을 정형화함으로써 다수의 주주 또는 대리인을 상대로 하는 회사의 총회관련 사무의 편의를 도모하기 위한 것이라고 그 이유를 설명한다. 이러한 입장에 의하면 위임의 사실을 증명할 수 있는 위임장은 물론이고 위임관계를 나타내는 다른 '서면'조차 없는 경우, 그에 의한 대리권행사를 부정하게 된다. 생각건대, 주주의 의결권을 대리행사함에 있어서 요구되는 위임장은 대리권을 수여받았다는 사실을 증명하는 한 방편일 뿐이지,[316] 그것만이 유일한 증명방법은 아니다. 상법 제368조 제3항 후단에서 규정하고 있는 '대리권을 증명하는 서면'을 대리권을 증명하는 방법의 예시의 하나로 보아야 하고, 서면이 아닌 다른 방법에 의해서도 대리권의 존재를 증명하는 것을 봉쇄하는 취지는 아니라고 해석하여야 한다.[317] 즉, 상법 제369조 제3항은 회사를 구속하지는 않는다고 본다. 다만 이러한 경우 회사가 자의적으로 선택하는 것은 허용

---

314) 대법원 2004. 4. 27. 선고 2003다29616 판결.

315) 이철송, 526면.

316) 이는 대리권의 소재를 명확히 하기 위함이다(손주찬, 722면).

317) 이와는 달리 대리권을 증명하는 서면을 제출하도록 하는 상법 제368조 제3항을 강행규정으로 보아 정관으로 이를 가중하는 것은 물론이고 완화하는 것도 허용될 수 없다는 견해가 있다(최기원, 477면). 참고로 일본회사법에서는 대리권을 증명하는 서면 제출 외에 전자적 방법의 제공을 허용하고 있다(동법 310조 3항).

되지 않으며, 진정한 대리인이 아닌 경우 그 위험은 회사가 부담하게 된다.

(4) 이와는 달리 주주가 본인임을 증명하는 방법에 관해서는 상법에 아무런 제약이 없다.[318] 이는 주주 본인이 직접 의결권을 행사하는 경우에는 대리인을 통하여 의결권을 행사하는 경우에 비하여 권리의 존재를 증명하는 방법을 보다 완화하려는 취지이다.[319] 대리인을 통하여 의결권을 행사하는 경우에는 주주 본인에 관한 사항과 대리인의 대리권의 존부에 관한 사항 양자 모두의 진정성 여부가 문제될 수 있으나, 주주 본인이 직접 의결권을 행사하는 경우에는 주주 본인에 관한 사항만 확인하면 되므로 증명이 보다 간단하고 허위가능성이 상대적으로 적기 때문이다.

(5) 대리인의 자격을 주주로 한정하는 정관조항이 유효한가에 대해서는 유효설, 무효설, 제한적 유효설 등이 있다.
(i) 유효설 - 유효설은 외부인의 개입에 의한 총회 혼란의 우려와 주주총회 운영에 관한 회사의 편의에 중점을 두고 있다.[320]
(ii) 무효설 - 무효설은 주주의 의결권행사의 자유에 중점을 둔 것이다.[321]
(iii) 제한적 유효설(판례)[322] - 판례에 의하면, 대리인의 자격을 주주로 한정하는 정관규정은 주주총회가 주주 이외의 제3자에 의하여 교란되는 것을 방지하여 회사의 이익을 보호하는 취지에

318) 기명주주는 주주명부의 폐쇄 당시 또는 기준일 현재에 주주명부상에 명의개서를 마치면 주권제시 없이도 의결권을 행사할 수 있다. 다만 주주명부상의 주주가 실질주주가 아님을 회사가 알고 있었고 이를 쉽게 증명할 수 있는 경우에는 형식주주의 의결권행사는 위법하다(대법원 1998. 9. 8. 선고 96다45818 판결).

319) 이철송, 527면.

320) 서헌제, 766면; 손주찬, 721면; 이기수 외, 468면; 정찬형, 842면.

321) 김정호, 281면; 이철송, 523~524면; 최기원, 476면.

322) 대법원 2009. 4. 23. 선고 2005다22701, 22718 판결 등; 권기범, 581면; 정동윤, 556면; 최준선, 325면.

서 마련된 것으로서 합리적인 이유에 기한 제한으로 보고 있다. 다만, 이러한 내용의 정관규정이 있는 때에도 주주인 국가, 지방공공단체 또는 주식회사 소속의 공무원, 직원 또는 피용자 등이 그 주주를 위한 대리인으로서 의결권을 행사하는 경우에는 달리 보고 있는데, 이러한 경우에는 주주의 의사결정에 따라 그대로 반영된다고 할 수 있고 이를 허용하더라도 주주총회가 교란되어 회사의 이익이 침해될 위험은 없다는 것을 그 이유로 하고 있다. (ⅳ) 정리 및 사견 – 생각건대, 획일적 무효설이 타당하다고 본다. 그 이유로, 대리권자를 주주로 한정할 이유와 명분에 설득력이 부족하고, 대리인의 자격을 주주로 한정하면 주주 자격을 가진 대리인을 물색하기 어려운 주주의 경우는 결국 의결권을 행사할 수 없게 되기 때문이다. 제한적 유효설은 공공단체나 법인인 주주가 직원을 대리인으로 선임하는 경우나 개인주주가 질병 또는 노령 등으로 주주가 아닌 가족을 대리인을 선임하는 것은 제한되지 않는다는 입장이다. 그러나 주주가 아닌 자 중에서 대리인을 선임하여야 할 경우가 비단 이에 국한되는 것은 아닐뿐더러, 그 사유를 주주 또는 대리인에게 스스로 입증하게 하는 것이 되어 주주권 행사에 차별대우를 하는 것이 되므로 주주평등원칙에 위배될 소지가 있다. 주주가 아닌 대리인에 의한 의결권행사로 인하여 총회운영에 혼란이나 지장을 초래할 때에는 권리남용금지(민 2조) 문제로 다루면 될 것이다. 요컨대, 대리인 자격을 주주로 제한하는 것은 제한의 필요성보다 주주권을 제약하는 측면이 더욱 강하고 합리적 이유를 갖춘 제한이라고 볼 수 없다.

(6) 2개 이상의 주식을 보유한 주주가 의결권을 불통일행사하려면 불통일행사의 뜻과 이유를 총회 회일의 3일 전에 회사에 통지하여야 한다(368조의2 1항 후단). 이때의 '3일 전'은 일반적인 의사표시와 마찬가지로 도달주의에 의함이 원칙이다(민 111조). 다만, 비록 불통일행사의 통지가 주주총회 회일의 3일 전보다 늦

게, 그러나 총회일 전에 도착한 경우 회사가 총회운영에 지장이 없다고 판단하여 이를 받아들이기로 하고 그에 따라 의결권의 불통일행사가 이루어진 것이라면, 그와 같은 의결권의 불통일행사는 적법하다고 보아야 한다.[323] 그러나 그것이 주주평등원칙에 반하거나 의결권행사의 결과를 조작하기 위하여 자의적으로 이루어진 것이라는 등의 특별한 사정이 있는 때에는 그러하지 않다. 또한 주주가 불통일행사를 사전에 통지하지 않은 채 의결권을 불통일행사한 경우 회사는 이를 거부 또는 수용 중에서 선택할 수 있는 것이 아니고 거부하여야 한다.[324] 사전통지가 없음에도 불구하고 회사가 이를 수용할 수 있다면 결과적으로 나타난 유·불리에 따라 회사가 자의적으로 선택할 수 있는 폐단이 있고 주주평등원칙에 반하기 때문이다.

(7) 주주총회의 표결방법에 대해서 상법에 아무런 규정이 없다. 이는 표결방법에 관한 일반원칙에 맡긴다는 취지이다. 그러나 주주총회의 표결에 있어서는 이러한 일반원칙을 적용하는 것만으로는 부족하고, 이에 더하여 자본다수결에 의하는 주주총회 결의의 특성을 충분히 감안하여야 한다. 즉, 두수주의(1인 1표)에 의하는 일반적인 회의체에서는 결의참여자의 의결권 가치 내지 수가 모두 균일하기 때문에 단순히 거수 또는 기립하는 방법으로 표결하는 것이 가능하지만, 주수주의(1주 1의결권)에 의하는 주주총회의 결의에 있어서는 찬성하는 주주의 의결권 수와 반대하는 의결권 수를 정확하게 집계할 수 있는 방식이어야 한다. 그것이 가능하다면 집계방식이 어떠하건 상관없다. 따라서 무기명투표가 허용되는 일반적인 경우와는 달리, 개별 주주가 보유하고 있는 주식 수가 같지 않을 가능성이 있는 주주총회의 결의에서는 무기명투표에 의하면 찬반에 관한 의결권 수를 산정할 수 없기 때문에 허

323) 송옥렬, 837면; 이철송, 522면; 최준선, 328면.
324) 김정호, 278면; 송옥렬, 837면; 이철송, 521면; 정동윤, 559면; 정찬형, 845면; 최기원, 491면; 최준선, 328면.

용될 수 없다.[325] 이와 동일한 이유에서 박수에 의한 주주총회의 결의도 원칙적으로 허용될 수 없다. 다만 의사정족수 및 의결정족수를 모두 구비하고 참석주주 전원이 찬성하는 의미에서 박수로 찬성의 의사를 표시하는 경우에는 찬반의 수를 굳이 집계할 필요가 없기 때문에 이를 불허할 이유가 없다. 먼저 반대자를 거수하게 하고 그 나머지를 모두 찬성한 것으로 간주하는 표결방법은 미결정 또는 중립도 있을 수 있으므로 찬성주식수의 집계가 정확하지 못하여 불공정한 표결방법이 된다.[326] 요컨대, 주주총회의 표결방법이 적법하려면 사회통념과 건전한 상식에 입각하고 찬반에 관한 의결권 수를 적정하게 집계할 수 있는 방법이어야 적법하다.

(8) (합병비율의 공정성 문제에 대해서는 합병사례에서 따로 다룸.)

(9) 합병에 대한 주주의 통제는 합병계약에 관한 주주총회의 승인절차(특별결의)에 의하여 행해지고(522조 1항 · 3항), 이것이 합병에 있어서 주주보호절차의 핵심을 이룬다. 위 사건에서처럼 신설합병에 의하는 경우 설립위원은 주주총회의 승인결의와 채권자보호절차를 마치면 지체없이 창립총회를 소집하여야 한다(527조 1항). 창립총회에서는 설립위원이 합병경과를 보고하고, 이사와 감사 등의 임원을 선임하며(527조 3항, 311조, 312조), 소집통지서에 기재되어 있지 않더라도 정관변경을 할 수 있다(527조 3항, 316조 2항). 그러나 창립총회에서는 설립폐지와 같이 합병계약의 취지에 배치되는 결의를 할 수는 없다(527조 2항 단서). 이러한 창립총회의 개최는 이사회 공고로 갈음할 수 있다(527조 4항). 합병계약에 대한 주주총회의 승인결의에 의하여 주주보호를 위한 절차를 사실상 모두 이행한 것이므로 창립총회를 재차 개최한다는 것은 그 비용

---

325) 이철송, 548면.
326) 대법원 2001. 12. 28. 선고 2001다49111 판결; 이철송, 548면.

부담과 번거로움에 비해 실익이 그다지 크지 않기 때문이다.[327] 다만 신설회사의 이사와 감사를 선임하기 위해서는 창립총회를 개최하여야 하는데, 이러한 경우 창립총회를 반드시 개최하여야 하는 것은 아니다. 신설합병의 경우 미리 합병계약에 신설회사의 이사와 감사의 선임에 관한 사항을 포함시켜놓고(524조 6호), 이에 대하여 주주총회의 승인결의를 받을 수 있기 때문이다. 이렇게 함으로써 창립총회의 개최를 이사회 공고로 갈음하는 약식절차의 이점을 최대한 살릴 수 있다.[328] 결국 합병시 창립총회의 개최는 필수적이 아니라 운영 여하에 따라서는 선택적이다.

《관련문헌》

오영준, "주주의 의결권행사 및 의결권대리행사 등과 관련한 제문제", 「대법원판례해설」 제79호(2009).

이지수, "주주총회에서 나타난 외국인 의결권행사의 문제점", 「기업지배구조연구」 vol. 27(2008).

강선희, "주주의 의결권 행사방법과 그 실태", 「BFL」 제11호(2005).

---

327) 비교법적으로 합병보고총회를 규정하고 있는 입법례는 우리 상법 외에는 거의 찾아보기 어렵다(권기범(기업), 292면).

328) 이 점은 주식회사 설립시 이사와 감사의 선임은 발기설립에 의하는 경우에는 발기인이 출자이행 후 선임하고(296조 1항), 모집설립에 의하는 경우에는 반드시 창립총회에서 선임하도록 함으로써 이를 대체하는 다른 방법이 없는 것과는 차이가 있다(312조).

판례색인

저자

김성탁 (金性倬)
현, 인하대학교 법학전문대학원 교수

연세대학교 법학박사
영남대학교 법과대학 교수
아주대학교 법과대학 교수
증권업협회 자문교수
소비자보호원 분쟁조정위원회 전문위원
Columbia University, Law School, Korean Legal Studies Program 이수
Old Dominion University, Business School, visiting professor
University of Virginia, Law School, visiting professor

주요저서 :
『회사법 - 사례와 이론』(공저), 박영사(2012)
『(신문기사와 함께 하는) 회사법입문』(제2판)(단독), 법문사(2012)
『사례 주식회사법』(단독), 영남대학교출판부(2006)
『주석 상법 - 상법총론』(공저), 한국사법행정학회(2002)
『베트남 증권시장 개설의 법적 환경』(공저), 한국증권거래소(1995)

판례분석 회사법 제2권

Corporation Law : Case Analysis II

2012년 7월 27일 인쇄
2012년 8월 10일 발행

저　　자 김 성 탁
발 행 처 인하대학교 출판부
　　　　 전화 032)860-8301~2
　　　　 팩스 032)862-0080
출판등록 1979. 5. 23 남구 제13호
인 쇄 처 진원디자인 프린텍
　　　　 전화 032)467-4544~5

ISBN 978-89-7407-271-1 94360
　　 978-89-7407-272-8 94360 (세트)

정가 15,000 원